ALEXIS DE TOCQUEVILLE

ET

LA DÉMOCRATIE LIBÉRALE

DU MÊME AUTEUR

Socialisme, Communisme et Collectivisme, coup d'œil sur l'histoire et les doctrines, 1 vol. in-18. Guillaumin et Cⁱᵉ, 1892.

La Participation aux bénéfices, brochure in-8°. Guillaumin et Cⁱᵉ, 1892.

Un projet de loi sur l'Arbitrage industriel, brochure in-8°. Guillaumin et Cⁱᵉ, 1892.

Souveraineté du peuple et Gouvernement, 1 vol. in-18. Félix Alcan, 1895.

ALEXIS DE TOCQUEVILLE

ET

LA DÉMOCRATIE LIBÉRALE

ÉTUDE SUIVIE DE FRAGMENTS

DES

ENTRETIENS DE TOCQUEVILLE AVEC NASSAU WILLIAM SENIOR

(1848-1858)

PAR

EUGÈNE D'EICHTHAL

C · L

PARIS

CALMANN LÉVY, ÉDITEUR

RUE AUBER, 3, ET BOULEVARD DES ITALIENS, 13

A LA LIBRAIRIE NOUVELLE

—

1897

AVANT-PROPOS

———

En reproduisant ces pages, publiées d'abord dans un recueil périodique[1], et en les complétant par une courte étude d'ensemble sur la vie et l'œuvre d'Alexis de Tocqueville, je ne crois pas m'éloigner, autant qu'il semblerait tout d'abord, des problèmes actuels de l'organisation sociale.

La publication du premier ouvrage de Tocqueville, la *Démocratie en Amérique* (janvier 1835), a été un événement dans l'histoire des institutions démocratiques. L'auteur, à son coup d'essai, avait, il y a plus de cinquante ans, vu clair dans la marche du siècle. Il ne s'était pas trompé sur l'avènement de la démocratie. Il l'avait sentie

———

1. *La Revue politique et parlementaire*, Avril-Mai 1896.

et annoncée inévitable, imminente, aussi bien en
Europe qu'aux États-Unis ; il calcula la grandeur
et établit les proportions du mouvement : il convia
ses contemporains, surtout les partis conservateurs
qu'il apercevait dans des dispositions bien différentes, à l'accepter sinon avec enthousiasme, du
moins comme un fait accompli contre lequel rien
ne pouvait prévaloir, avec lequel il fallait s'arranger,
sans illusions sur ses bienfaits et sans crainte exagérée de ses menaces, qu'on devait entourer de
précautions et de palliatifs plutôt que l'accueillir
par des anathèmes.

Ni sa naissance, ni sa foi religieuse, ni son
tempérament, ni ses amitiés ne portaient Tocqueville vers le régime populaire. Chacun sentait que
la sincérité et la clarté de son esprit le forçaient
seules à ses conclusions. La conviction avec laquelle,
après un coup d'œil profond jeté sur les deux
continents, il annonça à l'Europe qu'elle devrait,
elle aussi, à l'instar de l'Amérique, définitivement
et irrévocablement voguer en plein océan démocratique, émut d'autant plus ceux qui conservaient
encore des illusions. Tous le suivirent avec attention
et admiration dans l'analyse impartiale et profonde

qu'il tenta du régime démocratique, de ses institutions et de ses mœurs, non d'après une simple
conception de l'esprit ou par un travail de déduction
abstraite de principes théoriques, mais par l'observation directe de faits existants dans une autre
partie du monde et consacrés par un passé déjà
suffisamment long, fécond par suite en exemples
et en leçons, les uns réconfortants, les autres pro-
fitables à titre d'avertissements.

Aujourd'hui le premier ouvrage de Tocqueville,
celui d'où a surgi son nom de penseur politique,
n'est plus autant lu. La partie descriptive du livre
a nécessairement vieilli. La forme s'en est légère-
ment démodée. La manière de nos écrivains, même
en matière de philosophie sociale, a changé. Nous
aimons un peu de scepticisme, de fantaisie ou de
pittoresque dans la profondeur : nous ne voulons
plus d'austérité. La seule apparence de la solennité
nous rebute. Tocqueville lui-même a sensiblement
modifié son style depuis la *Démocratie en Amérique*,
jusqu'à l'*Ancien régime*, ou les *Souvenirs* récemment publiés. Il a atteint la simplicité nerveuse,
vivante et vibrante qui reste l'éternel bon français.

Ceux qui, s'occupant de la démocratie, de son

histoire et de ses destinées, relisent avec attention les premiers ouvrages de Tocqueville, savent combien, malgré certains défauts de forme, il a, à une époque où l'expérience des événements fournissait moins de données qu'aujourd'hui, sondé avec sagacité et pénétration d'esprit les problèmes que soulève l'introduction dans nos sociétés des lois et des institutions démocratiques ; et ils savent quelles applications utiles on peut encore tirer de ses réflexions et de ses observations.

Ses jugements et parfois ses oracles ont souvent été vérifiés par les faits, ce qui a prouvé la puissance et la hauteur de son génie. D'autres fois ses prévisions ont été démenties : l'esprit humain ne peut d'avance embrasser, à plusieurs années de distance, d'un coup d'œil, si observateur et généralisateur qu'il soit, la complexité des choses sociales ; il s'y opère des déplacements et comme des glissements que nulle sagacité ne peut prévoir. — Précisément à cinquante ans de distance, il est intéressant de constater ces glissements et ces déplacements. Ils ont parfois singulièrement modifié le sol politique et économique, et sur bien des points le présent apparaît loin d'un passé qui n'est cependant pas ancien. Sous d'autres rapports au contraire, il semble que le temps n'ait pas marché et que les caractères ou les périls de la démocratie soient les mêmes que ceux qu'envisageait Tocqueville. De toutes façons c'est une étude attrayante et qui n'est pas sans utilité de confronter ses points de vue et les nôtres. Nous l'avons fait en le citant souvent lui-même textuellement.

Parmi les idées et les doctrines de l'auteur de la *Démocratie*, quelques-unes ont certainement été influencées par des préjugés de naissance, d'éducation et de milieu auxquels nul d'entre nous ne peut entièrement se soustraire. Tout en s'affranchissant autant que peut le faire une âme indépendante d'instinct et de volonté, Tocqueville a subi en quelque mesure ces influences extérieures, et elles lui ont plus d'une fois barré l'horizon ou l'ont coloré à ses yeux d'illusions.

Pour les retrouver, les suivre, en mesurer l'étendue et la portée, il faut replacer l'écrivain dans son atmosphère d'existence et de pensée. C'est ici une tâche relativement aisée. Les éléments abondent. La biographie de Tocqueville a été faite et bien faite par son ami et compagnon de jeunesse

1.

et d'âge mûr Gustave de Beaumont[1]. La publication de sa *Correspondance*, de ses Notes de voyage, de ses *Souvenirs*, a fourni à ses admirateurs beaucoup de détails sur sa vie, ses affections ou ses haines, ses impressions et ses opinions. Il en est sorti un Tocqueville très généreux, très noble et dévoué, avec des parties d'animosité et de mordant qui n'avaient pas transpercé dans le ton soutenu de ses premiers ouvrages. Pour ajouter quelque chose d'essentiel à ce qui a été dit, il faudrait reprendre les papiers de Tocqueville et notamment éditer ses lettres à sa femme, lettres dont G. de Beaumont promettait dès 1866 la publication et qui, depuis, ne sont pas sorties de l'ombre où les héritiers littéraires de l'auteur de la *Démocratie en Amérique* ont laissé depuis quelques années le dépôt qui leur était confié[2].

---

1. En tête du premier volume de la *Correspondance*.
2. « Mme de Tocqueville en mourant (22 décembre 1864), écrivait G. de Beaumont en 1866, a formellement autorisé la publication de la plupart des lettres, qu'Alexis de Tocqueville lui avait adressées pendant une période de trente années. Elle n'a pas voulu, sans doute, que ces lettres, les plus belles assurément qu'il ait écrites, et les plus capables de révéler ce qu'il y avait de cœur dans ce grand esprit, que cette foule de pensées élevées et de sentiments généreux dont sa correspondance intime abonde ; que tous ces jugements de chaque jour portés sur les hommes et sur les choses, dont elle recevait la confidence ; elle n'a pas voulu que tous ces trésors d'intelligence et de passion, accumulés dans ses lettres, fussent perdus

A défaut de documents entièrement inédits, il nous a paru intéressant, pour compléter la biographie et la physionomie de Tocqueville, de donner au lecteur français un certain nombre de fragments de ses *Conversations avec Nassau William Senior, de 1834 à 1859*[1] qui ont paru en anglais en 1872, par les soins de Mrs Simpson, la fille de Senior. Le lecteur retrouvera sous la forme d'entretiens familiers avec l'économiste bien connu, la *photographie instantanée* des réflexions de Tocqueville

pour le public : et elle nous en a confié le dépôt, en nous laissant juge du moment opportun à choisir et des convenances à observer pour leur publication. Ses intentions seront remplies. »

Qu'il nous soit permis de rappeler ces promesses d'il y a trente ans aux détenteurs actuels des papiers de Tocqueville.

Il faudrait joindre aux lettres à Mme de Tocqueville le « bulletin » sur l'Assemblée Nationale que Tocqueville adressait à G. de Beaumont sous forme de « correspondance quotidienne » et dont l'auteur de la *Notice* dit « qu'elle pourra paraître quelque jour. »

M. François de Corcelle a bien voulu nous laisser parcourir une longue suite de lettres adressées à son père par Tocqueville : quelques-unes des ces lettres seulement ont été reproduites dans la *Correspondance* (2e vol.). Le reste serait tout à fait digne d'être publié, et le public éclairé serait reconnaissant à M. de Corcelle s'il réalisait son projet d'éditer ces lettres. En attendant, M. de Corcelle a bien voulu nous autoriser, ce dont nous le remercions sincèrement, à tirer de cette correspondance quelques notes et quelques brefs extraits.

2. En réalité les *Conversations* ne commencent qu'en 1848. Auparavant, les deux écrivains ont échangé des lettres que l'éditeur anglais a reproduites. Celles de Tocqueville figurent déjà dans sa *Correspondance*. (Éd. française.) La publication anglaise des *Conversations* est épuisée.

sur les événements et les hommes du jour ou sur
des questions historiques et sociales importantes.
Plusieurs de ces entretiens ont été « revus et
corrigés » par Tocqueville lui-même, de sorte que
l'exactitude de la reproduction de sa pensée, au
moins dans les fragments revisés par lui, est certaine.
Malheureusement il nous a fallu récrire ces dialo-
gues en français d'après le texte anglais et en écou-
tant l'interlocuteur à travers son interprète.

L'existence de Tocqueville s'est écoulée pendant
les vicissitudes politiques de la première moitié de
ce siècle. Elles l'ont touché de près et au plus vif
de son être moral. Fils de l'aristocratie, il en a dès
l'enfance vu la chute violente ; homme fait, il en a
contemplé l'agonie ; libéral d'âme et d'aspirations,
bien que croyant de doctrine et de traditions, il a vu
le régime constitutionnel échouer misérablement
en 1830 sous les fautes de la réaction cléricale, et en
1848 sous celles d'une oligarchie qu'il a toujours
méprisée ; rallié à la démocratie à la façon américaine, sans se tromper sur ses périls, qu'il avait
mieux définis que personne, il a constaté le gouffre
où le régime populaire mal préparé, mal pratiqué,
entraînait le pays. Il a fait de vains efforts au Parle-

ment et au ministère pour retenir la nation sur la pente fatale : sa voix n'a pas plus été écoutée par le suffrage universel que par la monarchie de Juillet. Possédé de la haine du premier empire, qui, tout en flattant ses instincts de grandeur, blessait son culte de la liberté, il eut le désespoir de voir la seconde République qu'il avait voulu servir malgré ses fautes, aboutir à la restauration d'une copie du régime impérial, qu'acclamait une nation dégoûtée du libéralisme, aveuglée sur les conséquences d'un despotisme qui la rassurait en étouffant les protestations de la presse et de la tribune. Il se vit violenté personnellement avec ses collègues de la Chambre par les fauteurs du 2 décembre, en présence d'une sorte d'approbation avouée de l'opinion. Bientôt même il entendit les anciens conservateurs et les membres du clergé joindre en grand nombre leurs voix à celles qui saluaient le vainqueur du Coup d'État : assistant ainsi à « cet amalgame de ce qu'il estimait le plus et de ce qu'il méprisait le plus, qui le remplissait d'horreur et de dégoût[1] ». Il aperçut, dans la solitude d'une retraite

1. Lettre inédite à M. de Corcelle.

prématurée, inquiet sur sa propre santé qui n'avait
jamais été forte et qui déclinait rapidement, inquiet
sur la santé de sa femme, se préparer dans l'ombre
les catastrophes qu'il sentait surgir des leçons de
l'histoire, comme châtiment final de celui qui
recommençait les fautes de l'Empire sans le génie
de l'Empereur, et du pays qui les supportait ; et il
mourut, sans enfants, avant d'avoir atteint la vieil-
lesse, en pleine gloire d'un régime détesté.

Tocqueville fut sauvé de la tristesse par la passion. Il disait des hommes de 1789, en terminant
son *Ancien régime et la Révolution,* qu'il ne croyait
pas « qu'à aucune époque de l'histoire on ait vu,
sur aucun point de la terre, un pareil nombre
d'hommes si profondément passionnés pour le
bien public ». Il était de cette génération, avec
plus de critique dans l'esprit, plus de vrai libéralisme dans l'âme, et plus de religiosité chrétienne
dans le cœur : il avait leur flamme, celle qui ré-
chauffe l'être qu'elle possède, et aussi celle qui
dévaste les autres quand on la tourne contre eux[1].

---

1. Nous pensons surtout ici aux « Souvenirs » parus seulement
en 1893, et qui ont révélé au grand public un Tocqueville assez im-
prévu, piquant dans ses récits, agressif dans la vivacité de son
style, habile à saisir les petitesses ou les mensonges de certains de

Il a beaucoup aimé ; et il a beaucoup haï, non les hommes privés, mais leurs doctrines, leurs vices, parfois même leurs ridicules. Comme politique et comme chrétien, malgré ses désillusions (et elles ne lui manquèrent pas), il eut des certitudes de fond qui ne l'ont jamais abandonné entièrement et l'ont soutenu dans les naufrages apparents : par là encore il a différé d'un grand nombre de ses contemporains et de ses successeurs.

Tocqueville s'est révélé un grand philosophe historien lorsque, éclairé par le contact des hommes et les enseignements de l'histoire qu'il avait vécue, il entreprit son livre sur « l'Ancien régime et la Révolution ». Bien qu'incomplet, ce livre est resté sa plus belle œuvre et a été pour d'autres une semence féconde. Après avoir fouillé l'ancien régime dans toutes ses parties essentielles, puis la Révolution

---

ses contemporains, même de quelques-uns qui avaient paru ses amis, et à les dénoncer en traits acérés ; un Saint-Simon du xixe siècle. « Ma misanthropie, écrivait sur lui-même Tocqueville (lettre inéd. à M. de Corcelle) est d'autant plus dangereuse qu'elle vient tard et qu'elle est le fruit involontaire de l'expérience. Ma théorie et mon goût ne m'y portaient pas. Je n'ai rien fait de bien dans ce monde qu'en aimant et en estimant mes semblables. Mais peu à peu et malgré moi cette estime et cet attrait ont diminué. Les derniers événements ont achevé de défigurer pour moi l'espèce humaine (16 juin 1852). »

qui avait cru les bouleverser et l'Empire qui en est sorti, Tocqueville a montré, par des preuves incontestables et comme tangibles, la continuité ininterrompue de la vie nationale, de ses instincts, de ses passions et de plusieurs de ses institutions fondamentales, subsistante sous les secousses apparentes de l'histoire. Il a rendu à celle-ci sa logique immanente ; il a rattaché étroitement notre démocratie centralisée, égalitaire, ballottée entre les excès de la liberté et le despotisme, à l'évolution entière de notre état social : conclusion qui allait un peu à l'encontre de sa propre nature passionnée et de certaines de ses animadversions violentes ; — qu'il eut d'autant plus de mérite à formuler en termes définitifs, comme une leçon bonne à rappeler à toutes les époques, et surtout aux époques troublées — une leçon de patience et aussi de clairvoyance, que nous avons tout profit à recueillir et à méditer.

Novembre 1896.

CHAPITRE PREMIER.

LA « DÉMOCRATIE EN AMÉRIQUE »

LA PRÉPARATION. — JEUNESSE DE TOCQUEVILLE. — SES PREMIERS VOYAGES. — LE VOYAGE AUX ÉTATS-UNIS. — PLAN ET IDÉES MAITRESSES DU LIVRE. — LES INSTITUTIONS NÉCESSAIRES DE LA DÉMOCRATIE. — UNION DE LA RELIGION ET DE LA LIBERTÉ. — DÉCENTRALISATION. — POUVOIR JUDICIAIRE. — INFLUENCE DE LA FÉDÉRATION. — SES PÉRILS. — ORGANISME CONSTITUTIONNEL. — LE MILIEU PHYSIQUE.

I.

« M. de Tocqueville a cru, écrit avec justesse M. Janet, que la révolution démocratique était inévitable ou plutôt qu'elle était faite, et au lieu de raisonner *a priori* sur la justice ou l'injustice de ce grand fait, il a pensé qu'il valait mieux l'observer. Laissant à d'autres le soin de l'exalter ou de le flétrir, il s'est réservé de le connaître et de le comprendre. Il entrait dans l'esprit de la méthode positive... C'était là une grande nouveauté... [1] »

Après un demi-siècle d'événements (et quels

1. *Histoire de la science politique*, t. II, p. 736.

événements !) il convient de rouvrir la *Démocratie en Amérique :* non pas évidemment pour y étudier l'Amérique d'aujourd'hui. Les États-Unis ne sont plus ceux qu'étudiait Tocqueville, et il aurait probablement peine à reconnaître, s'il débarquait de nouveau à New-York, la république fédérale qu'il avait explorée en 1831. Richesse, population, nombre des États et des Territoires, productivité agricole et commerciale immense, enflement prodigieux des grandes villes et des centres industriels, mélange des races par l'immigration, rapprochement des groupes de population par les chemins de fer, développement économique et politique de l'Ouest, du Sud naguère esclavagiste, tout a changé dans des proportions presque incroyables en ces soixante-cinq ans ; et quelques profondes et rapides transformations que Tocqueville entrevît et annonçât dans l'avenir des États-Unis, il trouverait probablement ses prévisions dépassées par les faits. Il avait observé une fédération de 15 millions d'âmes, et il retrouverait, en pleine fermentation d'intérêts et de passions, un continent de plus de 70 millions d'habitants, un vrai Nouveau-Monde organisé, complet, orgueilleux de ses destinées et passablement dédaigneux du Vieux-Monde. Mais en écrivant sur *la Démocratie en Amérique,* Tocqueville entendait aborder surtout le problème de la démocratie en général. Il étudiait ses lois, ses caractères spécifiques, ses périls et les palliatifs qu'on pouvait y apporter. Persuadé, comme le notait Stuart Mill en rendant compte de son livre, que la démocratie dans la situation actuelle du monde est inévitable, et en somme désirable, il voulait démontrer « qu'elle est désirable seulement sous certaines conditions, et que ces conditions, la sagacité et la prévoyance humaine peuvent les réaliser, mais aussi les manquer ». Et si elles étaient manquées, Tocqueville ne se dissimulait pas, ou plutôt il voyait et annonçait nettement vers quels écueils les sociétés démocratiques devaient être entraînées.

Nous voulons rechercher brièvement dans le livre, somme toute assez touffu et insuffisamment ordonné, de Tocqueville — livre qui, malgré les grandes et saillantes qualités de l'écrivain, n'est pas d'une lecture aisée, et a été un peu oublié dans sa gloire — quelles sont les principales conditions sous lesquelles il jugeait la démocratie « désirable et vivable » ; vérifier l'efficacité ou la possibilité de réalisation des remèdes ou des précautions qu'il préconisait ; constater, par les faits accomplis, quelques-unes de ses illusions ou de ses erreurs ; saisir dans d'autres occasions la justesse de son regard qui a bien vu et bien prévu.

Pour cela, il est nécessaire tout d'abord de se rappeler sous quel angle il a vu l'Amérique et envisagé la démocratie en général, avec quelles idées, muni de quelles traditions, et en proie à quelles préoccupations, il a abordé le Nouveau-Monde.

II.

Arrière petit-fils par sa mère de l'illustre Malesherbes, fils du comte de Tocqueville qui fut sous la Restauration préfet à Metz, à Amiens, à Versailles et pair de France, auteur d'une *Histoire philosophique du règne de Louis XV* et d'un *Coup d'œil sur le règne de Louis XVI*, et de la comtesse de Tocqueville, née Le Peletier de Rosambo, Alexis de Tocqueville, né le 29 juillet 1805, fut d'abord élevé dans sa famille, où, dit son biographe uni à lui depuis l'enfance par les liens de l'amitié la plus étroite, Gustave de Beaumont, il apprit peu de choses; puis il fut placé dans un lycée de Metz, et, bien que peu fort au début en latin et en grec, il y obtint des succès en discours français. Ses études achevées, il voyagea : il visita avec son frère aîné, Edouard de Tocqueville, l'Italie et la Sicile. On a publié après sa mort quelques fragments de la rela-

tion qu'il fit de son voyage, fragments qui annon-
cent, avec une certaine inexpérience chez l'écrivain,
un style déjà ferme et des habitudes de profondeur
dans l'esprit. On y voit que les questions économiques et politiques commencent à préoccuper
autant le jeune auteur que les beautés de l'art et du
paysage qu'il ressent pourtant vivement et passion-
nément. Sa nature morale ressort avec relief des
dernières lignes de cette notice. « On s'étonnera
peut-être, dit-il, que nous ayons pu supporter aussi
longtemps une pareille manière de vivre, agissant
beaucoup, dormant peu, et ne prenant jamais un
vrai repos. La seule explication que je puisse donner de ce phénomène est celle-ci : nous le voulions,
non pas à peu près et de la manière dont on veut,
par exemple, en général le bien du prochain, mais
fermement et résolument. Le but, il est vrai, ne
répondait pas à l'effort, et c'était, de notre part, du
luxe de force et de ténacité. Mais si ce but était
futile, nous y marchions comme s'il ne l'eût pas
été et nous arrivions. Pour moi, et c'est ainsi que
je veux finir ce journal, je ne demande à Dieu
qu'une grâce : qu'il m'accorde de me retrouver un
jour voulant de la même manière une chose qui en
vaille la peine. »

M. Molé, lié à Tocqueville par des rapports
de parenté, rappelait, en recevant à l'Académie

l'auteur, devenu déjà célèbre, de la *Démocratie
en Amérique*, comment le spectacle qu'il avait
eu sous les yeux presque en naissant dut attirer son
esprit vers la liberté et l'enflammer contre le despotisme. Né au début de l'Empire, témoin, encore
enfant, de ses désastres, il grandit avec la Restauration : « Vous êtes né au moment où la politique
de Napoléon, devenue plus personnelle, menaçait
de compromettre son propre ouvrage dans les luttes
auxquelles la France n'apercevait plus d'autre cause
qu'une insatiable ambition... Dix ans après, Napoléon était tombé. Pour votre génération et pour
vous, ce qui dominait dans cette grande figure de
l'empereur, c'était le despote et le guerrier. Vous
jouissiez de ce faîte de gloire où il avait élevé la
France et vous tourniez contre le despote jusqu'à
son génie, en voyant que ni les lumières, ni les
triomphes ne préservent de l'abîme une nation qui
a courbé la tête sous l'arbitraire[1]. »

Tocqueville fut de suite et resta un des plus
ardents parmi les croyants de la liberté. Ce ne fut

---

1. Cf. Tocqueville (*Mélanges*, p. 169), parlant de Napoléon :
« Je veux contempler l'effort de cette intelligence presque divine
grossièrement employée à comprimer la liberté humaine, cette
organisation savante et perfectionnée de la force, telle que le plus
grand génie au milieu du siècle le plus éclairé et le plus civilisé,
pouvait seul la concevoir, et sous le poids de cette admirable machine la société comprimée et étouffée, devenant stérile. »

pas chez lui seulement une passion de jeunesse.
Elle le suivit toute sa vie, aussi profonde, aussi
intense, mêlée à l'effroi rétrospectif de l'Empire, ou
plutôt fruit de cet effroi et ayant puisé de cette
source une conception particulière de la liberté.
Celle-ci, dont il parlera sans cesse, on peut dire
qu'il ne l'a jamais définie expressément ; mais on
s'aperçoit vite, en lisant ses œuvres, qu'elle lui
apparaît surtout comme une réaction, une protestation et une résistance contre un pouvoir central
tout-puissant, même en acceptant, dans la lutte
contre l'État omnipotent, l'intervention de puissances secondaires et fragmentaires dont le caractère n'est pas précisément libéral. Sous cette forme
trop spéciale et qui prête à la discussion, elle est
pour lui l'objet d'un culte passionné ; elle domine sa
carrière intellectuelle et morale tout entière.

« Ceux qui n'ont pas connu cette époque, et qui
ne connaissent que la mollesse et l'indifférence de
la nôtre, écrit dans sa notice biographique G. de
Beaumont, comprendront difficilement les ardeurs
de ce temps-là. Douze années s'étaient écoulées
depuis que l'Empire était tombé. Pour la première
fois, la France avait connu la liberté et l'avait aimée.
Cette liberté, consolation pour les uns, souverain
bien pour les autres, avait créé pour tous un pays
nouveau... Il y eut alors une France sincèrement

libérale, passionnée pour les institutions nouvelles, jalouse de les soutenir, prompte à s'alarmer de leurs périls et à voir dans leur chute ou dans leur maintien le succès ou l'échec de sa propre fortune. »

Sainte-Beuve a tracé de l'auteur de la *Démocratie*, déjà parvenu à l'âge mûr, un portrait qui, au point de vue de sa passion de la liberté, résume en quelques lignes saisissantes sa personnalité d'âme. Il le décrit prenant la parole dans une séance de l'Académie au sujet d'un prix qu'il s'agissait de décerner à l'auteur d'un livre sur l'*Organisation des Conseils du Roi dans l'ancienne France.* « Cela le conduisit à une profession libérale, qu'il rattachait à une grande, à une sainte, à une immortelle cause, où toutes les destinées de l'humanité étaient renfermées et comprises. Il s'animait en parlant de ces choses. Il était pénétré, sa main tremblait comme une feuille, sa parole vibrait de toute l'émotion de son âme ; tout l'être moral était engagé, on l'écoutait avec respect, avec admiration [1]. »

Dans un autre passage, Sainte-Beuve ajoute de nouvelles touches à cette image si vivante. « Il y avait, écrit-il à Gustave de Beaumont, en lui parlant de l'auteur de la *Démocratie en Amérique*, il y avait entre M. de Tocqueville et moi un cer-

---

1. *Causeries du Lundi*, t. XV, p. 121.

tain nœud de séparation : il était de nature croyante, c'est-à-dire que même dans l'ordre des idées, il portait une certaine religion, une certaine foi. Je l'ai vu un jour, à un dîner, chez Mme Récamier, ne pas entendre raillerie sur je ne sais quoi de 89 : je me tins pour averti [1] ».

III.

Tocqueville joignit de bonne heure à l'attachement passionné qui lui était commun avec beaucoup de ses contemporains pour la liberté politique, considérée surtout comme l'horreur du despotisme personnel, une profondeur de réflexion et d'obserservation plus rare. Il paraît, dès cette époque de sa vie, avoir possédé deux qualités qu'il conserva pendant toute son existence : une vive flamme non seulement d'esprit, mais de tempérament, ce qu'il appelle, dans une de ses lettres, le diable au corps [2], et la force de pénétration de la pensée s'appliquant

---

1. *Nouveaux Lundis*, t. X, p. 331.
2. « On ne réussit à rien, écrit-il au fils d'un de ses amis, surtout dans la jeunesse, si l'on n'a pas un peu le diable au corps. A votre âge, j'aurais entrepris de sauter par-dessus les tours de Notre-Dame, si j'avais su trouver de l'autre côté ce que je cherchais. » *Correspondance*, I, 469.

aux matières politiques et sociales. Dès sa première jeunesse, il réfléchit profondément sur le passé, le présent et l'avenir des sociétés[1]. Il aperçut tantôt sous les orages, tantôt sous le calme apparent qui régnaient à la surface de notre organisation politique, le mouvement permanent de la révolution ; cette révolution affirmant, malgré tous les obstacles qui s'élevaient sur sa route, son caractère profondément démocratique ; le principe de l'égalité s'emparant des sociétés modernes et s'imposant à elles : — mais en même temps il vit l'égalité diviser et isoler les hommes en les nivelant ; il vit le pouvoir central, poussé par la suppression des résistances d'ordre aristocratique, atteindre à la toute-puissance, voire à la tyrannie. Comment sauver la démocratie de l'oppression qu'elle engendre comme conséquence de ses propres tendances fondamentales ? Ce fut la question qui occupa son esprit et devait toute sa vie « troubler son âme ».

La révolution de 1830 trouva le futur écrivain magistrat à Versailles où son père était préfet. Il y remplissait les fonctions de juge auditeur ; il avait, à plusieurs reprises, obtenu de participer aux tra-

---

1. Tocqueville dit, de lui-même, à la fin de son introduction à la *Démocratie en Amérique :* « J'ai entrepris de voir non pas autrement, mais plus loin que les partis, et tandis qu'ils s'occupent du lendemain, j'ai voulu songer à l'avenir. »

vaux du ministère public. Son biographe, alors son
collègue au parquet, atteste que sa parole grave, le
tour sérieux de sa pensée, la maturité de son jugement et la supériorité de son esprit, le placèrent
hors ligne, et que plus d'un président d'assises
pronostiqua de hautes destinées au descendant de
Malesherbes.

Ses lettres indiquent cependant que la carrière
qu'il avait choisie et où le succès semblait l'attendre,
ne convenait que médiocrement à ses facultés et à
son ambition. « En somme, écrit-il à son ami
L. de Kergorlay, je commence à croire que je
prendrai l'esprit de mon état. J'ai encore bien des
moments de retour sur moi-même qui sont cruels
et où je regrette amèrement de n'avoir pas pris une
autre route, mais en général, je me concentre de
plus en plus dans ma matière et je m'y concentre
tellement... que j'en suis à craindre de devenir,
avec le temps, une machine à droit, comme la
plupart de mes semblables, gens spéciaux, s'il en
fut jamais, aussi incapables de juger un grand mouvement qu'ils sont propres à déduire une suite
d'axiomes et à trouver des analogies et des antino-
mies. J'aimerais mieux brûler mes livres que d'en
arriver là [1]. »

1. Correspondance, I, 302.

Il ne brûla pas ses livres, mais il les ferma, pour un temps. La révolution de juillet venait d'éclater. Tocqueville se rallia à la nouvelle royauté sans enthousiasme, mais sans hésitation. Il vit dans la révolution de 1830 une dernière chance offerte à la France d'accorder la liberté avec la monarchie constitutionnelle, et il espéra que cet accord que n'avait pu établir la Restauration, serait réalisé par les d'Orléans. Il resta donc magistrat[1] : mais poussé d'une part par une irrésistible curiosité d'esprit et n'ayant pas, d'autre part, d'espérance d'un prompt avancement dans sa carrière, sous le régime de Juillet, il convoita d'aller observer aux États-Unis le développement d'un peuple qui avait agité ou résolu les problèmes politiques et sociaux dont la solution était devenue le principal objet de ses préoccupations. De concert avec son ami G. de Beaumont, il sollicita du ministre de l'intérieur, le comte de Montalivet, une mission relative au régime pénitentiaire dont la réforme attirait, déjà à cette époque, l'attention publique, et les deux voyageurs partirent pour l'Amérique où ils débarquèrent le 10 mai 1831[2].

1. Il donna sa démission en 1832, en apprenant la révocation de G. de Beaumont.
2. Nous ne pouvons étudier ici l'importante question qui avait motivé le voyage de Tocqueville et de son compagnon. Le résultat de leur

IV.

« Fils de l'ancien régime, aristocrate par l'origine, par les exemples de sa famille et les habitudes de sa jeunesse[1], » Tocqueville, tout préparé qu'il y fût par ses études, ses méditations et les observations même qu'il avait faites en Europe, fut vivement saisi du spectacle qui l'attendait en Amérique.

Il se trouvait, suivant l'expression de l'un des plus récents, des plus complets et consciencieux

mission fut consigné dans un volume qui a pour titre : *Le système pénitentiaire aux Etats-Unis*, 1832. Cet ouvrage souleva, l'un des premiers en France, le grave problème de l'emprisonnement cellulaire, dont les Etats-Unis offraient d'intéressants exemples. Tocqueville fut toujours favorable à ce système pénitentiaire et ses écrits ont fourni des arguments aux partisans de ce régime. Il reprit la question à la Chambre des députés, sous la monarchie de Juillet. On peut consulter sur cette question Bérenger, *de la répression pénale* (1855) et de nombreux discours du même orateur. La question est, comme on le sait, toujours ouverte en France où, malgré de nombreuses décisions législatives, l'organisation en grand du système cellulaire se heurte à la fois à des difficultés pratiques et à des objections de principe.

1. Guizot, en parlant de Tocqueville lors de la réception de Lacordaire à l'Académie française.

2.

observateurs de l'Amérique[1], en face d'une des
dernières grandes expériences d'établissement politique et social que l'humanité ait tentées, de la dernière qu'elle puisse espérer de tenter dans des
conditions aussi favorables. Il rencontrait l'élite des
descendants d'une race dont l'énergie sans égale
et la variété d'aptitudes ne furent jamais dépassées;
il la voyait installée dans un pays neuf, immense,
comblé des dons de la nature, traversé par des cours
d'eau incomparables, sans voisins à redouter, en
présence d'une tâche de colonisation et d'exploitation industrielle, gigantesque, et qui devait durer
des siècles. C'était là un bloc de faits bien propre
à frapper l'imagination et à provoquer tout d'abord
une analyse d'ensemble embrassant l'horizon historique, physique, économique du nouveau continent. Ce ne sont pas cependant les traits généraux
du spectacle qu'il a sous les yeux, que, dans son
livre, Tocqueville semble de suite apercevoir.

L'Amérique lui apparaît, au moment où les Européens ont mis le pied sur son sol, comme le berceau encore vide[2] d'une grande nation, mais d'une

---

1. M. Bryce, *The American Commonwealth*, 2 vol., éd. de
1895 (la 1re édition est de 1888, en 3 vol.). Nous consulterons
souvent ce livre dans les pages qui vont suivre.
2. Ce berceau, l'auteur, dans son premier chapitre : *Configu-*
ration de l'Amérique du Nord, en trace une brillante descrip-

nation qui sera grande surtout par ses institutions politiques. Là, les hommes civilisés devaient essayer de *bâtir la société sur des fondements nouveaux*, et appliquant, pour la première fois, des théories jusqu'alors inconnues ou réputées inapplicables, ils allaient donner au monde un spectacle auquel l'histoire ne l'avait pas préparé. Ce qu'il voit, en Amérique, c'est donc tout d'abord ses institutions, et, de ces institutions, un trait général et fondamental le frappe avant tous les autres : l'égalité des droits, que Tocqueville désigne, d'une façon qui pourrait prêter et a prêté à l'équivoque, sous le nom d'*égalité des conditions*. Elle lui semble dominer et déterminer toute l'organisation sociale[1].

tion géographique, où l'influence de Chateaubriand est demeurée sensible. Cependant l'auteur pressentait les prochaines destinées de la vallée du Mississipi, encore un vaste désert au moment où il écrivait : « La vallée du Mississipi est, à tout prendre, la plus magnifique que Dieu ait jamais préparée pour l'habitation de l'homme et pourtant on peut dire qu'elle ne forme encore qu'un vaste désert. C'est sur la côte inhospitalière de l'Est que se sont d'abord concentrés les efforts de l'industrie humaine, que sont nées et ont grandi les colonies anglaises qui devaient devenir un jour les Etats-Unis d'Amérique. C'est encore là que se trouve aujourd'hui le foyer de la puissance tandis que sur les derrières s'assemblent presque en secret les véritables éléments du grand peuple auquel appartient sans doute l'avenir du continent. »

1. Il est intéressant de rapprocher de l'impression de Tocqueville celle que plus de cinquante ans auparavant, les institutions américaines, alors dans leur nouveauté, avaient faite sur un autre fils de l'ancien régime, le comte de Ségur, qui, on le sait, servit

« Je découvris sans peine en Amérique, dit-il,
l'influence prodigieuse qu'exerce ce premier fait sur
la marche de la société... Alors, je reportai ma
pensée vers notre hémisphère et il me sembla que
j'y distinguais quelque chose d'analogue au spectacle que m'offrait le Nouveau-Monde. Je vis l'égalité des conditions, qui sans avoir atteint comme aux
Etats-Unis ses limites extrêmes, s'en approchait
chaque jour davantage. De ce moment, j'ai conçu
l'idée du livre qu'on va lire. » Et quelques pages plus

sous Rochambeau et La Fayette dans la guerre de l'Indépendance :
« Nulle part. s'écriait celui-ci, l'indigence et la grossièreté ; partout
la fertilité. l'aisance, l'urbanité ; chez tous les individus cette fierté
modeste et tranquille de l'homme indépendant. qui ne voit au-
dessus de lui que les lois, et qui ne connaît ni la vanité, ni les préjugés, ni la servilité de nos sociétés européennes..... Là, nulle
profession utile n'est ridiculisée, ni méprisée. L'oisiveté seule y
serait honteuse. Les grades militaires et les emplois n'empêchent
personne d'avoir une profession à lui. Chacun est marchand, ou
cultivateur, ou artisan ; les moins aisés sont domestiques, ouvriers
ou matelots ; loin de ressembler aux hommes des classes inférieures
de l'Europe, ceux-ci méritent les égards qu'on a pour eux et qu'ils
exigent par la décence de leur ton et de leur conduite..... Dans
les premiers moments. j'étais un peu surpris en entrant dans une
taverne de la voir tenue par un capitaine ou un colonel, qui me
parlait également bien de ses campagnes contre les Anglais, de
l'exploitation de ses terres, de la vente de ses fruits et de ses
denrées..... J'étais encore plus étonné lorsqu'ayant dit que mon
père était général et ministre, on me demandait quelle était sa
profession ou son métier..... » (*Mémoires ou Souvenirs et anecdotes.*)
   Raynal avait loué les Américains, qui, « livrés presque tous à
l'agriculture et au commerce, à des travaux utiles qui élèvent et
fortifient l'âme, en donnant des mœurs simples aussi éloignées
jusqu'à présent de la richesse que de la pauvreté, ne peuvent être
encore corrompus ni par l'excès du luxe ni par l'excès des besoins. »
(*Hist. philosoph. des Indes*, t. XVIII, ch. XXXIX.)

loin, il écrit : « J'avoue que dans l'Amérique, j'ai
cherché une image de la démocratie elle-même, de
ses penchants, de son caractère, de ses préjugés, de
ses passions. J'ai voulu la connaître, ne fût-ce que
pour savoir ce que nous devions espérer ou craindre
d'elle. »

Tocqueville, on le voit, aborde son sujet moins
en observateur et en historien qu'en philosophe
politique préoccupé de rapprochements entre
l'Amérique et d'autres nations engagées comme
elle, quoique par des sentiers différents, dans la
voie démocratique[1]. C'était là un élément d'actua-
lité et comme d'application pratique qui a beaucoup contribué au succès de son livre : c'était aussi
une source de dangers auxquels il n'a pas toujours
échappé. Bien qu'il aperçût et indiquât les différences profondes et essentielles qui séparent les
États-Unis du continent européen, son désir de
trouver en Amérique des leçons pour l'Europe l'a
plus d'une fois entraîné à glisser momentanément
sur ces différences et à analyser les institutions

1. Il dit encore plus nettement dans ses lettres : « L'Amérique
n'était que mon cadre, la démocratie le sujet. Vouloir présenter
un tableau complet de l'Union serait une entreprise absolument
impraticable pour un homme qui n'a passé qu'un an dans cet
immense pays. Je crois d'ailleurs qu'un pareil ouvrage serait aussi
ennuyeux qu'instructif. On pourrait, au contraire, en choisissant
les matières, ne présenter que des sujets qui eussent des rapports
plus ou moins directs avec notre état social et politique... »

américaines en dehors de leur genèse historique et
de leur milieu physique, et comme si elles étaient
transportables d'un hémisphère à l'autre. Il a à
maintes reprises averti le lecteur du danger de conclure de l'examen des États-Unis à ce qui convien-
drait à l'Europe ou plus spécialement à la France :
mais la préoccupation constante qui, de son aveu
même, hante son esprit lorsqu'il étudie la démocratie américaine, à savoir le souci de l'avenir de
notre propre démocratie, diminue la portée de ses
avertissements. La confiance du lecteur dans les jugements de l'auteur en est également un peu ébranlée, non qu'on soupçonne son désir d'impartialité
ou l'intensité de son observation : mais le point de
vue où il s'est délibérément placé a dû, semble-t-il,
rétrécir le champ de cette observation ou au moins
appeler plus particulièrement son attention sur certaines questions ou sur certaines faces des questions, et lui faire négliger les autres.

Cette impression est d'autant plus forte sur le
lecteur d'aujourd'hui, que la description que Tocqueville fait de l'Amérique n'offre pas cette abon-
dance et cette précision de vision que nous exigeons,
depuis, de nos voyageurs écrivains, et qui se tra-
duisent par toutes sortes de détails presque minu-
tieux, soigneusement recueillis et notés dans leurs
récits, sur les paysages, les mœurs, les choses et

les hommes, non moins que sur les institutions et
sur les lois. Autant certains publicistes de nos jours
multiplient sous nos yeux les petits faits, les notules,
les minuties, autant Tocqueville cherche à faire
oublier le travail préparatoire auquel il s'est livré,
à généraliser, à conclure d'objets particuliers à des
vues d'ensemble, à fournir au public, non tous les
éléments de l'analyse, mais la synthèse, tout en le
rassurant sur les éléments mêmes de cette synthèse,
par un choix de faits justificatifs. La méthode a ses
avantages et ses inconvénients : sous la plume de
Tocqueville, elle présente souvent le défaut d'une
apparence de discours dogmatique à propositions
péremptoires dans leurs affirmations et qui plus
d'une fois visent à l'oracle ou à la sentence, et font
penser plus au moraliste qu'à l'écrivain politique.

L'auteur, au lieu de suivre l'enchaînement
historique des faits ou de constater les réalités telles
que les lui révèle successivement l'observation
directe, semble vouloir les déduire comme une
conclusion logique et forcée, d'un principe découvert à l'origine de tel établissement politique,
social ou religieux. Très souvent il ne dit pas : les
choses *sont* de telles façons, mais, étant donné un
point de départ accepté, elles *seront* ainsi. C'est
dans plus d'un cas une simple forme de style,
mais qui indique une tendance de l'esprit et une

méthode. De plus, comme Stuart Mill, dans sa
critique de la *Démocratie en Amérique*, l'a judicieu-
sement observé, les exemples cités par l'auteur
comme *illustrations* de ses systèmes *a priori*, ne
sont pas assez nombreux ou gardent un caractère
trop fragmentaire. La complication des choses
humaines est telle que quiconque a suivi, sans
préjugé, les péripéties de l'histoire, est forcément
en défiance contre l'écrivain qui veut prévoir les
conséquences à longue échéance de telle combinaison primordiale, morale ou politique, Supposez
un auteur ignorant entièrement l'histoire réelle
depuis la chute de l'Empire romain, et voulant,
dans son cabinet et par les seules lumières de son
esprit, reconstruire les destinées de l'Europe jusqu'à nos jours : il façonnerait par la pensée une
Europe toute différente de celle qui a traversé le
moyen âge, la Renaissance et les temps modernes.
Tocqueville ne va pas si loin et, même dans ses
déductions logiques, il ne perd pas de vue les faits
historiques ou contemporains : au fond ils lui sont
toujours très présents à l'esprit ; et s'il avait publié
à titre de documents justificatifs les notes de voyage
qu'on a fait paraître après sa mort[1], un grand

---

1. Celles-ci comprennent des impressions très intéressantes sur
l'Angleterre où Tocqueville, à plusieurs reprises, et pour la pre-

nombre des reproches qu'on lui a adressés seraient
tombés d'eux-mêmes. On aurait vu avec quel soin
il recueillait les renseignements écrits et verbaux,
notait ses conversations avec les hommes et ses
vues directes des choses, exprimées le plus souvent
en termes concis et cependant d'un relief saisissant.
Mais il entrait dans sa manière de laisser ses documents à l'arrière-plan; on pourrait croire qu'il les
considère comme la simple confirmation de la
justesse d'un système lié par ce que Montesquieu
aurait appelé « les rapports nécessaires des choses ».
Pour aboutir par cette méthode à des résultats
absolument sûrs, il faudrait être certain d'apercevoir tous les « rapports nécessaires » et de n'en
laisser échapper aucun de fondamental : tâche
impossible même pour l'esprit le plus clairvoyant,
en face de la complexité des phénomènes qui
agissent et réagissent l'un sur l'autre et impliquent
l'ensemble de l'existence sociale,

V.

En tout cas, avant d'observer le système démo-

mière fois en 1833, a été chercher des rapprochements et des
points de comparaison avec la France et l'Amérique.

cratique tel qu'il le verrait réalisé de l'autre côté de l'Océan, l'auteur semble s'être composé *a priori* un idéal de démocratie libérale dont il trace dans son *Introduction* l'éloquent tableau.

Ce tableau a eu sur les imaginations du siècle une trop grande influence, enflammant l'enthousiasme des uns, excitant la défiance des autres par le caractère utopique même du but à atteindre, pour que nous n'en rappelions pas les traits principaux.

« Je conçois, écrit Tocqueville, une société où tous, regardant la loi comme leur ouvrage, l'aimeraient et s'y soumettraient sans peine; où l'autorité du Gouvernement étant respectée comme nécessaire et non point comme divine, l'amour qu'on porterait au chef de l'État ne serait point une passion, mais un sentiment raisonné et tranquille. Chacun ayant des droits et étant assuré de conserver ses droits, il s'établirait entre toutes les classes une mâle confiance et une sorte de condescendance réciproque aussi éloignée de l'orgueil que de la bassesse. Instruit de ses vrais intérêts, le peuple comprendrait que, pour profiter des biens de la société, il faut se soumettre à ses charges. L'association libre des citoyens pourrait alors remplacer la puissance individuelle des nobles et l'État serait à l'abri de la tyrannie et de la licence...

« Dans un tel État, la société ne sera point immobile, mais les mouvements du corps social pourront y être réglés et progressifs. Si l'on y rencontre moins d'éclat qu'au sein d'une aristocratie, on y trouvera moins de misères; les jouissances y seront moins extrêmes, et le bien-être plus général; on y remarquera plus de bien et moins de crimes... La nation prise en corps sera moins brillante, moins glorieuse, moins forte peut-être; mais la majorité des citoyens y jouira d'un sort plus prospère, et le peuple s'y montrera paisible, non qu'il désespère d'être mieux, mais parce qu'il sait être bien... »

Voilà un idéal de démocratie très vivable et, jusqu'à un certain point, rassurant. Comment, vis-à-vis d'un état social si clairement défini, nommer la situation politique et morale où l'Europe se débat depuis qu'elle a quitté son existence d'ancien régime, sans se consolider dans un nouvel état de choses ?

La réponse de l'auteur à cette question est empreinte d'une bien sombre éloquence ; peu d'écrits contemporains ont rendu en termes plus saisissants la tristesse du présent, le trouble de ces temps qui suivent les grandes crises, privés de ce qui fut, et non encore en possession de ce qui sera. C'est dans la bouche de l'auteur comme une lamentation qui, par contraste, fera ressortir la grandeur des résultats obtenus par la liberté sur un sol plus heureux. En jetant pêle-mêle derrière nous les institutions de nos aïeux, disait Tocqueville, nous

avons laissé s'évanouir le prestige du pouvoir
royal, sans le remplacer par la majesté des lois ;
l'autorité n'inspire plus l'amour et le respect : elle
s'impose par la peur ; les forces individuelles ou
collectives érigées naguère en remparts contre la
tyrannie ont été détruites ; un gouvernement cen-
tralisé a hérité de toutes les prérogatives jadis
possédées par des familles ou des corporations : à
la force quelquefois oppressive, mais souvent tutélaire de certaines individualités ou de certains
groupes, a succédé l'impuissance d'éléments morcelés et isolés. La division des fortunes qui aurait
dû rapprocher le pauvre du riche, semble leur
avoir donné des raisons nouvelles de se haïr ; l'antagonisme des classes en est résulté et quelles
discordes en sont le fruit !

Passant à l'ordre des sentiments religieux, l'auteur décrit une situation non moins déplorable. Il
aperçoit, par un concours d'étranges événements,
la religion placée parmi les puissances que la
démocratie déteste et cherche à détruire : elle-
même, par contre, repousse l'égalité qu'elle aime
en vertu de son principe et maudit la liberté
comme un adversaire, au lieu de sanctifier ses
efforts en lui offrant son secours. D'autre part, loin
d'appeler la religion à leur aide, de façon à asseoir
le règne de la liberté sur celui des mœurs, qui

elles-mêmes ne sauraient se passer des croyances,
les partisans de la liberté repoussent la foi chrétienne. Ils se privent de son concours et de son
frein.

Tels sont les maux du présent et, cependant,
l'auteur ne doute pas que le mouvement d'idées et
de faits qui les a engendrés n'ait un caractère définitif et en quelque sorte fatal : « Une grande révolution démocratique s'opère parmi nous. Les uns
la considèrent comme une chose nouvelle, et, la
prenant pour un accident, ils espèrent pouvoir
l'arrêter ; d'autres la jugent irrésistible parce qu'elle
leur semble le fait le plus continu, le plus ancien
et le plus permanent que l'on connaisse dans l'histoire. » Tocqueville est de ces derniers, et il justifie
son opinion par un coup d'œil d'ensemble jeté sur
le développement historique de la nation. Il embrasse dans une revue rétrospective rapide la
féodalité, les progrès du pouvoir royal, l'expansion
du clergé, les conquêtes du tiers-état, l'accroissement de la richesse mobilière, les découvertes de
la science :

« Lorsqu'on parcourt les pages de notre histoire,
on ne rencontre pour ainsi dire pas de grands événements qui, depuis sept cents ans, n'aient tourné au
profit de l'Égalité. Le développement graduel de
l'égalité des conditions est un fait providentiel, il en

a les principaux caractères, il est universel, il est
durable, il échappe chaque jour à la puissance humaine. Tous les événements comme tous les hommes
servent à son développement. Sera-t-il sage de croire
qu'un mouvement social qui vient de si loin pourra
être suspendu par les efforts d'une génération ? Le
livre entier qu'on va lire a été écrit sous l'impression
d'une sorte de terreur religieuse produite dans l'âme
de l'auteur par la vue de cette révolution irrésistible
qui marche depuis tant de siècles à travers tous les
obstacles, et qu'on voit s'avancer aujourd'hui au
milieu des ruines qu'elle a déjà faites. »

VI.

Lutter contre l'avènement de la démocratie, alors
qu'elle s'impose comme une irrésistible fatalité,
paraissait à l'auteur une folie ; mais régler sa
marche, entourer ses rouages de certaines garanties,
lui semblait le premier devoir de ceux à qui sont
confiées les destinées de la société. Une science
politique nouvelle, pensait-il, est nécessaire à un
monde tout nouveau. Or, chez nous, la révolution
sociale semble avoir toujours marché au hasard.
« La démocratie abandonnée à ses instincts sau-
vages est grandie comme ces enfants privés des
soins paternels qui s'élèvent d'eux-mêmes et qui

ne connaissent de la société que ses vices et ses misères. »

Comment, dans ces conditions, s'étonner des bouleversements qu'elle produit ? En Amérique, un autre spectacle apparaît : la grande révolution sociale d'où est née la démocratie s'y est opérée d'une manière simple et facile. Le peuple jouit des résultats de la révolution démocratique sans avoir eu, à proprement parler, de révolution. Les émigrants, fondateurs des colonies de la Nouvelle-Angleterre, ont laissé aux rives du Vieux-Monde les principes et les institutions contre lesquels la démocratie naissante luttait dans le sein des vieilles sociétés de l'Europe et ont transplanté la liberté de l'autre côté de l'Atlantique. Voilà le point de départ. A ce point de départ se relie logiquement le développement entier de l'histoire des États-Unis. Des premiers États de l'Est, la démocratie s'est progressivement répandue dans les États voisins[1]. Après avoir gagné de proche en proche les provinces plus reculées, elle a fini par pénétrer la Confédération

---

1. « Dans les Etats de l'Ouest, improvisés en quelque sorte par la fortune, les habitants sont arrivés d'hier sur le sol qu'ils occupent. C'est là qu'on peut observer la démocratie parvenue à sa dernière limite. Ces nouveaux Etats ont déjà des habitants ; la société n'y existe pas encore. » Quant aux Etats esclavagistes du Sud, Tocqueville les range dans une catégorie à part et en parle peu.

entière. « La civilisation de la Nouvelle-Angleterre
a été comme ces feux allumés sur les hauteurs, qui,
après avoir propagé la chaleur autour d'eux, tei-
gnent encore de leur clarté les derniers confins de
l'horizon. »

Sans chercher si cette belle image justifie la méthode un peu trop simpliste de l'auteur, restons
avec lui pour un moment dans sa thèse telle qu'il
la présente. Il s'agit de cet humble noyau de pion-
niers puritains venus de Hollande et d'Angleterre,
et dont Tocqueville résume l'histoire en faisant ressortir quels éléments de démocratie en quelque
sorte nécessaire[1] ils portaient avec eux. Quel contraste entre ce qu'ils vont faire en Amérique et
l'état de l'Europe, vers le milieu du xviie siècle!
Dans le vieux monde, la royauté absolue triomphe
sur les débris de la liberté oligarchique et féodale

---

1. Parmi ces éléments, Tocqueville ne signale pas avec assez de
force l'organisation commerciale qui fut celle des colonies débu-
tantes. Les chartes royales qui les ont instituées les ont organisées
à l'instar des sociétés de commerce qui se gouvernent elles-mêmes
et où tout est subordonné à un point de vue pratique. M. Bryce
fait bien ressortir ce caractère primitif des États, caractère qui
s'est perpétué dans leur agencement politique et administratif;
il les rapproche des ghildes commerciales du moyen âge anglais,
filles elles-mêmes des anciennes corporations et remontant jusqu'à
la Rome impériale. — T. II, p. 23, éd. de 1888.

« Je ne vois aucun peuple manufacturier et surtout commer-
çant qui n'ait été libre, écrit Tocqueville dans ses *Notes de
voyage* en Angleterre (1835). Il y a donc une relation entre ces
deux mots : liberté et commerce... »

du moyen âge ; l'idée des droits populaires est mé-
connue ; les peuples n'ont plus que des vestiges d'une
vie politique indépendante. La puissance des monarchies semble avoir étouffé les existences individuelles ou collectives. Ce sont ces mêmes principes
de liberté, délaissés par les nations européennes,
qui vont être proclamés dans le Nouveau-Monde et
devenir la règle de son organisation politique. Là
on va voir de hardies théories sociales adoptées et
appliquées par un groupe de populations très humbles en apparence. Deux éléments, et c'est un
rapprochement sur lequel l'auteur de la *Démocratie* va longuement insister, deux éléments qui, ailleurs, se sont souvent fait la guerre, que semble
séparer un invincible antagonisme, s'allient pour
engendrer la civilisation anglo-américaine : l'esprit
de religion et l'esprit de liberté se sont, en quelque
sorte, sur ce terrain nouveau, incorporés l'un dans
l'autre, de façon à assurer par leur alliance étroite
la grandeur et la durée de la liberté, au berceau de
laquelle ils présidaient.

« Les fondateurs de la Nouvelle-Angleterre étaient
tout à la fois d'ardents sectaires et des novateurs
exaltés. Retenus dans les liens les plus serrés de
certaines croyances religieuses, ils étaient libres de
tout préjugé politique... Loin de se nuire, ces deux
tendances, en apparence si opposées, marchent

d'accord et semblent se prêter un mutuel appui. La religion voit dans la liberté civile un noble exercice des facultés de l'homme ; dans le monde politique, un champ livré par le Créateur aux efforts de l'intelligence. La liberté voit dans la religion la compagne de ses luttes et de ses triomphes, le berceau de son enfance, la source divine de ses droits. Elle considère la religion comme la sauvegarde des lois et le gage de sa propre durée. »

VII.

L'une des idées dominantes de Tocqueville est là. « Mon plus beau rêve en entrant dans la vie politique, écrivait-il à son frère, était de contribuer à la reconstitution de l'esprit de liberté et de l'esprit de religion, de la société nouvelle et du clergé. »

Ce rêve a marqué sa trace, ou plutôt vit et rayonne dans l'ouvrage entier, on pourrait dire dans l'existence entière de Tocqueville. Mais avant de développer ses pensées sur le rôle de la religion dans la constitution de la République américaine, l'auteur prévoit une objection et veut tout d'abord y répondre. C'est par le protestantisme et dans le protestantisme qu'ont grandi les libertés du Nouveau-Monde, et c'est lui qui a plané sur les destinées de la jeune démocratie. Grâce aux hommes qui,

après s'être soustraits à l'autorité du Pape, n'ont
depuis reconnu aucune suprématie religieuse absolue, les États-Unis se sont trouvés de suite en possession d'un christianisme démocratique et républicain ; par là l'accord put être réalisé facilement
dès le principe entre la politique et la religion ; cet
accord une fois établi a subsisté. Un accord de
même sorte pourrait-il concilier le catholicisme et
la démocratie? C'est là la question qui se présente
tout d'abord à l'esprit et qu'il faut résoudre si
l'exemple des États-Unis doit être invoqué auprès
de peuples chez qui l'Église romaine est restée dominante. Cette question, on s'en aperçoit sans
peine, a sans cesse préoccupé Tocqueville pendant
son séjour en Amérique. Bien placé par ses relations personnelles pour étudier les idées et les sentiments de la minorité catholique déjà importante à
cette époque, et dont il prévoyait et annonçait le
rapide développement[1], le jeune voyageur s'applique
à rechercher dans quels rapports ce rameau de
l'Église vit avec le milieu démocratique qui l'en-
globe, et il arrive avec joie à cette conclusion, fruit
de ses observations prolongées, que, non seulement
il n'existe entre leurs tendances aucune divergence

---

1. Voir *Correspondance*, II : Lettre à M. de Kergorlay, p. 312,
sur le développement du catholicisme américain.

fondamentale, mais que les catholiques, très fervents dans la pratique de leur culte, très attachés à
leur dogme et à leurs croyances, forment la classe
la plus libérale qui soit aux États-Unis.

Tocqueville cherche à expliquer ce fait, et il
insiste volontiers sur les causes qui l'ont rendu possible. Il constate tout d'abord qu'en Amérique l'influence de la religion est indirecte et d'autant plus
puissante. Conformément au spectacle qui saisit
les yeux aux États-Unis, la première condition,
pense-t-il, pour que l'intervention de la foi soit
bienfaisante, c'est qu'elle soit libre et pour cela
qu'elle provienne d'Églises absolument indépendantes de l'autorité gouvernementale. Il a interrogé
sur ce point les ministres des différentes sectes religieuses et tous se sont trouvés d'accord pour attribuer à la séparation de l'Église et de l'État l'empire
paisible que la religion exerce dans leur pays. Fidèles
à ce principe, ils se tiennent soigneusement à l'écart
de toute immixtion dans la politique pratique et
restent confinés dans le domaine propre de l'action
religieuse. « Le citoyen, s'écrie l'auteur, leur
échappe, et les âmes, seules, leur appartiennent. »
Là est le salut d'une société libérale, non seulement
en Amérique, mais dans le monde entier ! — Il
passe, de la grande démocratie qui l'environne, à
d'autres horizons ; il montre le temps approchant

où la puissance gouvernementale va chez bien des peuples descendre de classe en classe, où les doctrines politiques se transformeront, où les partis, les lois, les constitutions elles-mêmes, se succéderont dans un mouvement toujours plus rapide : et, au-dessus de cette agitation et de cette instabilité propres au tempérament des démocraties, il voit se dresser la religion, planant dans son immobilité relative, contenant par la fixité des croyances extraterrestres les passions éphémères des hommes. Or, pour cela, la première condition est que la religion se trouve placée à part du monde politique, comme sur un roc inébranlable entre le flux et le reflux des opinions humaines. C'est ce qui s'est produit en Amérique ; aussi la religion domine-t-elle sans efforts, malgré la variété de ses formes et de ses sectes, aussi bien de ses communautés catholiques que des protestantes, restées les unes et les autres libres dans leurs individualités collectives. Au contraire, en Europe, le christianisme s'est lié lui-même aux puissances de la terre ; lorsque ces puissances tombent, il semble enseveli sous leurs débris. « Les attaques qui assaillent le pouvoir politique n'épargnent pas la religion qui s'est enchaînée à lui, et les coups destinés à l'un blessent l'autre... Le vrai moyen de sauver celle-ci serait de la rendre indépendante de l'État. C'est un vivant

qu'on a voulu attacher à des morts. Coupez les liens
qui le retiennent et il se relèvera. »

Dans sa pénétrante étude sur la *Démocratie et la
France*, Edmond Schérer a bien vu l'importance de
cette thèse dans l'ensemble des idées de Tocqueville,
et en même temps il a montré la faiblesse de certains des fondements sur lesquels elle repose. Admettre l'empire persistant de la religion sur une
démocratie, c'est d'abord supposer la fixité des
croyances religieuses dans un temps où le mouvement général des choses et des idées les ébranle
aussi bien que les institutions. Les croyances ne
sont-elles pas emportées par la même crise que les
puissances politiques? Les Églises n'ont-elles pas
été minées par les mêmes révolutions que les monarchies? Exhorter un peuple à croire, n'est-ce pas
supposer que l'on croit ce qu'on veut? n'est-ce pas
nier de parti pris les atteintes que la foi a reçues ou
recevra de la propagation et de la mise à la portée
de tous par l'instruction et par la presse, des résultats de la critique historique, du développement
des sciences d'observation, de l'expansion générale
du rationalisme?

En dehors des questions de dogme et de foi,
l'indépendance complète des Églises et de l'État,
possible, jusqu'à un certain point, dans un pays
neuf et décentralisé comme l'Amérique, est-elle

praticable dans des sociétés vieilles de plusieurs
siècles, où l'union des deux principes sous la
forme monarchique a si longtemps régi les mœurs
et même les lois? Le *nescio vos* absolu de l'État
peut-il être appliqué à des Églises habituées hier
encore à la protection du trône, qui participaient à
sa toute-puissance, qui ont conservé de leur prédominance politique des ambitions qu'elles ne taisent
ou qu'elles ne désavouent que sous la pression d'une
puissance publique assez forte pour les contenir
ou les modérer? Dans la ferveur de ses convictions
à la fois chrétiennes et libérales, Tocqueville n'ad-
mettait pas aisément les objections qui arrêtent
aujourd'hui tant d'observateurs politiques. Il
s'attachait à l'espérance qui lui faisait apercevoir,
dans un temps prochain, la religion reprenant,
auprès des masses, une influence telle qu'elle se
trouvait capable de réagir contre les entraînements
de la foule et servait de guide à ses opinions et de
frein à ses passions. La neutralité de l'État vis-à-vis
du clergé devait, mieux que l'appui réglé qu'il
avait trouvé à d'autres époques, faciliter à celui-ci
sa tâche et le pousser dans des directions nouvelles.
Dans une lettre à lord Radnor, qui figure dans la
Correspondance, opposant l'attitude indépendante
de la monarchie de Juillet au pacte qui s'était noué
entre la Restauration et l'Église, il montre cette

neutralité de la couronne provoquant un réveil rapide du christianisme dans la nation. « Lorsque le pays se vit gouverné par les prêtres, disait-il, l'esprit voltairien ressuscita et renversa l'alliance du trône et de l'autel. Depuis 1830 et la suppression de la religion d'État, une réaction religieuse est commencée. Les libéraux reconnaissent l'utilité d'une foi. La jeunesse sent passer sur elle un souffle nouveau. On se précipite aux sermons des prédicateurs... » La ferveur d'une élite parmi les nouvelles générations lui paraissait le prélude d'un réveil général des croyances.

Ces prévisions, on peut dire ces illusions, étaient et restèrent chères à Tocqueville. Il eut la douleur, sans y renoncer, de les voir, de son vivant même, sans cesse, contredites par les événements et il en souffrit profondément. Il vit le clergé, dans sa majorité et dans ses autorités, hostile à la liberté, comme s'il eût senti d'un instinct sûr que le principe de liberté s'applique à l'être entier et l'entraîne irrésistiblement vers l'émancipation complète aussi bien morale et intellectuelle que gouvernementale. Il le vit avec indignation se rallier à un gouvernement absolu dans sa forme, quoique révolutionnaire dans son origine, pour lequel Tocqueville n'eut jamais que du mépris : et il vit avec non moins d'affliction le parti libéral se diviser en deux rameaux, dont l'un, en voulant rester fidèle au catholicisme, sacrifia la plupart des principes de l'ancien libéralisme, dont l'autre déclara une guerre ouverte au clergé et se détacha de plus en plus de la religion.

VIII.

L'égalité des droits est un premier fait qui frappe les yeux de l'observateur aux États-Unis. Tocqueville en a formé le point de départ de son livre et, ayant posé ce point de départ, il cherche brièvement à déterminer les conditions d'existence de l'égalité américaine : il ne le fait pas avec toute la précision désirable. Il a voulu enfermer en trop peu de pages des considérations qui auraient demandé plus de développements, qui auraient nécessité aussi des distinctions plus nombreuses entre les différentes portions du territoire et les diverses périodes historiques. Il projette de vifs traits de lumière sur quelques-unes des faces de son sujet, par exemple sur l'influence persistante des lois anglaises dans certaines colonies du Sud et qui y ont longtemps maintenu une sorte d'aristo-

cratie terrienne ; sur les effets des lois établissant
l'égalité des successions ; sur l'extension successive
du droit de suffrage, aboutissant au suffrage universel et établissant, dans la pratique, sous forme
d'empire de la majorité, la souveraineté du peuple,
inscrite en principe dans les anciennes Constitutions, mais retardée pendant des siècles par des
institutions aristocratiques ou des privilèges électoraux.

Au fond, le lecteur sent que l'auteur traite cette
portion de son sujet comme une introduction au
véritable sujet qu'il veut étudier : ce sujet, celui
qui domine dans l'esprit de Tocqueville, qui
l'échauffe et le guide dans ses recherches et ses
observations, c'est, nous l'avons déjà rappelé,
l'accord établi aux États-Unis entre la liberté et
l'égalité. L'égalité américaine est en quelque sorte
à ses yeux un axiome sur lequel il est superflu
d'insister, et une matière dont il suffit d'indiquer
les grandes lignes : l'objet vraiment digne de
réflexion, d'analyse et d'étude est de constater
comment une démocratie égalitaire a pu rester une
démocratie décentralisée et libérale (ce qui, pour
Tocqueville, ne va pas l'un sans l'autre).

En effet, l'égalité n'entraîne pas nécessairement
la liberté. L'égalité, dit Tocqueville, et on retrouve
dans ces mots la constante préoccupation de sa

pensée, se prête aussi facilement à la souveraineté de tous et au pouvoir absolu d'un seul. « Il y a une passion mâle et légitime pour l'égalité qui excite les hommes à vouloir être tous forts et estimés. Cette passion tend à élever les petits au rang des grands ; mais il se rencontre aussi dans le genre humain un goût dépravé pour l'égalité, qui porte les faibles à vouloir attirer les forts à leur niveau et qui réduit les hommes à préférer l'égalité dans la servitude à l'inégalité dans la liberté. »

Les institutions démocratiques facilitent en général ce sacrifice de la liberté à l'égalité : en abaissant, en divisant les hommes et les groupes, elles suppriment les résistances au pouvoir central, elles détruisent les puissances secondaires et intermédiaires, elles préparent une mêlée d'unités inférieures et sans forces sur lesquelles l'État n'a qu'à étendre la main pour les gouverner.

« L'anarchie n'est pas le mal principal que les peuples démocratiques doivent craindre, mais le moindre.

« L'égalité produit, en effet, deux tendances : l'une mène directement les hommes à l'indépendance et peut les pousser tout à coup jusqu'à l'anarchie ; l'autre les conduit par un chemin plus long, plus secret, mais plus sûr, vers la servitude. Les peuples voient aisément la première et y résistent, ils se laissent entraîner vers l'autre sans la voir[1]. »

Resterait à définir ce que Tocqueville appelle la servitude. Elle est constamment, pour lui, et elle n'est guère que cela, l'assujettissement des hommes à un pouvoir central. Tout ce qui résiste à celui-ci est rempart et gage de liberté. Il faudrait cependant examiner, et c'est un point que l'auteur n'a jamais discuté à fond, jusqu'à quel degré l'existence de puissances secondaires est une garantie réelle et suffisante d'indépendance. Le pouvoir central peut assurément être oppresseur ; mais des pouvoirs et des privilèges locaux peuvent l'être également, et même le sont le plus souvent s'ils ne se voient contenus soit par une concurrence entre égaux, soit par une puissance supérieure. C'est là un point de vue que Tocqueville laisse volontiers dans l'ombre. Dès qu'il aperçoit un foyer de résistance aux empiètements de la puissance centrale, il y voit la liberté assurée au moins partiellement : par contre, toute suppression d'un de ces pouvoirs secondaires (même privilège de seigneur ou de ville) lui apparaît comme un pas vers l'asservissement. Tocqueville, on peut le dire, est, dans son pre-

1. T. III, p. 473.

mier ouvrage, comme hypnotisé par le souvenir du despotisme à la façon de l'Empire : il perd de vue le caractère oppressif des puissances fragmentaires d'ancien régime. On a l'impression que chez lui liberté est surtout l'équivalent de décentralisation ou plutôt d'absence de centralisation.

A considérer la servitude sous ces traits, l'effort de l'Amérique pour se retenir sur la pente qui y conduit a été facilité par des circonstances politiques exceptionnelles : elle n'a pas eu à lutter contre une aristocratie qui, maîtresse de privilèges locaux, n'a pu en être dépouillée sans sacrifier les garanties de liberté politique que ces privilèges représentent. En conservant ses libertés locales, elle a obtenu l'égalité tout en échappant à l'autorité absolue d'un pouvoir central. Elle a établi dans son sein la souveraineté du peuple sans la noyer dans l'anarchie ou l'absorber dans la toute puissance d'un despote. Chez elle, les libertés locales ont précédé l'état démocratique, ou plutôt le développement des unes a formé le principe et la vie de l'autre. La vitalité de la commune domine celle du comté, le comté l'État, l'État l'Union.

L'influence prédominante, aux yeux de Tocqueville, appartient à la commune. « C'est dans la commune que réside la force des peuples libres. Sans institutions communales, une nation peut se

donner un gouvernement libre, mais elle n'a pas
l'esprit de la liberté... le despotisme refoulé dans
l'intérieur du corps social reparaît tôt ou tard à la
surface. »

Il est d'autant plus intéressant d'observer la
liberté communale là où elle existe que, de l'avis de
l'auteur, elle constitue un fait absolument exceptionnel dans les sociétés politiques. Après avoir fait
luire aux yeux de son lecteur les bienfaits de la commune libre, Tocqueville se donne le plaisir de lui
démontrer qu'elle est presque impossible à créer là
où elle ne sort pas pour ainsi dire « des mains
de Dieu ». « La liberté communale échappe en
quelque sorte à l'effort de l'homme. Il arrive rarement qu'elle soit créée : elle naît d'elle-même...
De toutes les nations d'Europe, on peut dire qu'il
n'y en a pas une seule qui la connaisse[1]. »

La commune dont l'écrivain expose l'organisation politique est une commune de la Nouvelle-
Angleterre. Le *Township* avec ses *selectmen* élus
annuellement et chargés de presque toutes les
fonctions municipales, civiles et administratives;
ses rapports avec le comté qui n'a qu'une existence
judiciaire et administrative et non politique, avec

---

1. Il y a eu un peu de flottement dans l'esprit de Tocqueville à
ce sujet. Dans sa correspondance, il disait à son ami de Kergorlay :

l'État [1], avec les juges de paix et les cours de sessions, forment un tableau qui n'a jamais été exact que pour la Nouvelle-Angleterre, et qui aujourd'hui ne ressemble guère à la réalité des faits, mais qui, à l'époque où il fut présenté à l'opinion publique, produisit une impression profonde. La description de cette puissante vie communale non régentée par le pouvoir central, obligée seulement envers celui-ci aux devoirs élémentaires de la vie nationale, sous le rapport de l'impôt et de l'obéissance aux lois générales ; entretenant l'activité, l'ardeur, le dévouement civique ; source pour chaque citoyen de l'apprentissage des affaires publiques ; tout cet organisme animé et comme vibrant dans chacune de ses parties, frappa par son contraste avec l'excessive centralisation administrative des vieux,

« Dans mon opinion, le système communal et départemental aurait dû dès le principe attirer l'attention des Bourbons. Au lieu de vivre au jour le jour avec les institutions communales de Napoléon, ils auraient dû se hâter de les modifier, initier peu à peu les habitants dans leurs affaires... créer des intérêts locaux, etc. »

1. « Dans la Nouvelle-Angleterre... on pourrait presque dire qu'à son origine chaque commune était une nation indépendante. Les rois d'Angleterre laissèrent la commune dans l'état où ils la trouvèrent. Maintenant les communes sont sujettes... mais ce sont elles qui semblent s'être dessaisies en faveur de l'État d'une portion de leur indépendance... Elles ne sont, en général, soumises à l'État que quand il s'agit d'un intérêt que j'appellerai social : pour ce qui n'a rapport qu'à elles, elles sont restées des corps indépendants, sans qu'aucune autorité administrative cherche à s'opposer à leurs actes. »

pays d'Europe, d'où naît leur désintéressement de la chose commune.

« L'habitant de la Nouvelle-Angleterre[1], disait l'auteur, s'attache à sa commune parce qu'elle est forte et indépendante ; il s'y intéresse parce qu'il concourt à la diriger ; il l'aime parce qu'il n'a pas à s'y plaindre de son sort ; il place en elle son ambition et son avenir ; il se mêle à chacun des incidents de la vie communale. Dans cette sphère restreinte, il s'essaye à gouverner la société, il s'habitue aux

---

1. Tocqueville lui-même indique des différences fondamentales entre les États du Sud et la Nouvelle-Angleterre, les premiers donnant au comté et aux assemblées de comté l'importance prédominante. Ils ont comme trait commun l'élection des fonctionnaires, d'où la dissémination du pouvoir administratif en un grand nombre de mains, sans hiérarchie précise.

Voir sur ce sujet Bryce, t. II ; F. C. Montague : *Local administration in the United-States* ; Laveleye, « Des pouvoirs locaux aux Etats-Unis » (*Revue des Deux-Mondes*, 1889). D'une façon générale, dit M. Montague, on peut réduire à trois types les divers systèmes d'administrations locales en Amérique : le système du *Township*, celui des comtés et le système intermédiaire. On peut trouver presque dans chaque état le *Township* ou le *County-system*. Le système intermédiaire a été essayé récemment pour combiner les avantages des deux types plus anciens. Le *Township* parfait n'existe que dans la Nouvelle-Angleterre et le pur *County-system* dans le Sud. M. Montague ajoute que Tocqueville a donné le meilleur tableau qui existe du *Township*.

Un point de vue sous lequel il faudrait encore étudier l'organisation municipale aux Etats-Unis est celui des grandes villes où, de l'aveu de tous les observateurs, le système des corps nombreux élus a produit des désordres bien connus et des faits de corruption déplorables. Ceux de New-York sont universellement célèbres. Actuellement la tendance générale est vers la concentration des pouvoirs dans les mains d'un maire élu pour plusieurs années. (V. Bryce, *loc. cit.*, et Lecky, *Democracy and Liberty*, t. I, p. 80.)

formes sans lesquelles la liberté ne procède que par
révolution, se pénètre de leur esprit, prend goût à
l'ordre, comprend l'harmonie des pouvoirs et ras-
semble enfin des idées claires et pratiques sur la
nature de ses devoirs ainsi que sur l'étendue de ses
droits. »

Tocqueville ne se faisait pas d'illusions sur les
inconvénients pratiques qui pouvaient résulter de
la décentralisation communale : il cherchait d'abord
à maintenir contre la décentralisation administrative la centralisation gouvernementale. C'est une
distinction sur laquelle il insiste et qu'on a un peu
perdue de vue dans l'enthousiasme qu'a soulevé
son tableau des bienfaits de la décentralisation..

« Il existe, disait-il, deux espèces de centralisation
très distinctes et qu'il importe de bien connaître.
Certains intérêts sont communs à toutes les parties
de la nation, tels que la formation des lois générales
et les rapports du peuple avec les étrangers. D'autres
intérêts sont spéciaux à certaines parties de la
nation, tels que les entreprises communales. Concentrer dans un même lieu ou dans une même main
le pouvoir de diriger les premières, c'est fonder la
centralisation gouvernementale. Concentrer de la
même manière le pouvoir de diriger les secondes,
c'est fonder la centralisation administrative. Ces
deux espèces de centralisation se prêtent un mutuel
secours, s'attirent l'une l'autre : mais je ne saurais

croire qu'elles sont inséparables. Pour ma part, je
ne saurais concevoir qu'une nation puisse vivre ni
surtout prospérer sans une forte centralisation gouvernementale. Mais je pense que la centralisation
administrative n'est propre qu'à énerver les peuples
qui s'y soumettent, parce qu'elle tend sans cesse à
diminuer parmi eux l'esprit de cité. »

Tocqueville touchait là à un problème capital :
on ne peut dire qu'il l'ait complètement résolu. Il
suppose tranchée une question qui est justement
le nœud du sujet, à savoir la possibilité, dans une
démocratie, de l'existence d'un gouvernement central fort, réglant les intérêts généraux d'une façon
indépendante et laissant subsister des pouvoirs
locaux également forts et indépendants. La pratique
a partout prouvé que c'étaient là deux ordres de
faits difficiles à concilier. Le pouvoir administratif
est chargé d'appliquer les décisions du pouvoir
central, et la première condition pour que celui-ci
soit une puissance effective, c'est qu'il puisse faire
exécuter ses volontés, même si elles sont opposées
aux intérêts ou aux passions des groupes locaux.
Comment y parviendra-t-il, si ceux-ci constituent
des émanations de la souveraineté populaire qui se
croient en droit de résister aux injonctions du gouvernement national ? Il faut à l'État des fonctionnaires pour contrôler, d'autres pour exiger et con-

traindre. Peu à peu, par eux, son action s'étend sur les pouvoirs locaux et les affaiblit. C'est là un fait qui s'est produit toujours et partout. Certes, on peut demander que l'État ne les annihile pas et laisse une part à l'initiative et à la responsabilité des groupes communaux ou provinciaux ; mais lui seul peut limiter son action et fixer l'étendue de son intervention, sans quoi il ne peut gouverner ; de sorte que, dans les pays de démocratie, il semble que forcément l'ordre des faits posé par Tocqueville se retourne et que la décentralisation doive partir non pas de la commune et remonter à l'État, mais partir de l'État et descendre du centre du gouvernement aux extrémités, non comme un droit absolu des éléments locaux à l'autonomie, mais comme une condition politique favorable au développement national, comme une répartition équitable et avantageuse des fonctions et des responsabilités. Tocqueville apercevait déjà aux États-Unis les inconvénients de la marche contraire. Il montrait les législatures d'États munies de tous les pouvoirs et n'ayant en principe d'autres limites que leur propre volonté ; mais la faiblesse naissait, dans l'exécution de l'action gouvernementale, de deux causes principales : l'absence d'une force armée pour comprimer les minorités ; la nécessité pour l'État de se servir des fonction-

naires de la commune ou du Comté pour agir sur
les citoyens. Il insistait sur les inconvénients de
cet état de choses et demandait que, pour tout ce
qui est essentiel à sa vie, le gouvernement eût des
fonctionnaires à lui, choisis par lui, révocables par
lui. Il montrait qu'en séparant presque entièrement
l'administration du gouvernement, les Américains
avaient outrepassé les limites de la saine raison,
« car l'ordre, même dans les choses secondaires,
est encore un intérêt national ». Il constatait que
l'État tentait rarement d'établir des règles générales
de police, que certaines entreprises intéressant
l'État entier ne pouvaient s'exécuter parce qu'il n'y
a point d'administration nationale qui les dirige.

Il avait donc bien conscience à la fois des nécessités qui s'imposent aux vastes états modernes en
face des multiples besoins et des intérêts complexes
de la collectivité; et du courant irrésistible qui
porte ces mêmes états à augmenter les attributions
du pouvoir central, ne fût-ce que pour sauvegarder
les minorités de l'oppression des majorités dans
l'exercice de leurs droits civiques ou de leurs intérêts : mais en même temps il protestait avec vivacité contre les entraînements où pouvait aboutir ce
courant. Il restait, non sans quelque utopie, partisan de la décentralisation administrative, à cause
des avantages politiques qu'un peuple en retire.

« Que m'importe, écrivait-il, qu'il y ait une autorité toujours sur pied, qui vole au devant de mes
pas pour détourner tous les dangers... si cette autorité, en même temps qu'elle ôte ainsi les moindres
épines sur mon passage, est maîtresse absolue de
ma liberté et de ma vie, si elle monopolise le mouvement de l'existence à tel point qu'il faille que tout
languisse autour d'elle quand elle languit, que tout
dorme quand elle dort, que tout périsse si elle
meurt ? »

Présentée dans ces termes, la question ne serait
pas discutable ; mais ce n'est pas sous cette forme
qu'elle se soulève dans la réalité des faits ; elle se
dresse le plus souvent comme une question relative,
une question de limites ; et il est difficile d'imaginer
a priori une solution qui donne d'un coup satisfaction à la raison, au principe de liberté et aux nécessités de l'État. Dans une autre partie de son ouvrage,
Tocqueville a abordé par une face différente le
problème de la reconstitution de groupes partiels
capables, grâce à la liberté et à la pratique de l'association, de réagir contre les abus du pouvoir
central ; il s'est là, à notre avis, plus approché de
la vérité, il a mieux aperçu que sur le terrain de la
décentralisation proprement dite, quels moyens
pratiques d'initiative et de résistance sont mis à la
portée des citoyens en face des développements de

4.

l'État, à mesure que, par la facilité des communications, par la presse, par les moyens d'échange multipliés, les contacts d'opinions ou d'intérêts à travers la distance remplacent chez les peuples policés la simple proximité matérielle et territoriale, qui était d'abord leur lien principal et comme exclusif.

IX.

En dehors de la religion indépendante de l'État, et au-dessus des libertés communales, Tocqueville entrevoyait un frein puissant opposé à la compression de la liberté dans la démocratie : à savoir le pouvoir judiciaire. Il insistait longuement sur l'influence conservatrice des légistes chez une nation démocratique, sur la situation prépondérante que ceux-ci ont prise et conservée aux États-Unis, comme en général dans les pays de traditions anglaises ; sur la sagesse avec laquelle les Américains, s'inspirant de la maxime célèbre de Montesquieu, ont su sauvegarder le principe de l'autorité judiciaire et séparer celle-ci des pouvoirs législatif et exécutif. Il analyse avec soin les moyens qu'ils ont mis en œuvre pour atteindre ce but.

« Le juge américain ressemble parfaitement aux magistrats des autres nations. Cependant il est revêtu d'un immense pouvoir politique. D'où vient cela?... La cause en est dans ce seul fait: les Américains ont permis aux juges de ne point appliquer les lois qui leur paraîtraient inconstitutionnelles. Du jour où le juge refuse d'appliquer une loi dans un procès, elle perd à l'instant une partie de sa force morale. Ceux qu'elle a lésés sont alors avertis qu'il existe un moyen de se soustraire à l'obligation de lui obéir: les procès se multiplient et la loi tombe dans l'impuissance... le peuple change sa constitution ou la législature rapporte sa loi. De là l'immense pouvoir politique que les Américains ont confié d'une façon indirecte à leurs tribunaux... il constitue une des plus puissantes barrières qu'on ait jamais élevées contre la tyrannie des assemblées politiques. »

Tocqueville a bien aperçu, mais il n'a peut-être pas suffisamment mis en lumière les causes particulières qui, en dehors des traditions britanniques favorables au respect général du juge, ont donné au pouvoir judiciaire américain un caractère spécial d'arbitre entre des puissances politiques. Pour le trouver il faut remonter aux circonstances mêmes de la formation de l'Union fédérale, et c'est ce que fait tout d'abord l'auteur de la *Démocratie*. Il rappelle dans ses traits principaux la genèse de la Constitution où plutôt des Constitutions successives qui ont précédé celle de 1789. Dans toutes il a fallu régler le partage de la souveraineté, déterminer les attributions du gouvernement fédéral et celles qui demeuraient propres aux États. Le gouvernement des États resta le droit commun : le gouvernement fédéral fut l'exception. Mais comme on prévoyait que, dans la pratique, des questions pourraient s'élever relativement aux limites exactes de ce gouvernement exceptionnel, et qu'il eût été dangereux d'abandonner la solution de ces questions aux tribunaux ordinaires institués par les États eux-mêmes, on créa une haute cour fédérale, tribunal unique dont l'une des attributions fut de maintenir parmi les gouvernements rivaux la division des pouvoirs telle que la Constitution l'avait établie.

Ainsi s'est constituée à la tête de l'organisation judiciaire cette Cour suprême qui, destinée d'abord à un rôle d'arbitrage entre des États presque souverains, a été munie en vue de ce rôle de pouvoirs considérables et de conditions d'indépendance qui, jusqu'ici, lui ont été conservés en vue du rôle assez différent qu'elle remplit dans la réalité des faits : telles sont la nomination directe de ses membres par le Président d'accord avec le Sénat, leur inamovibilité, leur haute rémunération, le choix habituel des juges suprêmes parmi les plus éminents jurisconsultes du pays, qui ont fait du haut tribunal une magistrature généralement respectée et élevée au-dessus des conflits des partis.

Au-dessous de la cour fédérale, ou plutôt à côté d'elle, dans des conditions de compétence que la cour suprême est chargée de trancher en cas de conflits, l'auteur indiquait le fonctionnement parallèle de la double juridiction des cours des États et des tribunaux fédéraux, jouissant du même pouvoir de ne pas appliquer les lois inconstitutionnelles, et par là possédant indirectement un pouvoir politique considérable.

« Il n'y a pas, disait Tocqueville, d'événement politique aux États-Unis dans lequel l'étranger n'entende invoquer l'autorité du juge. Et cependant, lorsqu'il examine la constitution des tribunaux, il ne leur découvre au premier abord que des habitudes et des attributions judiciaires. »

Tocqueville observait à ce propos que, la Constitution étant l'origine de tous les pouvoirs, en remettre l'interprétation aux tribunaux eût été en réalité leur conférer la puissance suprême, si le correctif n'avait consisté dans le droit laissé aux assemblées politiques de rectifier la Constitution. « Une Constitution américaine n'est point censée immuable comme en France : elle peut être changée par la volonté du peuple suivant des formes qu'on a établies et dans des cas qu'on a prévus... La nation peut toujours, en changeant sa Constitution, réduire les magistrats à l'obéissance. » Il faut avouer que le remède est un peu lointain et fictif.

A l'époque où Tocqueville écrivait, dans la plupart des États aussi bien que dans les tribunaux fédéraux, les juges étaient nommés par le gouverneur ou par la législature, ou par les deux combinés : ils étaient généralement institués pour sept ans, et ne pouvaient être destitués que pour faits de prévarication. Sous ce régime la magistrature jouissait d'un respect incontesté. On sait les modifications radicales qui ont eu lieu depuis : l'élection des juges au suffrage universel dans presque tous les États, le renouvellement fréquent des magistrats, le système de la *rotation des offices* appliqué aux fonctionnaires de l'ordre judiciaire comme aux fonctionnaires politiques et administratifs. Ces transformations, qui ont atteint les justices d'États sans toucher jusqu'ici aux cours fédérales, restées soumises aux anciennes règles, n'auraient probablement pas surpris Tocqueville, car il les prévoyait comme une conséquence logique du principe démocratique; mais en même temps elles l'effrayaient dans leurs conséquences: « Certaines constitutions font élire les membres des tribunaux et les soumettent à de fréquentes réélections. J'ose prédire que ces innovations auront tôt ou tard des résultats funestes. »

Le jury, à le juger par les faits, n'a pas répondu complètement à ce que Tocqueville attendait de son intervention dans la justice, non seulement criminelle, mais civile. L'auteur apprécie l'institution du jury à travers un voile de généralités éloquentes, mais qui transportent le lecteur bien loin du domaine de la réalité. Il voit dans le jury, dans le jury civil surtout, la sauvegarde des libertés, « l'école où les citoyens prennent en partie les habitudes de l'esprit du juge et celle qui prépare le mieux le peuple à être libre, où ils apprennent le respect de la chose jugée et l'idée du droit ».

Depuis l'époque où il l'observait, le jury américain s'est singulièrement écarté des principes où la Constitution et les traditions anciennes avaient voulu l'enfermer. « Les lois des États, dit M. Claudio Jeannet dans son ouvrage sur les États-Unis, exigent de la part des jurés des conditions d'aptitude et des garanties morales [1]. Les autorités locales chargées d'en dresser la liste ne doivent choisir que des gens honorables. La pratique actuelle est en complète opposition avec la théorie écrite dans les

---

1. Voir la note C dans le 1er volume de la *Démocratie en Amérique*, sur les précautions prises par les États pour la formation des listes des jurés.

lois. L'esprit de parti intervient pour composer le
jury à sa guise. » Cet édifice judiciaire qui, aux
yeux de Tocqueville, constituait le rempart le plus
solide contre les empiètements de la démocratie, a
été depuis soixante ans profondément ébranlé dans
plusieurs de ses parties, tout en constituant aujour-
d'hui encore, grâce à une longue tradition, grâce
aux mœurs établies, la garantie de liberté la plus
sérieuse que la démocratie ait rencontrée en aucun
pays [1].

« Le juge élu, écrivait dès 1872 un écrivain im-
partial et compétent, devient plus que jamais un
homme politique : il est élu en récompense de services politiques. La démocratie a envahi la magistrature, l'a composée à son gré ; elle ne rencontre
plus d'obstacles. On aperçoit le jour où la Cour
suprême des États-Unis pourrait elle-même être
débordée... [2] »

Elle le sera vraisemblablement à un moment
donné, et comme par un entraînement successif,
ainsi qu'une partie de l'institution judiciaire l'a
déjà été, si les idées des démocraties sur la souve-

---

1. La Cour suprême a encore tout récemment, on le sait, pré-
servé les États-Unis de l'impôt progressif sur le revenu en le déclarant inconstitutionnel.

2. Demongeot, *Bull. de la Soc. de Législation comparée,*
1er vol., p. 308. — Cf. sur l'indépendance respective de la magistrature américaine et anglaise, Bryce, II, p. 609.

raineté du peuple se se modifient pas, en Amérique
aussi bien qu'ailleurs, — et c'est là un point sur
lequel on ne saurait trop insister. « Les Américains
croient, écrit Tocqueville, que le pouvoir social
doit émaner directement du peuple, mais une fois
que ce pouvoir est constitué, ils ne lui imaginent
pour ainsi dire point de limites ; ils reconnaissent volontiers qu'il a le droit de tout faire. »
C'est bien là la définition de la souveraineté
du peuple telle qu'elle est sortie de la longue
élaboration historique qui a abouti au *Contrat
social.* On est parfois surpris que l'auteur de la
Démocratie en Amérique ne se soit pas attaché à
l'attaquer de front. Il a montré plusieurs fois,
comme l'a fait l'école libérale en général avec
Benjamin Constant et Royer-Collard, les dangers de l'application de la formule de souveraineté
démocratique. Il a protesté avec énergie contre le
droit de tout faire, accordé à une simple majorité
en nombre — au besoin la moitié plus une des voix
exprimées, — et lui a posé comme limite infranchissable la justice, qui est le respect des droits
individuels[1]. Mais il n'a pas sondé à fond la formule

1. « Je regarde comme impie et comme détestable cette maxime
qu'en matière de gouvernement la majorité d'un peuple a le droit
de tout faire... Si vous admettez qu'un homme revêtu de la toute-
puissance peut en abuser contre ses adversaires, pourquoi n'ad-

même de la souveraineté populaire en en faisant
sonner le néant au point de vue rationnel, en montrant que ses termes pris à la lettre signifient la
négation de tout gouvernement représentatif indépendant, la suppression de toute autorité élevée
au-dessus des courants électoraux, notamment la
destruction de l'autorité judiciaire opposée comme
frein aux pouvoirs politiques [1]... « Qu'on y prenne
bien garde, écrivait-il en termes éloquents, un
pouvoir électif qui n'est pas soumis à un pouvoir
judiciaire échappe tôt ou tard à tout contrôle...
L'extension du pouvoir judiciaire dans l'État doit
donc être corrélative à l'extension du pouvoir
électif, et si ces deux choses ne vont point ensemble,
l'état finit par tomber en anarchie ou en servitude. » Vérité incontestable la première partie
de la proposition, si la raison des peuples s'incline
devant la nécessité d'un pouvoir judiciaire fort et
indépendant; qui cesse d'être une vérité pratique
si la souveraineté populaire veut englober la justice dans son action et la soumettre à ses caprices ou à ses passions, aussi bien et en même

mettez-vous pas la même chose pour une majorité ?... Pour moi,
le pouvoir de tout faire que je refuse à un seul de mes semblables,
je ne l'accorderai jamais à plusieurs. »

1. Nous avons nous-même abordé ce sujet en sa généralité dans
un volume intitulé : *Souveraineté du peuple et gouvernement*
(Alcan, 1895).

temps que les pouvoirs politiques. Au fond, dans l'organisation démocratique, le respect des tribunaux dépend de la sagesse de la majorité ; et pour qu'elle soit sage, il ne faut pas qu'elle soit enivrée de son omnipotence et de son infaillibilité. Déclarer à une démocratie qu'elle est souveraine et lui demander en même temps de s'abaisser sans recours devant une autorité judiciaire suprême, c'est contradictoire ; c'est mettre en face l'un de l'autre deux principes inconciliables.

« Nous en revenons toujours tôt ou tard au peuple lui-même, écrit M. Bryce[1], après avoir rappelé les expédients par lesquels certains présidents des États-Unis ont fait varier le nombre des membres de la cour suprême pour y introduire leurs amis politiques, en tournant ainsi, sans la violer, la Constitution. Qui pourrait s'opposer à ces pratiques ? Seules la sagesse et la modération de la majorité peuvent assurer le fonctionnement des rouages de gouvernement le plus habilement calculés[2]. » Et tout récemment un écrivain américain s'exprimait ainsi : « La Constitution écrite est une barrière aux caprices du peuple, non à sa volonté. La Cour

1. *Americ. Commonwealth*. t. I, p. 368.
2. « La Cour suprême la plus puissante, ajoute M. Bryce, n'obtiendrait rien en Angleterre, tant que le Parlement conservera le pouvoir de changer toutes les parties de la loi. »

suprême agit comme un balancier : elle peut retarder, mais non arrêter le *progrès* de la nation[1]. »
— Est-il besoin de rappeler ce qu'est le *progrès*,
pour une démocratie débordée ?

X.

Nous avons déjà vu quelle influence avait eue sur
l'organisation du pouvoir judiciaire le caractère fédéral de la république américaine et comment Tocqueville avait bien aperçu l'importance de ce fac-
teur dans l'existence et l'autorité de la magistrature.
Il a suivi dans d'autres domaines les conséquences
de ce fait primordial dont on ne saurait exagérer
l'action tant elle est profonde et considérable, soit
sur la Constitution, soit sur la législation des États,
et en général sur tout l'organisme social américain.

« C'est pour unir, disait-il, les avantages divers

---

1. V. Seignobos *Rev. critiq.*, avril 1896. Sur la Cour suprême,
voir Willoughby, *The Supreme Court of the U.-S.* (1890.) La
suppression de cette dernière figure, on le sait, sur le programme
du nouveau parti *populiste*.

qui résultent de la grandeur et de la petitesse des
nations que le système fédératif a été créé. Il suffit
de jeter un regard sur les États-Unis d'Amérique
pour apercevoir tous les biens qui découlent pour
eux de l'adoption de ce système. Dans les grandes
nations centralisées, le législateur est obligé de
donner aux lois un caractère uniforme que ne com-
porte pas la diversité des lieux et des mœurs : n'étant
jamais instruit des cas particuliers, il ne peut procéder que par des règles générales ; les hommes sont
alors obligés de se plier aux nécessités de la législation, car la législation ne sait pas s'accommoder aux
besoins et aux mœurs des hommes. Cet inconvénient
n'existe pas dans les confédérations : le Congrès règle
les principaux actes de l'existence sociale: tout le
détail en est abandonné aux législations provinciales.
On ne saurait se figurer à quel point cette division
de la souveraineté sert au bien-être de chacun des
États dont l'Union se compose. L'Union est une
grande république quant à l'étendue, mais on pourrait en quelque sorte l'assimiler à une petite république, à cause du peu d'objets dont s'occupe son
gouvernement. Ses actes sont importants, mais ils
sont rares. Comme la souveraineté de l'Union est
gênée et incomplète, l'usage de cette souveraineté
n'est point dangereux pour la liberté. »

Ce sont là des avantages incontestables propres
à une fédération. Restait à expliquer par quelle
suite de faits ou de raisons primordiales les Américains ont pu s'assurer le maintien de cette forme

d'organisation, si différente par son mécanisme de celle des États unitaires européens, devenus et demeurés unitaires par les nécessités mêmes de leur existence nationale que menaçaient de puissants voisins. Sur ce point, Tocqueville reste trop dans la théorie générale du sujet et ne va point suffisamment à ses racines historiques et positives. A force de mettre en lumière les avantages de la forme fédérative, il pourrait induire en erreur un lecteur qui le lirait sans une complète attention ; celui-ci pourrait croire que, dans la pensée de l'éminent écrivain, le choix entre la forme fédérative et une union nationale plus serrée, reste à la portée des peuples et qu'ils sont libres de se déterminer à volonté pour l'une ou pour l'autre de ces formes d'existence. Tocqueville n'est certainement pas tombé dans cette erreur : il était trop familier avec les réalités de l'histoire pour avancer une proposition aussi hasardeuse. Cependant il faut bien reconnaître que, si le mode d'union nationale dépend de circonstances supérieures à la volonté des peuples, ce dont l'auteur de la *Démocratie* a pleine conscience, la longue énumération qu'il présente des avantages de la fédération, pratiquée à la façon américaine, perd beaucoup de son importance pour les nations à qui leurs destinées interdisent de renoncer à leur système unitaire, et qui sont cependant entraînées par la force des événements dans le courant démocratique.

D'ailleurs, à côté des avantages de la fédération, Tocqueville, avec sa clairvoyance habituelle, en apercevait les dangers : il sentait, pour se borner à l'Amérique, que cet équilibre si difficilement réalisé dans le passé et consolidé seulement historiquement au moment de la lutte contre la métropole, pourrait facilement être rompu par des dissensions intérieures. S'il avait vécu quelques années de plus, il aurait vu d'abord ses craintes confirmées par la guerre de sécession et par les dangers qu'elle fit courir, à la suite d'événements gigantesques, soit à l'unité américaine, soit aux libertés publiques; puis finalement ses prévisions sur la dissociation probable de la communauté américaine démenties : mais il aurait vu aussi l'unification progresser sans cesse, soit dans la législation, soit dans l'administration, et tout en maintenant intact le principe de la fédération politique, sacrifier successivement plusieurs de ses caractères essentiels.

« Si la souveraineté de l'Union, écrivait-il, entrait aujourd'hui en lutte avec celle des États, on peut aisément prévoir qu'elle succomberait. Je doute même que le combat s'engageât jamais d'une manière sérieuse. Toutes les fois qu'on opposera une résistance opiniâtre au gouvernement fédéral, on le verra céder. »

Relativement à la question de l'esclavage, l'auteur prévoyait que même une guerre de sécession n'en résoudrait pas les difficultés. Il inclinait à croire que les nègres resteraient maîtres du Sud et en expulseraient les blancs.

Il disait encore :

« La confédération a été formée par la libre volonté des États ; ceux-ci en s'unissant n'ont point perdu leur nationalité et ne se sont point fondus dans un seul et même peuple ; si aujourd'hui un de ces mêmes États voulait retirer son nom du contrat, il serait assez difficile de lui prouver qu'il ne peut le faire. Il me paraît certain que si une portion de l'Union voulait sérieusement se séparer de l'autre, non seulement on ne pourrait l'en empêcher, mais on ne tenterait même pas de le faire. L'Union actuelle ne durera qu'autant que tous les États qui la composent continueront à vouloir en faire partie. »

L'auteur voyait dans l'intérêt commercial un des principaux mobiles qui tendraient toujours à maintenir l'Union *volontaire*, si la communauté de sentiments, de mœurs, de religion, n'y avait pas suffi. Et cependant il apercevait dans le développement même des États, dans l'antagonisme croissant entre les hommes du Sud et ceux du Nord, dans les progrès des États de l'Ouest par rapport au reste

de la confédération, bien des causes de déchirement.
Sur le résultat final il reste incertain.

« Quels événements peuvent arrêter, retarder
ou hâter le mouvement de dissociation que j'ai décrit ? L'avenir les cache et je n'ai pas la prétention
de pouvoir soulever son voile. »

En tout cas il prévoyait plutôt un affaiblissement
lent et progressif du lien fédéral qu'une rupture
brusque par la volonté d'un État de sortir de
l'Union. « Si l'on veut étudier avec soin l'histoire
des États-Unis depuis quarante-cinq ans, on
se convaincra sans peine que le pouvoir fédéral
décroît. »

L'auteur prédisait ce mouvement s'accentuant
dans l'avenir, malgré les causes qui pouvaient agir
en sens contraire.

On voit qu'il n'a pas échappé à l'erreur au moins
relative dans certaines de ses prophéties.

Il est assez surprenant que, frappé comme il
l'était du caractère fédéral de la république américaine et de l'importance de ce fait dans ses destinées, Tocqueville n'ait pas plus insisté sur les Constitutions d'États, et se soit presque entièrement
absorbé dans l'analyse de la Constitution et de l'organisme du gouvernement central, qu'il étudie et

décrit longuement dans ses différents rouages législatifs et exécutifs.

A un certain point de vue cependant, c'est l'organisation constitutionnelle et législative des États qui aurait le plus importé à son sujet. En somme, la démocratie résulte beaucoup plus, pour les Américains, de la législation provinciale que de la Constitution fédérale[1], dans laquelle, après tout, avec les pouvoirs considérables et la responsabilité directe donnés au président, ce n'est pas le caractère démocratique qui domine. Les constitutions d'États régissent et régissaient encore plus du temps de Tocqueville, les questions fondamentales de l'existence des individus ou des associations. Le Code fédéral est, comme on l'a dit, le couronnement de tout un édifice politique[2]. Il

1. Sur le caractère peu démocratique de la Constitution fédérale, cf. Boutmy, *Études de droit constitutionnel*, et Bryce.

Sumner Maine y voyait, on le sait, avec quelque exagération, une simple copie de la Constitution anglaise du temps de Georges III appliquée à un pays sans monarque. (*Essai sur le gouvernement populaire.*)

2. Voir : la *Constitution américaine et ses amendements*, par M. Vossion, préface par M. J. Chailley.

M. Boutmy a vu, avec plus de netteté encore que Tocqueville (*Études de droit constitutionnel*), comment le développement et le maintien du régime démocratique aux États-Unis se rattachaient en grande partie à son origine fédérale. La Déclaration a en principe été formulée pour protéger l'autonomie des États contre le gouvernement central. Afin d'éviter l'intrusion de celui-ci, les États ont soigneusement maintenu hors de l'intervention législative le plus grand nombre possible de questions concernant les indis'appuie sur des Constitutions particulières qu'il suppose préexistantes, et dont l'analyse doit par suite précéder celle de la Constitution qui en est l'aboutissant.

Cette analyse détaillée, on la chercherait vainement dans le livre de Tocqueville. Tout en proclamant que l'Union se compose de « vingt-quatre petites nations souveraines, dont l'ensemble forme le Grand Corps fédéral », il ne reproduit intégralement, sans commentaires d'ailleurs, que la Constitution de l'État de New-York. Pour les autres États, il se contente de cette observation, qui n'est pas exacte quand on considère la réalité des choses, que « les formes prescrites par les Constitutions d'États ont été adoptées par tous les peuples constitutionnels et nous sont ainsi familières ». Et cependant lui-même met en relief, dans un autre chapitre de son ouvrage, la différence qui existe entre les principaux organes d'une monarchie tempérée européenne et ceux d'un État américain : il insiste sur le peu d'analogie qu'on doit trouver entre un monarque permanent par droit de naissance et un gouverneur, élu pour peu de temps ; entre un Sénat ou une

vidus ou les associations. « Les amendements, dit avec justesse l'auteur, qui dans la Constitution concernent les libertés de l'individu sont des garanties données aux États en la personne de leurs citoyens plutôt qu'aux citoyens eux-mêmes. »

Chambre haute plus ou moins aristocratique par sa composition, et le corps faisant fonction de Haute Assemblée, qui dans beaucoup d'États d'Amérique provient de l'élection populaire comme les députés des législatures[1].

Il retrouvait des différences du même genre entre le président des États-Unis, élu par le peuple, sans ministère responsable, responsable lui-même directement devant le pays, et un souverain constitutionnel d'Europe ; entre le Congrès fédéral et les Chambres plus ou moins censitaires de son temps ; entre le Sénat américain, représentant avant tout du principe fédéral, et les Chambres Hautes du vieux continent, débris du régime aristocratique. Tout en décrivant minutieusement les diverses parties du gouvernement fédéral et les rapports qu'elles ont entre elles, ou les limites qu'elles s'imposent l'une à l'autre, Tocqueville n'attribue pas aux rouages du mécanisme constitutionnel proprement dit l'importance qu'on leur a souvent conférée. « Je m'attacherai peu, dit-il, aux signes extérieurs de la puissance : ils trompent l'œil de l'observateur plus

---

1. Sur la tendance à restreindre les pouvoirs des législatures par les constitutions d'État, v. Oberholtzer : *Referendum in America*. Plusieurs législatures ne siègent plus que tous les deux ans. Les matières sur lesquelles elles peuvent légiférer sont limitées, etc. Cf. Laveleye : *Le Gouvernement de la démocratie*.

qu'ils ne le guident. » Il montre le pouvoir du président limité par les circonstances, par la nature fédérale de la république, par le partage de la souveraineté effective, sur beaucoup de points déterminés, avec les gouvernements d'États, beaucoup plus qu'il ne serait restreint par le contrôle d'un Parlement. « Le président n'a sous ses ordres qu'une armée de 6.000 soldats ; il commande la flotte, mais elle ne compte que quelques vaisseaux ; il dirige les affaires de l'Union vis-à-vis des pays étrangers, mais les États-Unis n'ont pas de voisins... Le président des États-Unis possède des prérogatives presque royales dont il n'a pas l'occasion de se servir, et les droits dont jusqu'à présent il peut user sont très circonscrits : les lois lui permettent d'être fort, les circonstances le maintiennent faible. Cela fait bien voir qu'il ne faut pas juger de la pratique du gouvernement par la théorie. »

Les preuves qu'il aurait pu invoquer à l'appui de cette dernière opinion en ce qui concerne la présidence, sont nombreuses. Ainsi en est-il de l'élection à deux degrés où les constituants américains avaient cru trouver un gage d'indépendance et de lumières pour le choix du premier magistrat de l'Union, et qui, comme on le sait, est devenue une simple formalité entre les mains des partis. Une

autre disposition, sur laquelle Tocqueville insiste,
est la faculté de la réélection du président après ses
quatre années de magistrature. L'auteur de la *Démocratie* se montre décidément contraire au principe de la réélection, tout en reconnaissant qu'il
est malaisé pour la raison, sous un régime de souveraineté nationale, de s'y opposer. Le grand inconvénient qu'il aperçoit dans la possibilité de la réélection, c'est la diminution d'indépendance du
président.

« Le simple citoyen qui emploie des manœuvres
coupables pour parvenir au pouvoir ne peut nuire
que d'une manière indirecte à la prospérité publique ;
mais si le représentant de la puissance publique des-
cend dans la lice, le soin du gouvernement devient
pour lui l'intérêt secondaire ; l'intérêt principal est
son élection. Les négociations comme les lois ne sont
plus pour lui que des combinaisons électorales ; les
places deviennent la récompense des services rendus
non à la nation mais à son chef. »

Tocqueville rattache ces considérations sur la
réélection présidentielle à des vues d'ensemble très
élevées touchant la nécessité dans une démocratie,
de pouvoirs indépendants, dans une juste mesure,
des courants électoraux.

« Chaque gouvernement, écrit-il, porte en lui-même un vice naturel qui semble attaché au principe même de la vie... Les législateurs américains conçurent qu'il fallait qu'en dehors du peuple il y eût un certain nombre de pouvoirs qui, sans être complètement indépendants de lui, jouissent pourtant, dans leur sphère, d'un assez grand degré de liberté, de telle sorte qu'ils pussent lutter contre ses caprices et se refuser à ses exigences dangereuses. A cet effet, ils concentrèrent tout le pouvoir exécutif de la nation dans une seule main : ils donnèrent au président des prérogatives étendues et l'armèrent du veto[1], pour résister aux empiètements de la législation. Mais en introduisant le principe de la réélection, ils ont détruit en partie leur ouvrage... Rééligible, le président des États-Unis n'est qu'un instrument docile dans les mains de la majorité... Il vole au devant de ses volontés, prévient ses plaintes, se plie à ses moindres désirs. Les législateurs voulaient qu'il la guidât, et il la suit. »

1. Au sujet du veto suspensif qui, comme on sait, oblige la législature à une seconde délibération et exige au deuxième vote la majorité des deux tiers des opinants, Tocqueville exprime cette pensée très juste : « Mais si la législature persévère dans ces desseins, ne peut-elle pas toujours vaincre la résistance qu'on lui oppose ? A cela je répondrai qu'il y a dans la Constitution de tous les peuples, quelle que soit du reste sa nature, un point où le législateur est obligé de s'en rapporter au bon sens et à la vertu des citoyens. Ce point est plus rapproché et plus visible dans les républiques, plus éloigné et caché avec soin dans les monarchies : mais il se trouve toujours quelque part. Il n'y a pas de pays où la loi puisse tout prévoir et où les institutions doivent tenir lieu de la raison et des mœurs. »

XI.

La décentralisation communale et provinciale, la séparation des Églises et de l'État, l'indépendance et l'autorité respectée du pouvoir judiciaire, enfin la forme fédérative, tels sont au point de vue des institutions, et en dehors de la Constitution proprement dite, les grands remèdes que Tocqueville aperçoit opposés, aux États-Unis, aux excès de la démocratie. Il les signale, non pas comme devant être transportés sans changement d'un continent à l'autre, mais comme devant attirer l'attention de l'observateur politique. Il sait bien d'ailleurs, et il le rappelle, que les institutions politiques ne vivent que par les mœurs, surtout chez un peuple souverain qui détruit ou modifie les institutions à son gré, qui « fait la loi et qui l'exécute[1]. »

1 « En Amérique, le peuple nomme celui qui fait la loi et celui qui l'exécute; lui-même forme le jury qui punit les infractions à la loi... C'est donc réellement le peuple qui dirige et, quoique la forme du gouvernement soit représentative, il est évident que les opinions, les préjugés, les intérêts et même les passions du peuple ne peuvent trouver d'obstacles durables qui les empêchent de se produire dans la direction journalière de la société. »

On a souvent reproché à Tocqueville, et nous nous sommes associé à ce reproche, de n'avoir pas commencé son étude des États-Unis par une observation générale du milieu physique, des conditions géographiques et économiques où devaient se fonder leurs institutions. Ici on pourrait se demander s'il n'aurait pas dû, avant les institutions, étudier les partis, les passions ou les intérêts qui les ont créés, qui les maintiennent ou les attaquent, faire précéder la description de la machine de celle de la force qui l'a construite et mise en mouvement, et qui la guide encore dans son fonctionnement.

Quoi qu'il en soit de l'ordre qu'il a adopté, son analyse des mœurs de la démocratie américaine est restée un morceau d'une rare profondeur et qui a conservé beaucoup de traits vivants. En définissant les tendances et les défauts de la démocratie des États-Unis, on peut dire qu'il a défini d'avance ceux des démocraties modernes, qui ont d'ailleurs, sur ce terrain, plus d'un trait commun avec les démocraties antiques. Il a vu les périls de l'État populaire dans toute leur gravité. Ils n'ont jamais échappé à son œil perspicace. On a dit avec justesse que c'était de ce double sentiment profond des maux de la démocratie et de la fatalité de son avènement qu'il prévoit inévitable, que provient l'intérêt dramatique de son livre [1]. Perpétuellement il revient avec émotion sur ce sujet. Sa correspondance indique, aussi bien que son premier ouvrage, qu'il est constamment présent à sa pensée.

« Nous allons, écrivait-il d'Amérique à son ami de Kergorlay, vers une démocratie sans bornes. Je ne dis pas que ce soit une bonne chose ; ce que je vois dans ce pays me convainc au contraire que la France s'en arrangera mal ; mais nous y allons poussés par une force irrésistible. Tous les efforts qu'on fera pour arrêter ce mouvement ne seraient que des haltes. La démocratie me paraît désormais un fait qu'un gouvernement peut avoir la prétention de régler, mais d'arrêter, non. Ce n'est pas sans peine que je me suis rendu à cette idée ; ce que je vois dans ce pays-ci ne me prouve point que — même dans les circonstances les plus favorables, et elles existaient ici, — le gouvernement de la multitude soit une excellente chose. »

Dans son livre, Tocqueville développe ce qu'il

1. Lacordaire : « Tocqueville voit la vérité et il la craint, il la craint et il la dit, soutenu par cette pensée qu'il y a un remède, qu'il le connaît et que peut-être ses contemporains ou la postérité le recevront de lui. Tantôt l'espérance prend le pas sur l'inquiétude, tantôt l'inquiétude assombrit l'espérance, et de ce conflit qui passe sans cesse de l'auteur au livre et du livre au lecteur, jaillit un intérêt qui attache, élève, émeut. — (Discours de réception à l'Académie française. — Voir la lettre de Tocqueville à M. de Corcelle, 1835. Corresp., t. II.)

ne fait qu'indiquer dans sa lettre. Il décrit en une
série de notes et de réflexions, et suivant un ordre
assez peu régulier, les maux dont il est témoin et
les dangers d'avenir qu'il prévoit.

Le principe même du vote universel, moteur de
tout l'organisme démocratique, lui paraît gros de
conséquences inévitables qui ne sont pas toujours
celles qu'on en attend en Europe, ni même en
Amérique. « Bien des gens, écrit-il, en Europe
croient sans le dire, ou disent sans le croire,
qu'un des grands avantages du vote universel est
d'appeler à la direction des affaires des hommes
dignes de la confiance publique. Le peuple ne
saurait gouverner lui-même, dit-on, mais il veut
toujours sincèrement le bien de l'État et son
instinct ne manque guère de lui désigner ceux
qui sont les plus capables de tenir en main le
pouvoir. Ce que j'ai vu en Amérique ne m'auto-
rise point à penser qu'il en soit ainsi. »

Tocqueville constate combien aux États-Unis
« le mérite est commun chez les gouvernés et rare
chez les gouvernants ». Les hommes remarquables
sont de plus en plus rarement, à mesure que la
démocratie s'étend et se complète, appelés aux fonctions publiques ; la race des hommes d'État va toujours se rapetissant. Il cherche les causes de ce fait
affligeant. Elles sont complexes. Il est d'abord im-

possible d'élever les lumières du peuple au-dessus d'un certain niveau. La première condition pour s'instruire et développer son intelligence, c'est le temps ; or, le temps de loisir manque à la majorité des citoyens obligés de travailler pour vivre et de s'absorber dans la tâche quotidienne.

« J'admettrai sans peine que la masse des citoyens veut très sincèrement le bien du pays, je dis même que les classes inférieures de la société me semblent mêler, en général, à ce désir moins de combinaisons d'intérêt personnel que les classes élevées : mais ce qui leur manque toujours plus ou moins, c'est l'art de juger des moyens tout en voulant sincèrement la fin. Quelle longue étude, que de notions diverses sont nécessaires pour se faire une idée exacte du caractère d'un seul homme ! Les plus grands génies s'y égarent et la multitude y réussirait ! Le peuple ne trouve jamais le temps et le moyen de se livrer à ce travail. Il lui faut toujours juger à la hâte. De là vient que les charlatans de tous genres savent si bien le secret de lui plaire, tandis que le plus souvent ses véritables amis y échouent... »

Un autre obstacle plus grave encore s'offre au choix des capacités par le peuple : l'envie. Tocqueville a écrit, sur l'envie dans les démocraties, des pages qui malheureusement semblent d'une vérité immortelle :

« Les institutions démocratiqu.s développent à un
très haut degré le sentiment de l'envie dans le cœur
humain. Elles réveillent et flattent la passion de l'égalité sans jamais pouvoir la satisfaire entièrement. Le
peuple s'échauffe à la recherche de ce bien d'autant
plus précieux qu'il est assez près pour être connu,
assez loin pour n'être point goûté. Tout ce qui
dépasse le peuple lui paraît un obstacle à ses désirs,
et il n'y a pas de supériorité si légitime dont la vue
ne fatigue ses yeux. Beaucoup de gens s'imaginent
que cet instinct secret ne se découvre qu'en France :
c'est une erreur ; l'instinct dont je parle n'est point
français, il est démocratique. »

Si l'envie écarte du pouvoir les hommes distingués qui ont voulu s'en faire attribuer une part par
les électeurs, ils devancent aussi l'envie en se refusant aux fonctions publiques. Il leur est trop difficile
d'y rester sans s'avilir. Tocqueville citait à l'appui de
son opinion, fondée il y a déjà cinquante ans sur les
faits qu'il observait, cette pensée du chancelier
Kent, dans ses « Commentaires », recommandant
l'élection des juges par le gouvernement : « Il est
probable que les hommes les plus propres à remplir
ces places auraient trop de réserve dans les manières
et trop de sévérité dans les principes, pour pouvoir
jamais réunir la majorité des suffrages, dans une
élection qui reposerait sur le vote universel. »

A ces inconvénients du suffrage populaire, Toc-

queville aperçoit un premier remède, — car c'est
son habitude constante de chercher le bien à côté
du mal — : l'application de plus en plus étendue du
suffrage à deux degrés. Il oppose la médiocrité du
Congrès des représentants de Washington, à la dignité, à la distinction des membres du Sénat issus
d'un double scrutin. Il suffit, dit-il, que la volonté
populaire passe à travers une assemblée choisie
pour s'y élaborer en quelque sorte, et en sortir revêtue de formes plus nobles et plus belles. « Il est
facile d'apercevoir dans l'avenir un moment où les
républiques américaines seront forcées de multiplier
les deux degrés dans le système électoral, sous
peine de se perdre misérablement parmi les écueils
de la démocratie... Je ne fais pas de difficulté de
l'avouer : je vois dans le double degré électoral le
seul moyen de mettre l'usage de la liberté politique
à la portée de toutes les classes du peuple. »

Les démocraties, pas plus en Amérique qu'en
Europe, n'ont suivi Tocqueville dans la voie qu'il
indiquait : je ne sais si le remède qu'il préconisait aurait, dans les conditions actuelles, toute l'efficacité
qu'il lui attribue[1] : en tout cas il a suffi que le suffrage

---

1. Un moyen trop aisé et dont on a beaucoup usé, en Amérique
même, de la paralyser, est de nommer les électeurs du deuxième
degré avec un mandat impératif qui leur enlève toute liberté de
délibération et en réalité annule leur intervention.

à deux degrés fût en contradiction, même apparente, avec le principe de la souveraineté du peuple, pour qu'il perdît constamment du terrain au lieu d'en gagner. Je suis loin de croire qu'on n'y reviendra pas : mais on y reviendra lorsque les idées sur l'étendue et le rôle de la souveraineté nationale se seront profondément modifiées ; et il faudra pour les modifier bien des années encore d'expérience du suffrage direct, celui-ci ayant pour lui le mérite de la simplicité et de la logique apparente, deux qualités qui, visibles et comme tangibles, plaisent avant tout aux démocraties commençantes et avides de la plénitude de leurs droits.

Tocqueville suit impartialement dans leur développement les infirmités de la démocratie. Elles sont nombreuses et il serait impossible de l'accompagner jusqu'au bout dans ce long voyage d'exploration. Rappelons seulement quelques-uns des points principaux auxquels il s'arrête. Il vient de signaler la médiocrité des choix de la majorité : il s'élève contre son omnipotence.

« Ce qui me répugne le plus en Amérique, ce n'est pas l'extrême liberté qui y règne, c'est le peu de garantie qu'on y trouve contre la tyrannie. Lorsqu'un homme ou un parti souffre d'une injustice aux États-Unis, à qui voulez-vous qu'il s'adresse ? A l'opinion publique ? C'est elle qui forme la majorité.

Au Corps législatif? Il représente la majorité et lui obéit aveuglément. Au pouvoir exécutif? Il est nommé par la majorité et lui sert d'instrument passif. A la force publique? Elle n'est autre chose que la majorité sous les armes; Au jury? c'est la majorité revêtue du droit de prononcer des arrêts : les juges eux-mêmes dans certains États sont élus par la majorité... »

Il indique avec force d'autres tendances fâcheuses du régime populaire : la propension aux dépenses publiques exagérées, que la démocratie fait volontiers payer par les riches [1]; la mobilité de la législation contre laquelle il faudrait réclamer de la sagesse des Parlements des précautions spéciales ; l'instabilité des administrations dépendant d'un régime électoral étendu; la difficulté pour elles de suivre dans leur ensemble des affaires de longue haleine, surtout celles qui ont rapport aux relations avec l'étranger; la corruption des dépositaires de la puissance publique, au sujet de laquelle l'auteur faisait des distinctions ingénieuses, parfois subtiles. Il pensait que dans les masses démocratiques il n'y aurait pas moins d'hommes à vendre que dans les

---

1. « Quand la dernière classe est chargée de faire la loi, les dépenses seront toujours considérables, soit parce que les impôts ne peuvent atteindre ceux qui les votent, puisqu'ils n'ont aucune propriété, soit parce que les impôts sont assis de manière à ne pas les atteindre. »

aristocraties, mais qu'on n'y trouverait presque pas d'acheteurs, le nombre des électeurs contribuant à conférer la puissance étant trop grand : au contraire, la probité des fonctionnaires lui paraissait plus exposée et leur corruption plus contagieuse que dans les aristocraties « où la dépravation des grands seigneurs garde un certain raffinement..... qui souvent empêche qu'elle ne se communique ».

Quand il a terminé l'examen des maux et des défauts de la démocratie, Tocqueville se demande (et son interrogation n'étonne assurément pas le lecteur) comment un régime qui offre tant de causes de faiblesse peut subsister. Il découvre au maintien de la démocratie malgré ses inconvénients, une cause supérieure qu'il résume en quelques mots dignes d'être médités par les détracteurs de parti pris du régime populaire :

« Les moyens de la démocratie sont plus imparfaits que ceux de l'aristocratie : souvent elle travaille sans le vouloir contre elle-même, mais son but est plus utile. Les lois de la démocratie tendent en général au bien du plus grand nombre, de la majorité de tous les citoyens... Celles de l'aristocratie tendent au contraire à monopoliser dans les mains du petit nombre la richesse et le pouvoir, parce que l'aristocratie forme toujours de sa nature une minorité. On peut donc dire d'une manière générale que l'objet de la démocratie, dans sa législation, est plus utile à l'humanité que l'objet de l'aristocratie dans la sienne. Mais là finissent ses avantages. »

Cependant Tocqueville, dans sa grande impartialité, s'attache à prouver que ces avantages en entraînent d'autres et il voudrait les mettre en relief. Ici, il se contente parfois d'espérer plus que d'observer. De la généralité de la loi il conclut à un respect plus grand de la loi par tous ; de l'accession de tous aux droits politiques, à la considération de chacun pour les droits des autres ; de l'intervention de tous dans la gestion de la patrie, à l'amour plus profond de chacun pour le sol commun.

« Le plus puissant moyen, et peut-être le seul qui nous reste, d'intéresser les hommes au sort de leur patrie, c'est de les faire participer à son gouvernement. De nos jours l'esprit de cité me semble inséparable de l'exercice des droits politiques, et je pense que désormais on verra augmenter ou diminuer le patriotisme des citoyens en proportion de l'extension de ces droits. Le gouvernement de la démocratie fait descendre l'idée des droits politiques jusqu'au moindre des citoyens, comme la division des biens met l'idée du droit de propriété en général à la portée de tous les hommes... On ne peut douter que le moment où l'on accorde des droits politiques à un peuple qui en a été privé jusqu'alors ne soit un moment de crise, crise souvent nécessaire mais toujours dangereuse. Il n'est rien de plus fécond en merveilles que l'art d'être libre; mais il n'y a rien de plus dur que l'apprentissage de la liberté : elle naît d'ordinaire au milieu des orages, elle s'établit péniblement parmi les discordes civiles, et ce n'est que lorsqu'elle est déjà vieille qu'on peut connaître ses bienfaits. »

XII.

Au moment de toucher à la conclusion de son premier ouvrage, l'auteur semble apercevoir que l'étude des lois et des institutions qui a été le but principal de son livre ne suffit pas complètement à éclairer son sujet. Il pense que, parmi les causes qui ont assuré le maintien de la démocratie en Amérique, il en est plusieurs à côté desquelles le courant des idées l'a entraîné malgré lui, et qu'il n'a fait qu'indiquer en passant. Il lui faut maintenant revenir sur ces causes « accidentelles ou providentielles ». « Il y a, dit-il, mille circonstances indépendantes de la volonté des hommes qui, aux États-Unis, rendent la république démocratique aisée : Je me bornerai à exposer les principales. » Et reprenant la matière dans sa généralité, il montre les Américains sans voisins [1], affranchis par conséquent des

M. Boutmy se rencontre ici avec Tocqueville : « C'est à coup

périls des grandes guerres et des crises financières
qu'elles entraînent, exempts par suite de gros impôts, d'armées nombreuses, de grands généraux,
et de ce fléau « plus terrible pour les républiques
que tous les autres ensemble, la gloire militaire ».
L'Amérique, d'autre part, n'a point de grande
capitale dont l'influence directe ou indirecte pèse
sur toute l'étendue du territoire. Ajoutez à cela des
conditions physiques exceptionnelles ; richesse du
sol et des mines, forêts inépuisables, terres à cultiver sans limites, fleuves et lacs immenses naviga-
bles réunis par un merveilleux réseau naturel,
côtes étendues et découpées ; en somme un territoire admirable qui attire d'Europe une émigration
incessante et où la population croît avec une prodigieuse rapidité sans épuiser jusqu'ici le sol qu'elle
a à mettre en valeur.

« Il ne faut pas croire qu'il soit possible d'arrêter
l'essor de la race anglaise du Nouveau-Monde. Le
démembrement de l'Union, l'abolition de la répu-

sûr un fait grave et un ample sujet de réflexions pour le juriscon-
sulte, pour l'homme d'État, que les deux pays où la liberté politique a fleuri spontanément soient tous les deux hors du contact
des grandes puissances militaires de notre continent, l'une grâce à
la sûreté de sa position insulaire, l'autre grâce à sa situation encore
plus abritée au delà de l'Atlantique. Toute l'organisation de l'exécutif aux États-Unis se ressent de cette sécurité. (*Études de droit
constitutionnel*, p. 159.)

blique pourrait retarder ses développements, mais sans l'empêcher d'atteindre le complément néces- saire de sa destinée. Il n'y a pas de pouvoir sur la terre qui puisse fermer devant les pas des émigrants ces fertiles déserts ouverts de toutes parts à l'in- dustrie et qui présentent un asile à toutes les misères. Les événements futurs quels qu'ils soient n'enlèveront aux Américains ni leurs mers intérieures, ni leurs grands fleuves, ni la fertilité de leur sol. Les mau- vaises lois, les révolutions et l'anarchie ne sauraient détruire parmi eux le goût du bien-être et l'esprit d'entreprise qui semblent le caractère distinctif de leur race. »

On aime à retrouver en Tocqueville ce coup d'œil supérieur, capable d'embrasser les grandes réalités, qui avait un peu disparu sous l'analyste de textes législatifs ou constitutionnels : mais en bonne logique, il faut bien y insister, les cha- pitres où il étudie et énumère les causes phy- siques ou les circonstances particulières propres à favoriser sur un domaine privilégié le dévelop- pement de la nation américaine, ces chapitres devraient figurer en tête du livre, et c'est par un singulier vice de composition qu'ils sont relégués à la fin de l'ouvrage.

Cette interversion des matières n'a pas été sans justifier quelques-uns des reproches qu'on a adres- sés à l'auteur. On l'a accusé d'avoir, dans son étude, sacrifié plus d'une fois l'essentiel à l'accessoire, accordé une importance exagérée à des éléments passagers ou secondaires et négligé de mettre en relief les facteurs fondamentaux de la réussite de l'Union. De là, a-t-on dit, le caractère idéaliste et comme métaphysique du livre ; des opinions fausses semées dans les esprits ; la pensée que certaines institutions politiques jouent le rôle capital dans le développement des États-Unis et obtiendraient des résultats analogues si elles étaient transplantées ailleurs ; une sorte de prévention réchauffée dans les imaginations en faveur de la démocratie contenue par quelques règles constitutionnelles ou administratives et sans tenir compte « des causes accidentelles ou providentielles » qui ont si extraordinairement favorisé la grande république démocratique. On ne peut nier la valeur de certaines de ces objections. L'ouvrage de Tocqueville est construit sur un plan défectueux. Commencé pour développer un point de vue particulier de l'auteur, il semble s'être étendu à mesure que s'étendait son champ d'observation, et sans que l'écrivain, arrivé au terme de son exploration, en ait suffisamment refondu et coordonné les résultats.

Il aurait fallu pour donner toute satisfaction à l'esprit, qu'abandonnant son dessein primitif, il

envisageât tout d'abord l'Amérique en elle-même,
son sol, sa situation géographique, son histoire.
Les observations générales auraient ainsi précédé
la description des institutions particulières, dont
elles auraient mieux fait comprendre le caractère et la portée. Il résulte de ce renversement de
plan une certaine obscurité d'ensemble qui, malgré
tout le talent de l'auteur et même son génie dans
de nombreuses pages, déroute le lecteur. Celui-ci
sent instinctivement, en lisant la première partie
de l'ouvrage, qu'il n'est pas sur un terrain absolument solide, et qu'à la thèse qui lui est présentée
manque une première et principale assise de
réalité qu'il n'aperçoit que trop tard. Il a conscience
qu'au fond cette assise c'est la raison d'être même
des institutions américaines. Comme l'a dit un des
plus sagaces observateurs politiques de nos jours,
que nous avons déjà plusieurs fois cité : « Dans ce
royaume de l'empirisme, les principes sont toujours, dans une large mesure, des moyens au service d'intérêts positifs et précis... La condition
économique si exceptionnelle de l'Union américaine doit, comme son caractère fédéral, être toujours présente à l'observateur qui ne veut pas se
méprendre sur la nature, l'évolution et les destinées
de cette démocratie, aussi bien que sur le sens et
la portée des leçons, des exemples et des avertis-

sements qu'on se plaît à en tirer à l'adresse de notre pays[1]. »

Tocqueville avait dit lui-même : « Imaginez une société que la nature ait organisée de manière à supporter l'action passagère de mauvaises lois, et qui puisse attendre sans périr le résultat de la *tendance générale* des lois, et vous concevrez que le gouvernement de la démocratie, malgré ses défauts, soit encore de tous le plus propre à faire prospérer cette société. C'est précisément là ce qui arrive aux États-Unis ; je répète ici ce que j'ai déjà exprimé ailleurs : le grand privilège des Américains est de pouvoir faire des fautes réparables[2]. »

1. M. Boutmy, *op. cit.* — Un autre ouvrage récent snr l'Amérique dit avec quelque exagération : « La maturité d'une race intelligente et robuste, jointe à la jeunesse de la nature, les ressources de l'expérience et de la science s'appliquant à un pays vierge : voilà tout le secret de la prospérité américaine. » De Noailles, *Cent ans de République aux États-Unis.* Introd. XV.

2. Il s'exprimait d'une façon encore plus nette dans une lettre qu'il écrivait d'Amérique à son père : « Mon impression est que ce peuple-ci doit son immense prospérité bien moins à une forme de gouvernement supérieure aux autres, qu'à des conditions particulières qui lui sont spéciales et qui font que sa constitution politique est parfaitement en rapport avec ses besoins et son état social... Je vois réussir ici des institutions qui bouleverseraient la France ; d'autres qui nous conviennent seraient malfaisantes en Amérique.» Et dans une de ses *Notes de voyage,* publiées après sa mort : « Ce que je vois jusqu'ici ne m'enthousiasme guère, parce que j'en sais plus de gré à la nature des choses qu'à la volonté de l'homme. Jamais peuple ne s'est trouvé réunir des conditions d'existence aussi heureuses et aussi puissantes... Le fait est que cette société-ci marche toute seule. »

Utiles avis à rappeler à ceux qui voudraient aveuglément implanter dans notre démocratie des lois ou des institutions prises de l'étranger sans tenir compte des différences d'histoire, de milieu, de race, de régime social et gouvernemental ; comme si les sociétés politiques n'eussent qu'une mesure et qu'un moule, et ne dussent pas, par la force même des choses, pour être durables, s'adapter ainsi que tous les êtres vivants, à la diversité des territoires, des tempéraments, des circonstances du passé et du présent, et par là même varier de la France à l'Allemagne, à l'Angleterre ou à l'Amérique, tout en s'instruisant de l'exemple des sociétés voisines, profitant de leurs fautes pour les éviter et bénéficiant de leurs succès : sans ignorer ce qu'on a appelé justement les « formules antérieures » et ce qu'elles contiennent de bon, mais en se gardant de les introduire servilement dans l'organisme mobile et complexe de la vie nationale.

CHAPITRE II.

LA SECONDE PARTIE DE « LA DÉMOCRATIE EN AMÉRIQUE. »

PLAN DE L'OUVRAGE. — LES EFFETS DE L'ÉGALITÉ EN DIVERSES DIRECTIONS DE LA VIE SOCIALE. — INSUFFISANCE DE LA DÉFINITION. — L'ARMÉE ET LA GUERRE DANS LES DÉMOCRATIES. — LES PARTIS POLITIQUES. — LES ASSOCIATIONS. IMPORTANCE DE LEUR ROLE. — LA PRESSE. SES DANGERS ET SES EXCÈS DANS LES DÉMOCRATIES.

I.

La critique fondamentale qu'on peut adresser aux deux premiers volumes de la *Démocratie en Amérique* s'appliquerait avec une force particulière au tableau par lequel Tocqueville voulut, en 1840, encouragé par l'immense succès de son premier ouvrage[1], compléter l'étude de la démocratie amé-

---

1. 4,000 exemplaires s'en répandirent de suite, ce qui était énorme pour l'époque.

L'ouvrage fut traduit en plusieurs langues et attira à l'auteur les félicitations des penseurs politiques de tous les pays. Royer-Collard déclara que depuis Montesquieu il n'avait rien paru de pareil... L'ouvrage valut à l'auteur, dès 1836, un grand prix de l'Académie française.

ricaine ; il avait consacré plus spécialement cette deuxième partie à « l'analyse des *sentiments* et des *opinions* des Américains ». Le point de départ de l'écrivain se rattachait étroitement à celui qui l'avait déjà inspiré. Il s'agissait pour lui de préciser les « sentiments et les opinions », inconnus dans les vieilles sociétés aristocratiques, qu'à côté des lois et des institutions avait fait naître chez les Américains leur état démocratique. « Il y a une foule d'opinions, disait-il, de sentiments, d'instincts, qui ont dû leur naissance à des faits étrangers ou mêmes contraires à l'égalité. Aux États-Unis même, je prouverais aisément que la nature du pays, l'origine de ses habitants, la religion des premiers fondateurs, leurs lumières acquises, leurs habitudes antérieures, ont exercé et exercent encore, indépendamment de la démocratie, une immense influence sur leur manière de penser et de sentir. Je reconnais l'existence de toutes ces différentes causes et leur puissance, *mais mon sujet n'est pas d'en parler.* Je n'ai pas entrepris de montrer la raison de tous nos penchants et de toutes nos idées ; j'ai seulement voulu faire voir en quelles parties l'égalité avait modifié les uns et les autres. »

Énumérer tous les objets que l'auteur examine de ce point de vue serait la meilleure critique à faire de l'ouvrage, qui embrasse beaucoup trop de choses, liées par un lien assez artificiel. La religion, la philosophie, l'aptitude aux sciences, aux arts, à la littérature, le goût du bien-être matériel, l'esprit d'individualisme et d'association, le penchant aux carrières industrielles, les mœurs de la famille, les habitudes sociales, les rapports des serviteurs et des maîtres, des ouvriers et des patrons, fournissent matière à une longue série de chapitres dont l'enchaînement logique, il faut le dire, n'est pas toujours visible. L'angle même d'où l'auteur juge ces différents objets a quelque chose de forcé et d'étroit, de volontairement étroit. L'égalité devant la loi est aisée à définir et résulte des textes mêmes d'un code ou d'une constitution ; mais elle est loin d'engendrer l'égalité effective. Aux États-Unis, pas plus qu'ailleurs, on n'a vu un niveau général passer sur les caractères, les intelligences, les activités, les ambitions et les réduire à une sorte de moyenne d'où nulle supériorité n'émerge. Une démocratie égalitaire dans ces conditions a pu se présenter à l'esprit de tel ou tel réformateur utopiste, mais elle n'est jamais entrée dans les faits. En Amérique, où les fortunes, rapidement faites, sont devenues immenses, elle se rencontre moins que jamais, et Tocqueville ne prétend nullement l'y apercevoir ; mais il ne définit pas ses termes et l'absence d'une définition nette au début de la thèse, donne à ses développements une apparence de déduction subtile et artificielle qui, malgré l'ingéniosité des arguments, nuit à leur valeur dans l'esprit du lecteur[1].

« Quand les hommes, dit incidemment l'auteur, qui vivent au sein d'une société démocratique, sont éclairés, ils découvrent sans peine que rien ne les force de se contenter de leur fortune présente. Ils conçoivent tous l'idée de l'accroître... : tous n'y réussissent pas de la même manière. La législation n'accorde plus, il est vrai, de privilèges, mais la nature en donne. L'inégalité naturelle étant très grande, les fortunes deviennent inégales... La richesse passe du côté des plus habiles... Les hommes deviennent plus inégaux en biens à mesure que leurs lumières sont plus étendues et que leur liberté est plus grande. »

En indiquant ce point de vue et en le développant plus loin dans de belles pages[2], Tocqueville

1. Tocqueville lui-même sentait bien les difficultés de son sujet ainsi envisagé. Il y revient à plusieurs reprises dans sa correspondance.

Voir entre autres sa lettre du 26 mai 1839 : « Dans la première « partie de mon ouvrage, je me retenais aux lois qui étaient des « points fixes et visibles. Ici, il me semble parfois que je suis en « l'air et que je vais dégringoler infailliblement et sans pouvoir « m'arrêter. »

2. Voyez le chap xx de la 2e partie, où l'auteur montre une aristocratie industrielle naissant de la division du travail et de la nécessité de concentrer les manufactures. « C'est de ce côté que

touchait à ce qui aurait dû être le véritable sujet
de son deuxième ouvrage : distinguer les effets
résultant de l'inégalité effective née de la liberté, de
ceux qui, dans l'ancienne organisation sociale,
étaient le fruit des privilèges légaux. Rien au fond
n'est moins égalitaire qu'une société démocratique
vraiment libre et animée du génie industriel et
commercial ; seulement, l'inégalité y offre un
caractère autre que dans une aristocratie où la
naissance confère certains droits. Ainsi posé et
limité, le problème aurait gagné en clarté et en
intérêt.

Sans avoir bien défini son point de départ,
Tocqueville poursuit l'influence de l'égalité, qui
n'est encore une fois que l'égalité de droits, dans
des matières où elle est assez insaisissable et où
surtout elle se trouve mêlée à d'autres causes si
complexes qu'il est difficile de lui faire sa part précise en la distinguant de ce qui doit être attribué
à d'autres motifs. « Pourquoi les peuples démocratiques penchent vers le panthéisme », ou
« pourquoi les Américains s'attachent plutôt à la
pratique des sciences qu'à la théorie », ou « pour-

---

les amis de la démocratie doivent sans cesse tourner avec inquiétude leurs regards ; car si jamais l'inégalité permanente des conditions et l'aristocratie pénètrent de nouveau dans le monde, on peut
prédire qu'elles y entreront par cette porte. »

quoi les Américains élèvent en même temps de si petits et de si grands monuments », — ce sont là des questions intéressantes à examiner en elles-mêmes et sur lesquelles l'auteur émet des vues ingénieuses et parfois profondes, mais dont le lien avec le principe démocratique n'est pas toujours net, malgré les efforts que l'auteur tente pour le mettre en relief. Veut-on un exemple ? Tocqueville constate dans les historiens modernes une tendance à attribuer aux causes générales une part plus grande et aux individus une part plus petite que ne le faisaient leurs prédécesseurs.

« L'ancienne littérature n'offre pas un seul grand système historique, tandis que les plus misérables littératures modernes en fourmillent. Les historiens anciens ne faisaient pas assez usage de ces théories générales dont les nôtres sont toujours prêts d'abuser »... Il y a là un fait de nature à intéresser le philosophe et dont on pourrait aisément chercher les causes dans les progrès de l'esprit scientifique, dans l'habitude qu'a prise l'esprit humain de systématiser, dans l'extension même qu'a reçue l'observation depuis qu'un champ plus large lui est ouvert et que nous usons pour l'explorer de méthodes plus sûres et plus précises. Tocqueville y voit surtout un résultat de la démocratie et de l'égalité. « Dans les siècles d'aristo-

cratie, l'attention des historiens étant détournée à
tous moments sur les individus, l'enchaînement
des événements leur échappe ou plutôt ils ne croient
pas à un enchaînement semblable. Dans les siècles
démocratiques, au contraire, l'historien, voyant
beaucoup moins les acteurs et beaucoup plus les
actes, peut établir aisément une filiation et un ordre
méthodique entre ceux-ci. »

La remarque est assurément ingénieuse, mais le
sujet se trouve rétréci par l'insistance que déploie
l'auteur à n'en signaler qu'un côté, qui n'est pas
toujours l'essentiel.

On pourrait faire la même observation sur les
rapports que Tocqueville aperçoit et tâche de faire
apercevoir entre l'égalité des conditions et les courants principaux de la pensée moderne ou la forme
que prennent nos sentiments dans le domaine de
la philosophie, de la religion ou de la famille.

Le lien existe assurément et ne peut pas ne pas
exister, car tout est coordonné dans les mouvements de l'esprit humain ; mais il faudrait chercher
ce lien plus haut que ne le fait Tocqueville, et on
arriverait alors, nécessairement et comme par la
force même de la logique, à des généralisations dont
son esprit méthodique et un peu timide se serait
effrayé. Borné par son point de vue de chrétien
libéral et de spiritualiste, il n'aurait pu s'affranchir

assez de ses prédilections intellectuelles pour juger
dans son ensemble l'évolution qui se réalise à la
fois dans notre conception du monde et dans notre
organisation sociale. De là, forcément quelque
chose d'incomplet dans ses visées. Il a voulu voir
trop à la fois, sans pouvoir dominer d'assez haut
et d'un coup d'œil assez indépendant les mouvements moraux et sociaux qu'il envisage.

II.

En tous cas, à mesure que son ouvrage s'étend,
Tocqueville, accentuant ce qui peut être considéré
comme un défaut ou une qualité, semble de plus en
plus perdre de vue son point de départ, qui était la
démocratie américaine, pour s'occuper d'une façon
générale des sociétés démocratiques, en cessant
même de prendre ses exemples aux États-Unis et
en s'inspirant bien plus de l'histoire récente de la
France que de la patrie de Washington.

Une notable portion de son dernier volume est
consacrée à étudier les questions relatives à l'armée
et à la guerre chez les peuples démocratiques; et,
sur ces divers points les États-Unis, ceux d'il y a

soixante ans, lui fournissaient moins de données
que notre première République et l'Empire. Aussi,
devançant le moment où sa pensée devait s'arrêter
presque exclusivement à cette période de notre
histoire, puise-t-il largement dans les résultats de
ces deux époques pour faire ressortir les dangers
qui menacent une démocratie de la part soit de sa
puissance militaire, soit d'un dictateur qui, soutenu
par la force, s'impose peu à peu à la nation. Il
construit la théorie du césarisme s'appliquant aux
peuples modernes, et cela d'après un exemple
réel, encore présent à toutes les mémoires. Le
tableau n'avait pas de peine à être juste, s'inspirant
d'un original très proche ; la véritable difficulté
était de généraliser ce qui, après tout, aurait pu
passer pour un cas particulier et de montrer
comme inévitable, dans certaines conditions et
hors de certaines précautions, un dénouement
dont d'autres ne voyaient pas avec autant de netteté
le caractère fatal. A dix ans de distance, les événements devaient encore une fois, dans notre pays,
lui donner raison et justifier la clarté de ses
aperçus.

« Il semble, disait-il aux dernières pages de son
livre, que si le despotisme venait à s'établir chez les
nations démocratiques de nos jours, il serait plus

étendu et plus doux que celui des Césars : il dégra-
derait les hommes sans les tourmenter. Je ne doute
pas que les souverains ne parvinssent plus aisément
à réunir tous les pouvoirs publics dans leurs seules
mains et à pénétrer plus habituellement et plus profondément dans le cercle des intérêts privés, que n'a
jamais pu le faire aucun de ceux de l'antiquité... Je
crains que les peuples rencontrent dans leurs chefs
moins des tyrans que des tuteurs... Au-dessus d'eux
s'élève un pouvoir immense et tutélaire qui se charge
seul d'assurer leurs jouissances et de veiller sur leur
sort. Il est absolu, détaillé, régulier, prévoyant et
doux. Il ressemblerait à la puissance paternelle, si,
comme elle, il avait pour objet de préparer les
hommes à l'âge viril; mais il ne cherche, au contraire, qu'à les fixer irrévocablement dans l'enfance...
Un tel gouvernement ne brise pas les volontés, mais
il les amollit, les plie et les dirige ; il force rarement d'agir, mais il s'oppose sans cesse à ce qu'on
agisse. Il ne détruit point, il empêche de naître ; il
gêne, il comprime, il énerve, il éteint, il hébète, et
il réduit enfin chaque nation à n'être plus qu'un
troupeau d'animaux timides et industrieux, dont le
gouvernement est le berger. »

Voilà du Tocqueville clairvoyant, précis et à vues
d'avenir singulièrement exactes qui là, comme
dans d'autres occasions, ont pu passer pour des
prophéties. Et cependant, là encore, le philosophe politique n'a prévu qu'une partie de la réalité
vivante telle que nous l'avons vue s'accomplir. Il a

prophétisé la centralisation césarienne sortant chez nous du mouvement même de la démocratie : il n'a pas deviné avec autant de sûreté la centralisation anarchique à laquelle nous conduit de jour en jour le suffrage universel, échappé au césarisme et s'appliquant au régime parlementaire. Cette perspective d'un état nouveau dans l'histoire ne paraît pas s'être présentée à ses yeux avec la même netteté que le retour au despotisme qu'il prévoyait. Comme libéral, Tocqueville a toujours été offusqué par le spectacle d'un pouvoir central grandissant au détriment des pouvoirs ou des puissances effectives intermédiaires ; mais il a toujours aussi, semble-t-il, aperçu ce pouvoir central sous forme d'un être unique ou collectif conscient, uniforme dans ses visées, ayant repris des anciens souverains non seulement les prétentions, mais les conditions d'action, et y ajoutant les avantages d'un pouvoir né d'un choix populaire apparent, délivré des objections que les imaginations ou les raisons adressaient aux monarques ou aux aristocraties de droit divin : un Bonaparte ou une Convention. Il n'a pas prévu le produit singulier auquel nous assistons, du mélange des ambitions de souveraineté de la démocratie et de son impuissance à la souveraineté effective par l'éparpillement des intérêts et des passions qui constituent la masse électorale, maîtresse elle-même des destinées du gouvernement. Il n'a pas conçu ces gouvernements d'un jour, fruits de coalitions passagères, armés par la concentration administrative et les pouvoirs prédominants des Chambres de toute la force de législation et d'action, et incapables de gouverner réellement, par suite de l'instabilité des partis, dont ils sont l'émanation ; ces partis eux-mêmes esclaves d'électeurs morcelés entre mille tendances individuelles divergentes et indifférents à l'intérêt général du pays ou incapables de l'apercevoir et de le faire dominer dans leurs préférences électorales. Il n'a pas prévu surtout qu'une pareille situation pût durer plus de vingt-cinq ans, entraînant assurément une grande anarchie morale et administrative, une profonde impuissance de décision, et glissant, probablement, par degrés, si l'on n'y portait remède, soit vers un jacobinisme socialiste, soit vers un retour du pouvoir personnel ; et pourtant n'engendrant pas jusqu'ici, dans sa marche agitée, de troubles violents dans le peuple, ni de séditions dans une armée immense, au milieu des passions et des convoitises surexcitées à un degré inouï par la tribune et par la presse ; — ce qui prouve que l'histoire ne se répète jamais complètement.

III.

Serait-il possible de rétablir une certaine cohésion dans les corps d'armée d'un pays légal démocratique, une certaine discipline dans les groupes représentatifs qui en sont issus, par l'action de partis politiques bien organisés, à l'exemple de ceux qui ont joué et jouent un si grand rôle dans les monarchies parlementaires, où ils sont devenus le fondement même du gouvernement de cabinet?

Tocqueville était trop versé dans l'histoire des États modernes pour ne pas attacher au rôle des partis politiques l'importance qui lui appartient. Aussi semble-t-il que la fondation et les transformations des partis aux États-Unis auraient dû tenir dans son ouvrage une place étendue. Il n'en est pas tout à fait ainsi et le lecteur en est d'abord surpris. L'auteur résume en quelques lignes le passé des fédéralistes et des républicains qui ont eu tour à tour sur les événements contemporains de la création de l'Union et sur les événements qui l'ont suivie une si profonde influence. Il relève brièvement l'action heureuse au point de vue gouvernemental du groupe fédéraliste qui, jusqu'à la réaction radicale

de Jefferson, a maintenu aux principes de conser-
vation et d'autorité une certaine prédominance,
due moins au nombre des partisans de ce groupe
qu'à la valeur des hommes qui le composaient.
« Le passage des fédéralistes au pouvoir, dit-il,
est, à mon avis, l'un des événements les plus heureux qui aient accompagné la naissance de l'Union.
Les fédéralistes luttaient contre la pente irrésistible
de leur siècle et de leur pays : ce qui est arrivé
sous Jefferson serait arrivé tôt ou tard. Mais leur
gouvernement laissa du moins à la nouvelle République le temps de s'asseoir et lui permit ensuite
de supporter sans inconvénient le développement
rapide des doctrines qu'ils avaient combattues[1]. »

Quand il arrive au présent, après un développement historique qui n'est qu'un résumé rapide,
Tocqueville constate que ce qu'il appelle « les
grands partis », c'est-à-dire « ceux qui s'attachent
aux principes, aux généralités et non aux cas particuliers, aux idées et non aux hommes », n'existe
plus aux États-Unis. De son temps, les partis
américains reposent déjà surtout non sur des principes politiques, mais sur des intérêts matériels. Les
petits partis, dit-il, fourmillent. Les intérêts consti-

<hr/>

1. M. C. de Witt a retracé avec beaucoup de développements et
de clarté cette histoire des premiers grands partis américains dans
ses ouvrages sur « Washington » et sur « Jefferson ».

tuent dans les différentes provinces d'un vaste
empire des régions rivales plutôt que des partis
politiques.

« Il faut bien pourtant que l'ambition parvienne à
créer des partis, car il est difficile de renverser
celui qui tient le pouvoir, par la seule raison qu'on
veut prendre sa place. Toute l'habileté des hommes
politiques américains consiste donc à composer des
partis : un homme politique aux États-Unis cherche
d'abord à discerner son intérêt, et à voir quels sont
les intérêts analogues qui pourraient se grouper
autour du sien : il s'occupe ensuite à découvrir s'il
n'existerait pas par hasard, dans le monde, une doctrine ou un principe qu'on pût placer convenablement
à la tête de la nouvelle association, pour lui donner
le droit de se produire et de circuler librement. Ceci
fait, on introduit la nouvelle puissance dans le monde
politique. »

Tocqueville n'oublie pas que l'intérêt particulier joue toujours un grand rôle dans les passions
politiques ; mais « les grands partis » le cachent
si habilement sous le voile de l'intérêt public,
qu'ils finissent quelquefois par le perdre de vue
eux-mêmes dans leurs actions. Ils ont des passions plus généreuses, une allure plus franche
et plus hardie que les petits partis ; ceux-ci n'ont
pas de foi politique. « Comme ils ne se sentent

pas élevés et soutenus par de grands objets, leur caractère est empreint d'un égoïsme qui se produit ostensiblement à chacun de leurs actes. Leur langage est violent, mais leur marche est timide et incertaine ; les moyens qu'ils emploient sont misérables comme le but qu'ils se proposent... les grands hommes semblent disparaître tout à coup de leur sein. »

Tocqueville n'étend pas à toutes les démocraties le jugement qu'il porte des partis américains ; il ne l'étend même pas à l'avenir des États-Unis, où à défaut de véritables partis politiques on devait voir à l'œuvre d'immenses organisations électorales extraordinairement agencées et obéies et devenues les maîtresses de toute la vie politique de la nation. Mais on sent qu'il a l'instinct profond qu'on ne retrouvera plus dans les États démocratiques en général, l'analogue des partis politiques historiques qui ont constitué la vie parlementaire des monarchies constitutionnelles. C'est un chapitre qu'on regrette qu'il n'ait pas développé. Il aurait trouvé à y exercer ses facultés de psychologue social. Les raisons se seraient présentées nombreuses à son esprit pour expliquer pourquoi le morcellement infini des intérêts, l'absence d'idées ou de causes de revendication générales, l'indifférence relative pour les traditions historiques et

religieuses propre aux démocraties, l'assoupis-
sement des passions de grande visée par la possession
même de l'égalité et de la liberté, la haine de la
hiérarchie et l'envie déchaînées par les mœurs
égalitaires contre les supériorités capables d'organiser et de conduire les groupes humains, se com-
bineraient pour faire des partis démocratiques tout
autre chose que les anciennes unions d'opinions
parlementaires, régies et disciplinées par des chefs
de haute situation, groupées sous des drapeaux
fixes, et se balançant dans l'exercice du pouvoir
en vue d'y faire prévaloir des doctrines et des traditions autant que des intérêts. Il faut du passé
dans les partis, et les démocraties sont avant tout
le présent. Elles y prennent à la fois l'ardeur et
l'instabilité des ambitions et des intérêts de personnes, et y perdent la discipline qui est l'essence
même du gouvernement de partis. Les chefs manquent d'autorité et les soldats d'obéissance. Les
journaux, qui devraient réfléter les partis, en prennent bientôt la direction. Parfois même ils les
fondent : mais les journaux restent une industrie et
par là compromettent ce qui ferait la solidité et la
continuité des groupes politiques. Le besoin de
servir sans cesse de nouveaux aliments à la curiosité ou à la passion de leurs lecteurs pour se les
attacher et empêcher leurs concurrents de s'en

emparer, les amène à changer souvent de programme, à lancer dans le pays de nouvelles *plat-
form*, et à les abandonner ensuite pour d'autres. Les
passions, les opinions, même chez les violents,
s'amortissent ainsi dans une sorte de ballottement
et de renouvellement perpétuel qui devient presque du *dilettantisme*, et qui est le contraire de ce
qu'on considérait jadis comme l'unité de parti.

En tout cas, et là, il a, à notre avis, fait preuve
d'une grande clairvoyance, ce n'est pas sur des
partis politiques proprement dits, constitués à l'anglaise et opposant leur cohésion à celle du pouvoir
personnel, que Tocqueville compte principalement
pour tenir tête au despotisme qui, dans sa pensée,
est le péril toujours menaçant des démocraties. Il
cherche le remède aux maux du despotisme dans
le principe même où il a aperçu le péril, c'est-à-
dire dans l'égalité, mais contrebalancée par certains
contrepoids tirés de l'application de la liberté. Tout
retour vers le privilège aristocratique lui paraît
vain et chimérique. Essayer d'appuyer la liberté
individuelle sur le privilège de l'aristocratie
serait vouloir échouer à coup sûr. « Il n'y a pas
de nos jours, disait-il, de souverain assez habile
et assez fort pour fonder le despotisme en rétablis-
sant des distinctions permanentes entre ses sujets,
de législateur si puissant qui soit en état de main-

tenir des institutions libres, s'il ne prend l'égalité pour premier principe et pour symbole. » Mais celle-ci n'empêche pas la création et le développement de certains organes issus de la liberté et retrouvant par leur caractère et leurs fonctions un peu de la puissance et des privilèges de l'aristocratie.

« Les pays aristocratiques sont remplis de particuliers riches, puissants et influents qui savent se suffire à eux-mêmes et qu'on n'opprime pas aisément ni en secret. Je sais bien que les contrées démocratiques ne présentent pas naturellement d'individus semblables; mais on peut y créer artificiellement quelque chose d'analogue... Je pense que les simples citoyens en s'associant peuvent constituer des êtres très opulents, très influents, très forts, en un mot des personnes aristocratiques... Une association politique, industrielle, commerciale ou même scientifique et littéraire, est un citoyen éclairé et puissant qu'on ne saurait plier à volonté ni opprimer dans l'ombre, et qui en défendant ses droits particuliers contre les exigences du pouvoir, sauve les libertés communes. »

C'était là une vue féconde et dont l'expérience a démontré la portée. L'autonomie locale des communes ou de telle autre circonscription territoriale n'est qu'une des formes de la liberté, et ce n'est pas celle qui probablement renaîtra le plus facilement dans les nations fortement centralisées par le travail successif de l'histoire. Après tout, la proximité matérielle qui crée l'existence communale est un lien rudimentaire entre les hommes : les progrès de la civilisation en créent d'autres qui prennent bientôt une singulière puissance. A mesure qu'un pays s'organise, que les citoyens communiquent plus aisément les uns avec les autres, qu'il s'établit entre eux à travers la distance matérielle, par les progrès des voies de transport et des moyens d'échange et de correspondance, une circulation plus active, la connexité des opinions, des sympathies, des intérêts, devient plus efficace : elle entraîne et réalise l'association aussi bien que le faisait le simple contact de voisinage des individus et des habitations. Il se constitue ainsi des êtres moraux qui, tout en respectant une organisation administrative centralisée, nécessaire à assurer l'existence matérielle et morale de la nation, enferment l'action de cette organisation administrative dans certaines limites, la contiennent par la puissance des courants d'opinions qu'ils créent, par l'influence qu'ils acquièrent sur les groupes de citoyens et d'électeurs, source de tout pouvoir politique.

L'un des moyens d'action les plus énergiques de

ces associations libres, qui tantôt ont en vue une propagande politique, tantôt sont des groupements d'intérêts religieux, intellectuels ou matériels, c'est la presse. Tocqueville ne pouvait manquer d'apercevoir en elle ce qu'elle est devenue, le grand véhicule des idées ou des passions, l'incitatrice la plus efficace, sinon toujours la plus bienfaisante, des volontés, par la fréquence régulière et comme inflexible de son intervention, par la ténacité de sa morsure sur les esprits même les plus humbles dont elle sollicite par tous les moyens, légitimes et illégitimes, la curiosité ou provoque l'adhésion ; la vraie souveraine du jour par son habileté à pénétrer partout, à fournir des aliments à toutes les avidités de l'esprit ou des sens, à se multiplier comme ces infiniment petits que la science moderne nous montre portant dans les organismes animés à la fois les germes de décomposition et le principe de la vitalité, activant la combustion et la dissolution, préparant la mort dans la vie, autant que la vie dans la mort.

Il résumait ses vues sur la presse, par cette phrase si juste dans sa concision : « L'empire des journaux doit croître à mesure que les hommes s'égalisent. »

La liberté de la presse lui paraissait une indispensable garantie accordée à la défense des intérêts civiques ; tout en apercevant très nettement quel-

ques-uns de ses dangers, il y voyait par excellence
« l'instrument démocratique de la liberté. »

« Pour garantir l'indépendance personnelle, disait-il, je ne m'en fie point aux grandes assemblées
politiques, aux prérogatives parlementaires, à la proclamation de la souveraineté du peuple. Toutes ces
choses se concilient, jusqu'à un certain point, avec la
servitude individuelle; mais cette servitude ne saurait être complète si la presse est libre... J'aime la
liberté de la presse, par la considération des maux
qu'elle empêche bien plus que pour le bien qu'elle
fait. »

Ces maux il ne se les dissimulait pas ; mais il
n'apercevait aucun moyen de les combattre directement par la législation. Il passait en revue les
différentes armes auxquelles l'État pourrait re-
courir et en démontrait l'inefficacité ou les dangers.
La censure, le jury, les tribunaux ordinaires ag-
gravent le péril ou ne sont que de vaines menaces.
La première est contradictoire avec le principe de
la souveraineté du peuple.

« Lorsqu'on accorde à chacun un droit à gouverner la société, il faut bien lui reconnaître la capacité de choisir entre les différentes opinions qui
agitent ses contemporains. Le jury acquitte et ce qui
n'était que l'opinion d'un homme isolé devient l'opinion du pays. Les juges, avant de condamner, doivent
écouter les plaidoyers : ce qu'on eût dit obscurément

dans un écrit, se trouve ainsi répété dans mille
autres... Si quelqu'un me montrait entre l'indépendance complète et l'asservissement entier de la
pensée une position intermédiaire où je puisse espé·
rer me tenir, je m'y établirais peut-être, mais qui
découvrira cette position intermédiaire ? »

Ne pouvant l'enchaîner, il faut bien accepter la
presse libre, tout en constatant qu'elle a trop souvent
les mêmes goûts destructeurs en Amérique qu'en
France. Cependant Tocqueville croit la presse libre
moins dangereuse dans un pays de démocratie que
dans les autres, et là il se fait quelques illusions. Il
pense que la liberté d'écrire est d'autant plus
redoutable qu'elle est plus nouvelle. Un peuple
qui n'a jamais entendu traiter des affaires de
l'État croit le premier tribun qui se présente :
au bout de peu de temps — l'expérience l'a,
suivant l'auteur, prouvé aux États-Unis — les
intérêts pratiques, commerciaux et autres, l'em-
portent dans l'attention publique sur les questions
purement politiques et absorbent les forces vives
du journalisme. — La décentralisation diminue
d'ailleurs le rayonnement de la presse américaine ;
là, pas de capitale qui donne le ton à la pensée im-
primée de tout un pays et qui envoie à la province des
opinions toutes faites, préparées et comme façon-
nées de toute pièce par de petits groupes, devenus

tout puissants dans leur irresponsabilité. — Enfin l'immense concurrence des journaux entre eux fait que, là où on les laisse pulluler sans entraves légales ni taxes élevées, un journal ne peut espérer de grands profits ; ce qui empêche « les hautes capacités industrielles » de se mêler de ces sortes d'entreprises.

On sait combien les faits ont été peu d'accord avec quelques-unes de ces assertions, notamment avec la dernière ; les immenses fortunes acquises par les fondateurs de certaines feuilles ont prouvé que ces entreprises étaient aux mains « de hautes capacités industrielles », — qui n'ont pas toujours pratiqué leur industrie d'une façon aussi « haute » que leurs capacités.

La démocratie en multipliant les journaux, en leur permettant de tout dire, ne les a pas désarmés, ni n'a diminué leur venin. La presse est restée cette organisation extraordinaire si étrangement mitigée de biens et de maux, que sans elle la liberté et même la société ne saurait vivre, et qu'avec elle l'ordre social peut à peine se maintenir.

Les journalistes dont Tocqueville disait « qu'ils ont en général une position peu élevée, leur éducation n'étant qu'ébauchée et la tournure de leurs idées souvent vulgaire », les journalistes sont devenus de toutes façons et en tous pays, les uns

par leur talent, les autres par des voies diverses,
de grands personnages dans la société et l'État ;
les journaux se sont transformés en puissances
devant qui il a fallu baisser la tête, non toujours
par respect, mais par le sentiment que la résistance des individus est malaisée vis-à-vis d'une
légion pourvue de tous les moyens de nuire,
quand elle le veut, en restant insaisissable : contre
la partie la moins respectable de laquelle on devra
bien cependant trouver des moyens d'action ou de
répression directs et indirects, à moins de renoncer à assurer l'existence d'une société régulière où
les honnêtes gens, hommes publics ou simples
particuliers, soient à l'abri de certains malfaiteurs
de la plume.

En terminant son ouvrage, Tocqueville faisait
appel à la volonté des nations pour triompher des
obstacles qu'il leur avait montrés semés sur la
route de la démocratie. Ces obstacles il les avait
nettement et courageusement signalés : mais il
avait confiance dans l'énergie des citoyens pour les
renverser ou les éluder. Son culte de la liberté ne
pouvait admettre qu'elle fût invinciblement mena-
cée ou compromise par les progrès inévitables de
l'égalité : dans un langage chaleureux et noble
qu'on aime à relire, il exhortait les hommes à sau-

vegarder la liberté en acceptant courageusement les
conséquences du principe démocratique, sans lui
sacrifier leur indépendance. Pour cela, il avait foi
dans un ressort plus puissant encore à ses yeux que
les lois et les institutions, dans la dignité de l'âme
humaine refusant de s'asservir aussi bien à la démagogie qu'au césarisme; il exaltait la volonté individuelle et publique en montrant qu'elle est, de par son
essence même, armée pour résister à toutes les causes
extérieures qui voudraient l'affaiblir ou la dégrader.

« Parvenu à ce dernier terme de ma course, je me
sens plein de craintes et plein d'espérances. Je vois
de grands périls qu'il est possible de conjurer; de
grands maux qu'on peut éviter ou restreindre, et je
m'affermis de plus en plus dans cette croyance que
pour être honnêtes et prospères il suffit encore aux
nations démocratiques de le vouloir. Je n'ignore pas
que plusieurs de mes contemporains ont pensé que
les peuples ne sont jamais ici-bas maîtres d'eux-
mêmes, et qu'ils obéissent nécessairement à je ne
sais quelle force insurmontable et inintelligente
qui naît des événements antérieurs, de la race, du
sol ou du climat... Ce sont là de fausses et lâches
doctrines qui ne sauraient jamais produire que des
hommes faibles et des nations pusillanimes. Les
nations de nos jours ne sauraient faire que, dans leur
sein, les conditions ne soient pas égales; mais il
dépend d'elles que l'égalité les conduise à la servitude ou à la liberté, aux lumières ou à la barbarie. »

CHAPITRE III.

LA VIE POLITIQUE DE TOCQUEVILLE.

LA MONARCHIE DE JUILLET. — LA SECONDE RÉPUBLIQUE. — LE MINISTÈRE DES AFFAIRES ÉTRANGÈRES. — LA RÉVISION DE LA CONSTITUTION. — LE COUP D'ÉTAT.

I.

La vie politique a absorbé un bon nombre d'années de l'existence de Tocqueville. Le succès éclatant de son premier ouvrage l'y appelait, et aussi une sorte d'obligation morale d'appliquer ou au moins de vérifier ses doctrines à l'action. Il avait quelques-unes des qualités qui assurent dans un Parlement l'influence et le succès : la netteté des vues, une juste ambition, l'amour de la politique dans ce qu'elle a de mouvementé et presque d'agité. Sa situation sociale et locale, legs de ses traditions de famille, et accrue par sa distinction personnelle, était excellente[1], quoique sa fortune fût médiocre[2]. Après un premier échec électoral[3], il arriva à la Chambre par l'arrondissement de Valognes qu'il représenta jusqu'à la fin de sa carrière politique. Tout en conservant dans les assemblées le prestige de son illustration d'écrivain et sa réputation de philosophe en matières sociales, il n'y prit pas la

1. L'auteur entra successivement à l'*Académie des sciences morales et politiques* (1838) et à l'Académie française (1841) où il remplaça M. de Cessac. Son discours de réception est de 1842. — Des arrangements de famille pris avec ses deux frères rendirent en 1836 Tocqueville possesseur du vieux manoir de famille situé dans la presqu'île de Cherbourg. Il y demeura toute sa vie et y acquit une influence personnelle considérable. « J'occupais, écrivait-il en 1852 lorsqu'il donna sa démission du Conseil général pour ne pas prêter serment, j'occupais dans mon département une position qui n'avait que des agréments sans trouble. C'était la direction morale de toutes les grandes affaires du pays, une sorte de gouvernement des esprits fondé sur la considération personnelle indépendamment des opinions politiques. »

2. Son mariage ne l'avait pas augmentée. Il épousa en 1835 une Anglaise, Mlle Marie Mottley, dont il était depuis longtemps épris, et qui lui apporta le bonheur domestique le plus complet. « Je ne « saurais te dire, écrivait-il à un de ses amis, quel bonheur on « éprouve à la longue dans la compagnie habituelle d'une femme « chez laquelle tout ce qu'il peut y avoir de bien dans votre âme se « réfléchit naturellement.

« Il n'y a pas de jour où je ne remercie le ciel d'avoir placé « Marie sur mon chemin, et où je ne pense que si quelque chose « peut donner le bonheur sur la terre, c'est une semblable com- « pagne. »

3. En 1837, Tocqueville s'était présenté aux élections. Son parent, M. Molé, le plaça sans le consulter parmi les candidats recommandés. Tocqueville refusa avec vivacité l'appui officiel. Il en résulta un échange de lettres conservées dans la *Correspondance*, et qui sont curieuses. Tocqueville écrivait : « Je ne suis pas l'ennemi du gouvernement en général, et en particulier de ceux qui gouvernent en ce moment. Mais je veux arriver à la Chambre

place prépondérante que semblait devoir lui assurer
sa supériorité intellectuelle. Quelques-uns des dons
de l'orateur lui faisaient défaut ; sa voix était faible,
son débit froid. Bientôt sa santé délicate [1] devait
être une entrave fâcheuse à son activité physique.
En dehors de ces conditions matérielles, il lui manquait ce tempérament moral fait de plus de décision
que de finesse, et de rondeur plus que de besoin
de précision, qui désigne le chef de parti. Trop sage
et prudent dans ses visées pour être l'un des *leader*
de l'opposition démocratique dont il apercevait pour
les avoir étudiées de près les tendances funestes et
prévoyait les prochains débordements, trop avancé
pour se rattacher à l'opposition de droite, qu'il jugeait stérile, trop désillusionné sur les doctrines et
les pratiques de la majorité ministérielle pour faire

avec la position que j'y veux tenir, et cette position est indépendante. » — « Le premier devoir, répondait M. Molé, est à mes
yeux de lutter dans les élections comme ailleurs pour l'opinion qui
m'a porté au pouvoir... Croyez-vous donc que vous serez plus
libre d'engagements si vous arrivez par les légitimistes, les républicains ou une nuance quelconque de la gauche ? Il faut choisir :
l'isolement n'est pas l'indépendance. » Et le président du Conseil
déclarait nettement au candidat que puisqu'il ne voulait pas figurer
parmi les « amis », le Ministre de l'Intérieur allait apprendre aujourd'hui même que « nous ne devons vous soutenir nulle part. »
Tocqueville fut battu non seulement comme indépendant, mais
comme légitimiste — malgré ses déclarations et ses écrits.
    1. Tocqueville écrivait déjà en 1839 : « Ma santé est bien dé-
rangée. Je crois que je serais déjà mort sans les soins physiques
et moraux de ma femme. Je ne suis pas assuré de la première
condition de tout succès, qui est de vivre. »

partie de celle-ci, il devait, malgré les sympathies
qui l'environnaient, les amitiés ou le respect qu'il
inspirait à tous, rester un isolé, une sorte de penseur parlementaire, studieux, réfléchi, perspicace,
dont tous les travaux ou les discours étaient appré-
ciés à leur haute valeur grâce à ce que Sainte-Beuve
définit, un peu méchamment, ses *qualités du lendemain*, mais peu propre à former ou à entraîner une
majorité[1].

1. Tocqueville a toujours eu le sentiment de ce qui lui manquait
pour réussir complètement dans le milieu parlementaire de la fin
de la monarchie de Juillet. « Je m'étais toujours senti comprimé
dans le sein de ce monde parlementaire, écrit-il dans ses *Souvenirs*
(p. 121) : j'y avais trouvé toutes sortes de mécomptes et quant aux
autres et quant à moi-même. Je n'avais point tardé à découvrir
que je ne possédais pas ce qu'il fallait pour jouer là le rôle brillant
que j'avais rêvé : mes qualités et mes défauts y faisaient obstacle. »
Il disait dans une de ses lettres (à M. de Corcelle (inédit),
5 décembre 1845) : « J'ai épuisé tout ce qu'on peut éprouver [de
désillusions] durant les six premiers mois que j'ai été à la Chambre.
Je suis sorti de cette terrible épreuve à peu près avec l'état d'esprit
que j'ai toujours connu depuis. J'ai vu alors très nettement et avec
une clarté parfaite que j'apportais à la vie politique des instincts,
des sentiments, des vues qui appartiennent à une autre génération
bien plus qu'à la mienne. Les idées de 89 en 1845, c'est de l'ana-
chronisme tout pur ! »
Ses amis, même les plus chers, eurent toujours conscience des
obstacles que l'indépendance d'esprit et le caractère ardent et impres-
sionnable de Tocqueville apportèrent au rôle qu'il aurait pu jouer à
la Chambre. V. dans les *Entretiens avec Senior*, vol. II, p. 265,
éd. angl., ce qu'en disent Beaumont et Ampère. « Il s'était rallié à la
gauche, dit Beaumont, parce qu'il avait constaté l'impuissance de
l'isolement — mais je ne pus jamais obtenir qu'il fût simplement
aimable avec ses collègues de ce parti... Ils le haïssaient, plus qu'il
ne les haïssait lui-même, car son âme n'était pas faite pour la haine.
Ils l'exclurent de presque toutes les commissions... Tocqueville était

On sait que d'une façon générale de 1840 à 1848 il joua le rôle d'opposant anti-ministériel modéré mais irréductible.

Le détail de son attitude pendant cette période n'est pas facile à fixer[1]; son biographe glisse de propos délibéré sur le sujet, et les lettres, relatives à la politique de cette époque, qui ont été publiées,

ambitieux, mais pas de la façon dont l'entendait Guizot qui répondit à quelqu'un qui lui demandait pourquoi un député faisait de l'opposition : « parce qu'il veut être où je suis. » Il tourna à l'opposition quand Guizot, qui avait défendu avec une éloquence et une vigueur incomparables l'indépendance du gouvernement parlementaire contre le roi, fit volte-face et devint le membre le plus servile et le plus servile des majorités monarchiques... L'opposition systématique et en même temps loyale était relativement aisée à ce moment : le gouvernement proposait simplement de ne rien faire ni à l'intérieur ni à l'extérieur. A l'extérieur, c'était la meilleure politique, mais à l'intérieur tout était à faire... Tocqueville désirait le pouvoir — mais pour être *réellement* ministre. »

1. Dès son entrée à la Chambre, il voulut siéger au centre gauche, comme indice matériel de ses opinions libérales. Il tenait beaucoup à l'impression que produirait ce signe tangible sur ses électeurs. (Corresp. inéd. avec M. de Corcelle.)

M. Thureau-Dangin, dans sa grande *Hist. de la Monarchie de Juillet,* qualifie Tocqueville « d'indépendant se décidant par lui-même, entraînant peu de voix avec lui, systématiquement rebelle à l'influence néfaste selon lui de M. Thiers. » En 1842, il combattit (après la mort du duc d'Orléans) l'application du principe héréditaire à la régence. En 1844, il fait partie du groupe d'opposition de coalition entre la gauche et le centre gauche connu sous le nom de Conseil des Dix. (O. Barrot, de Beaumont, Tocqueville, Abbatucci, Havin, pour la gauche ; Thiers, Rémusat, Vivien, Duvergier de Hauranne, Billault, pour le centre gauche.) Il soutint avec M. de Corcelle et d'autres amis le journal *Le Commerce* auquel il collabora. Le journal échoua, non sans coûter à Tocqueville 12 à 1,500 francs de rente, qui, écrit-il à M. de Corcelle (lettres inéd.), « représentaient mon aisance ».

sont peu nombreuses ou peu explicites. Dans celles qui figurent à la *Correspondance*, des coupures marquées par des points déroutent on arrêtent plus d'une fois notre curiosité. D'autre part Tocqueville a prononcé peu de discours à la Chambre et le *Moniteur* ne nous renseigne qu'insuffisamment sur la part qu'il prit par son influence personnelle dans les événements parlementaires. On comprend les scrupules de son biographe à réveiller, quelques années après la défaite commune, des griefs qui s'étaient éteints dans le désastre général de la liberté et des institutions parlementaires.

« Tocqueville, écrit M. de Beaumont, n'a pas cessé, pendant les dix dernières années de la monarchie constitutionnelle, de combattre une politique qu'il semble peu opportun d'attaquer aujourd'hui, alors même qu'on en éprouverait la disposition. Il avait alors en face de lui des hommes qu'il respecta toujours comme adversaires, et qui depuis ont cessé de l'être. Tout ce qui ressemblerait à une agression rétrospective contre ces hommes, dont quelques-uns vivent encore, eût été désavoué par lui et ne pourrait qu'affliger sa mémoire. A quoi bon d'ailleurs évoquer de tels sujets de dissidence entre ceux que rapproche aujourd'hui un sentiment commun bien supérieur à leurs divergences passées et à leurs anciennes rivalités? Un jour viendra sans doute où la conduite des divers partis durant cette période, gouvernement et opposition, sera soumise au jugement de l'histoire,

8.

et parmi les pièces de ce grand procès il faudra certainement compter plusieurs des discours de Tocqueville, ses votes, ses actes, l'attitude de résistance tout
à la fois modérée et ferme qu'il avait prise vis-à-vis
du gouvernement de Louis-Philippe et dans laquelle
il a persisté jusqu'au 24 février. »

Cette période de discrétion, très légitime à l'époque à laquelle M. de Beaumont la définissait, n'est-
elle pas aujourd'hui close? Un intérêt supérieur réclame que tous les documents relatifs à cette partie
de l'existence de Tocqueville soient livrés au grand
jour. On aimerait à suivre dans leurs détails quoti-
diens la pensée et les actes d'un observateur aussi
clairvoyant, pendant ces années où le monde politique semble avoir été emporté par un mouvement
irrésistible dont bien peu comprirent la direction; où les partis enfermés dans l'atmosphère
étroite des débats parlementaires n'ont pas aperçu
ou mesuré le grand courant positif, socialiste
ou démocratique, qui se formait sous eux et allait
entraîner le pays vers le suffrage universel et
les aventures de Février et de Juin; où les petites
luttes de la politique au jour le jour, absorbant l'attention par leur éclat passager, ont masqué aux yeux
des plus attentifs les bouleversements qui se préparaient; où les chefs de partis en se portant des
coups retentissants et meurtriers, ont, comme des

lutteurs qui s'assaillent dans l'ombre, atteint et
frappé de mort autre chose que ce qu'ils visaient,
les libéraux le régime parlementaire, les cléricaux
le principe monarchique, les défenseurs du trône
la dynastie. Dans ce tumulte bien fait pour dérouter
les plus perspicaces, seul, un poète, Lamartine,
semble avoir dévoilé publiquement des lueurs du
fond réel des choses et des hommes [1]. A côté de lui,
et dans des régions plus tempérées, on voudrait
savoir exactement ce qu'a pensé, dit et fait dans le
milieu parlementaire qui l'environnait sans l'ab-
·orber, l'homme à l'esprit aiguisé qui, un peu
avant la catastrophe de février, et comme sous
un éclair précédant immédiatement l'orage, s'est
révélé un voyant d'une acuité de regard extraor-

1. A la même époque, un autre poète, Heine, a prévu avec
perspicacité l'avenir, tant de la France que de l'Allemagne. Il disait
de la France de 1840 : « Le jour n'est pas éloigné où toute la
comédie bourgeoise avec ces héros et comparses de la scène parlementaire prendra une fin terrible au milieu des sifflements et des
huées, et on jouera ensuite un épilogue intitulé le *Règne des
Communistes*. (*Lutèce*, lettre du 11 décembre 1841.)

2. Tocqueville a, dans ses *Souvenirs* (publiés en 1893 et dont
nous parlons plus loin), jugé si sévèrement et même quelquefois
impitoyablement les principaux de ses anciens adversaires de la
monarchie de Juillet devenus plus tard ses compagnons de lutte
contre la présidence, puis contre l'Empire, que les scrupules qui
arrêtaient son premier biographe ne semblent plus devoir exister.
Après les pages caustiques de son ouvrage posthume, rien ne doit
empêcher de paraître les notes ou les lettres de l'auteur sur les
périodes qui ont précédé 1848. Les blessures, en supposant qu'il y
ait blessures, sont déjà faites.

dinaire, l'observateur si pénétrant et précis dans
sa sévérité, des hommes et des choses politiques
contemporaines, qui, à force d'en étudier la direction et le mouvement, aperçut avant les autres le
précipice qui allait les engloutir[1].

Le 27 janvier 1848, Tocqueville, discutant à la
Chambre le projet d'adresse, prononça de graves
paroles qui, lorsqu'elles eurent été quelques semaines plus tard justifiées par la révolution, paru-
rent une surprenante prophétie.

L'orateur commençait par un sombre tableau de
l'abaissement des mœurs politiques : partout l'intérêt privé dominant celui du pays, la corruption
se glissant dans les fonctions publiques, le ministère encourageant directement, pour rester au pouvoir, « les pires tendances d'un corps électoral,

---

1. En dehors de la politique proprement dite, il s'attacha pendant cette période à un certain nombre de questions d'ordre phi-
lanthropique économique ou moral qu'il a traitées avec sa supériorité habituelle. Ses travaux sur le régime pénitentiaire, sur la
déportation, sur l'abolition de l'esclavage qu'avec une partie de la
Chambre il réclamait depuis 1840, et à laquelle il consacra plusieurs écrits, font encore autorité et se lisent avec intérêt dans ses
OEuvres complètes. Attiré vers l'Algérie par les difficultés mêmes
que soulevaient à ce moment la conquête et l'assimilation du sol
africain, il y fit plusieurs voyages, afin, disait-il, d'apprendre par
les yeux et d'oublier tout ce qu'il avait lu ou entendu, et il en
revint avec la conviction dont l'événement a prouvé la justesse ;
que contrairement à ce que soutenaient les partisans de l'occupation
limitée, la soumission entière de l'Algérie était nécessaire et possible et que la destruction d'Abd-el-Kader s'imposait.

tellement restreint et livré à de tels besoins que la
facilité d'agir sur lui par la corruption parût plus
grand, le désir d'agir sur lui plus irrésistible. » Il
montrait les classes ouvrières entraînées vers le
socialisme, l'Europe regardant avec défiance ce qui
se passait dans notre pays, « se demandant si la
France — qui a jeté dans le monde les principes,
qui se sont trouvés les principes régénérateurs de
toutes les sociétés modernes — si la France a eu
raison ou tort; si elle conduit les sociétés humaines vers un avenir plus heureux et plus prospère; ou bien si elle les entraîne à sa suite vers les
misères morales et la ruine. »

Quant au présent, ajoutait l'orateur, il est des
moins rassurants.

« On dit qu'il n'y a point de péril, parce qu'il n'y
a pas d'émeute; on dit que, comme il n'y a pas de
désordre matériel à la surface de la société, les révolutions sont loin de nous. Permettez-moi de vous
dire que vous vous trompez... Quand les opinions
que j'ai signalées prennent racine, quand elles se
répandent d'une manière presque générale, quand
elles descendent profondément dans les masses, elles
doivent amener tôt ou tard je ne sais pas quand, je
ne sais pas comment, les révolutions les plus redoutables. Nous nous endormons à l'heure qu'il est sur
un volcan. Est-ce que vous ne ressentez pas par une
sorte d'intuition instinctive que le sol tremble de

nouveau en Europe. Est-ce que vous ne sentez pas,
que dirai-je? un vent de révolution qui est dans
l'air? »

Ces sombres prédictions, écrit Tocqueville dans
ses *Souvenirs,* furent accueillies par des rires
moqueurs du côté de la majorité. L'opposition
applaudit vivement, mais par esprit de parti plus
que par conviction.

« La vérité est que personne ne croyait encore
sérieusement au danger que j'annonçais, quoiqu'on
fût si près de la chute. L'habitude invétérée qu'avaient
contractée tous les hommes politiques, durant cette
longue comédie parlementaire, de colorer outre
mesure l'expression de leurs sentiments et d'exagérer démesurément leurs pensées, les avaient rendus peu capables de mesurer le réel et le vrai. Depuis
plusieurs semaines la majorité disait tous les jours
que l'opposition mettait la société en péril et l'opposition répétait sans cesse que les ministres perdaient
la monarchie. Ils avaient affirmé le fait tant de fois
de part et d'autre, sans y croire beaucoup, qu'ils
avaient fini par n'y plus croire du tout au moment
où l'événement allait leur donner raison à tous les
deux. Mes amis particuliers pensaient eux-mêmes
que j'avais dépassé le but et qu'il y avait un peu de
rhétorique dans mon fait... Et maintenant que me voici
en face de moi-même et que je cherche sérieusement
dans mes souvenirs si, en effet, j'étais aussi effrayé
que j'en avais l'air, je trouve que non ; je discerne

sans peine que l'événement m'a plus promptement
et plus complètement justifié que je ne le prévoyais...
J'apercevais, je crois, plus clairement qu'un autre
les causes générales qui préparaient l'événement;
mais je ne voyais pas les accidents qui allaient le
précipiter... »

II.

La publication des « Souvenirs » d'où nous
extrayons ces lignes a révélé un Tocqueville nouveau. Le penseur politique aux formes de style trop
tendues a fait place au satirique alerte, mordant,
personnel; le philosophe parfois un peu solennel à
l'observateur très aigu et très âcre, disant sur les
choses et les hommes, voire sur des amis, le mot
qui porte et même qui emporte.

Ce Tocqueville, qui tranche singulièrement avec
le monde doctrinaire où s'est écoulée sa vie, n'était
même pas très visible dans la partie de sa correspondance jusqu'ici publiée. Bien que celle-ci soit beaucoup plus aisée de ton que ses ouvrages, on ne
retrouve pas dans celles des lettres que nous ont
donnés ses éditeurs[1] cette verdeur de jugements

1. M. de Beaumont parle d'une correspondance quotidienne,

et d'impressions qui caractérisent les *Souvenirs*,
écrits d'ailleurs pour l'auteur tout seul, d'après ses
déclarations mêmes et qui ne devaient voir le jour
que longtemps après les événements qu'il raconte.
— La certitude d'un *inédit* suffisamment prolongé
lui a permis de s'exprimer sur les hommes et les
événements avec une franchise et presque une brus-
querie d'expressions qui côtoient dans certains cas
la malignité.

Cette liberté d'allures a donné un singulier
relief aux portraits qui défilent dans les *Souvenirs*
et dont plusieurs ont été poussés au noir ou à la
charge. En tous cas, grâce à cette franchise de
traits, ses récits respirent la vie.

Les premières journées de Février relatées
d'après ce qu'il a vu de ses yeux : la soudaineté
du mouvement révolutionnaire ; le désarroi de
ceux qui avaient poursuivi par la campagne des
Banquets un changement de ministère et qui
avaient engendré la catastrophe d'un régime ;
le trouble extraordinaire de la majorité lorsqu'elle
apprit de la bouche même de Guizot, le 23 février,
que le roi avait demandé sa démission, — le plus

« très curieuse, sorte de bulletin de l'Assemblée nationale, qui
pourra être publiée plus tard » et qui jusqu'ici n'a pas vu le jour.
— Voir plus haut, p. 10 au sujet de la correspondance de Tocqueville avec sa femme dont M. de Beaumont annonçait en 1866 la
publication et qui est également inédite.

grand nombre de ces hommes, écrit Tocqueville, se sentant atteints non seulement dans leurs opinions politiques, mais dans le plus sensible de leur intérêt privé, ressemblaient à une meute de chiens qu'on arrache, la gueule encore à moitié pleine, à la curée [1] ; — l'ordre silencieux avec lequel les barricades s'élevèrent dans Paris ; la panique des Tuileries et la défection du roi ; la séance de la Chambre où les derniers défenseurs de la royauté tentèrent de faire proclamer la régence de la duchesse d'Orléans ; l'envahissement de l'Assemblée ; la proclamation du Gouvernement provisoire ; la désertion des uns, la terreur des autres ; — tous ces mouvements de foules ou d'individus dans lesquels se peignent à nu, aux jours d'agitation imprévue, comme soudain éclairées d'un soleil féroce, les passions, les convoitises, les faiblesses habituellement mieux voilées par l'existence de tous les jours dans les âmes des hommes, ont inspiré à Tocqueville des pages de grand écrivain.

Elles font revivre en croquis inoubliables, peut-

---

1. « Si beaucoup de conservateurs, ajoute l'auteur, ne défendaient le ministère qu'en vue de garder des émoluments et des places, je dois dire que beaucoup d'opposants ne me paraissaient l'attaquer que pour les conquérir... Le goût des fonctions publiques et le désir de vivre de l'impôt ne sont point chez nous une maladie particulière à un parti, c'est la grande et permanente infirmité de la nation elle-même... le mal secret qui a rongé tous les anciens pouvoirs et qui rongera tous les nouveaux. »

9

être un peu forcés dans leur vivacité et comme dans
leur implacabilité, des figures historiques curieuses.
On peut dire qu'aucune de celles-ci n'a gagné à ce
surcroît de lumière. Tocqueville les a flétries de la
marque des passions étroites ou des mobiles inté-
ressés : ceux des acteurs qui ont eu quelque grandeur dans le geste ont été à ses yeux de simples
copistes de 1789 et de 1793. Quelques-uns se sont
montrés naïfs ; la plupart ont été petits de conception et chétifs d'action : en somme, une triste
humanité qui a été conduite par des causes générales
dont elle n'avait pas conscience et que seul le philosophe politique, qui observait depuis vingt ans
l'évolution de la démocratie, avait pénétrées et dé-
mêlées. Heureusement, ces causes générales planent
dans leur majesté et comme leur fatalité au-dessus
du spectacle dont Tocqueville nous décrit impitoyablement les coulisses et les ficelles : sans cela, il
resterait de cette mise en scène de la chute d'une
monarchie et de la naissance de la deuxième république, l'impression d'un des plus misérables et des
plus mesquins événements de l'histoire. On emporte du récit des *Souvenirs* un goût d'amertume
sans compensation. Chaque personnage y apparaît
comme rapetissé et ratatiné, et cependant vivant,
tandis que la loupe impitoyable de l'historien
se promène en les grossissant sur les plaies et

les taies de ceux, individus ou collectivités, qu'il dissèque d'un œil aiguisé.

III.

« Tout, dit son biographe, dans la République de 1848, choquait les instincts et offusquait la raison de Tocqueville ; l'origine violente et subreptice de cette révolution, les hommes qui l'avaient proclamée, le dévergondage des théories qu'elle avait enfantées, et jusqu'aux formes ridicules de langage qu'elle avait inaugurées ; tout cela répugnait profondément à sa nature. » — Cependant Tocqueville apercevait dans la République une dernière chance de salut pour la liberté. Pénétré de l'impuissance du régime censitaire, blessé par la compétition d'intérêts privés dont ce régime avait fini par être à la fois le moteur et le résultat, dépouillé d'illusions sur la dynastie et les chefs des partis monarchiques, emporté par les souvenirs d'Amérique et l'idéal de République sage et modérée qu'il avait tracé et qui avait contribué à son illustration personnelle, Tocqueville ne dissimule pas qu'il ressentit après Février « un certain sou-

lagement, une sorte de joie mêlée à toutes les tristesses et à toutes les craintes que la Révolution faisait naître. »

« Je souffrais pour mon pays de ce terrible événement, mais il était clair que je n'en souffrais pas pour
moi-même ; il me semblait, au contraire, que je res-
pirais plus librement qu'avant la catastrophe... Il
était sorti, il est vrai de cette révolution, une société
désordonnée, confuse, mais où l'habileté devenait
moins nécessaire que le désintéressement et le courage, où le caractère était plus important que l'art
de bien dire ou de manier les hommes, mais surtout
où il ne restait plus aucun champ libre à l'incertitude
de l'esprit : ici, le salut du pays ; là, sa perte. Il n'y
avait plus à se tromper sur le chemin à suivre.....»

Tandis que plusieurs de ses amis hésitaient à se
présenter devant le suffrage universel subitement
institué, et né en bloc d'une catastrophe inopinée,
Tocqueville se porta candidat dans son département[1] et fut élu par 110,700 voix sur 120,000 votants.

« L'Assemblée Constituante, écrit-il dans ses *Sou-*

---

1. Tocqueville, avec une clairvoyance remarquable, et malgré
des préventions contre le suffrage universel, y vit de suite « la
seule source où l'on puisse désormais aller puiser de la force gouvernementale... » — « Voilà, écrivait-il à un de ses amis (9 mars
1849), son grand et pour ainsi dire son seul mérite à mes yeux. »

venirs, avait été élue pour affronter la guerre civile : ce fut son principal mérite. Tant qu'il fallut combattre, en effet, elle fut grande : elle ne devint misérable qu'après la victoire et quand elle sentit qu'elle s'affaissait par l'effet même et sous le poids de cette victoire..... Je sentis sur le champ que l'atmosphère de cette assemblée me convenait. J'y éprouvais, malgré la gravité des événements, une sorte de bien-être qui m'était nouveau. Pour la première fois, en effet, depuis que j'étais entré dans la vie publique, je me sentais mêlé au courant d'une majorité et suivant avec elle la seule direction que mon goût, ma raison et ma conscience m'indiquassent..... Je démêlais que cette majorité repousserait les socialistes et les Montagnards, mais voudrait sincèrement maintenir et organiser la République..... Vaincre la démagogie par la démocratie, telle était ma seule visée..... Je ne sais si le trajet un peu hasardeux qu'il fallait faire avant d'atteindre ce but ne me le rendait pas encore plus attrayant, car j'ai un penchant naturel pour les aventures, et une petite pointe de péril m'a toujours paru le meilleur assaisonnement qu'on puisse donner à la plupart des actes de la vie. »

IV.

Les aventures pour lesquelles Tocqueville se sentait et avouait un penchant naturel et qu'il n'avait guère rencontrées dans la politique de Louis-Philippe et de ses ministres, ne manquèrent pas : Tocqueville a tracé de la journée du 15 mai et de l'envahissement de la Chambre un tableau qui ne s'oublie pas[1]. Il a décrit, sans enthousiasme, les fêtes de la Concorde pendant lesquelles les journées de Juin se préparaient. Tocqueville raconte ces terribles journées avec grand détail : il a vu de près les événements, ayant parcouru la ville en qualité de commissaire nommé par la Chambre. Il en a rapporté des images prises sur le vif, des vues de masses, des traits individuels saisissants. Quelques-unes de ses opinions de libéral subirent dès le début de l'émeute une première atteinte qu'il n'a pas dissimulée (elle devait être suivie de beaucoup d'autres). La Commission exécutive était débordée par les événements. La bataille était engagée entre les insurgés et les troupes qui défendaient l'Assemblée. Il s'agissait, pour celle-ci, de voter un décret qui mît Paris en état de siège, fît cesser les pouvoirs de la Commission et la remplaçât par une dictature militaire qui serait confiée au général Cavaignac. Tocqueville s'éleva contre le paragraphe du décret qui instituait l'état de siège. — « Je le fis, écrit-il, par ins-

1. Cf. avec les « Entretiens », p. 223. Le témoignage recueilli dans ces derniers est du lendemain même des événements.

tinct plus que par réflexion. J'ai habituellement
un tel mépris et une si grande horreur pour la
tyrannie militaire que ces sentiments se soule-
vèrent en tumulte dans mon cœur quand j'entendis parler de l'état de siège, et dominèrent ceux
mêmes que le péril faisait naître. En ceci, je fis
une faute, qui, fort heureusement, eut assez peu
d'imitateurs. »

Tocqueville n'aurait pas trouvé plus d'échos au
dehors que dans la Chambre. L'opinion dans Paris était tout entière pour l'état de siège et la dictature. L'auteur des *Souvenirs* eut l'occasion de le
constater en traversant les rangs de la garde nationale. « Quand on leur disait que Paris était en état
de siège, ils en étaient contents, et quand on leur
disait que la Commission exécutive était renversée,
ils poussaient des cris de joie. Voilà où la popularité de Lamartine avait abouti en moins de deux
mois. »

C'est un peu avant les émotions de la bataille
de Juin que la Commission de Constitution, où
Tocqueville fut élu l'un des premiers, commença
ses délibérations.

Le volume des *Souvenirs* contient de curieux
détails sur la composition et le travail de cette commission. Tocqueville s'est montré particulièrement
mordant dans la description qu'il fait de ses

membres et de son président Cormenin[1]. La commission de la Constituante semble avoir procédé à la discussion de la Constitution avec une hâte qui s'explique par la fièvre des événements qu'on traversait : d'ailleurs des questions de personnes se cachaient derrière les principes, et les commissaires se heurtaient à des préjugés dont beaucoup d'entre eux sentaient le péril mais que nul n'osait attaquer de front.

« La nation, dit Tocqueville, désirait avec une sorte de frénésie que l'œuvre de la Constitution fût accomplie et que le pouvoir prît une assiette, sinon solide, du moins permanente et régulière. Il lui fallait moins une bonne Contitution qu'une Constitution quelconque... L'Assemblée ne cessait de nous aiguillonner. »

Tocqueville soutint devant la Commission, peu préparée par sa composition à un travail approfondi, deux idées principales qui lui étaient chères : la décentralisation communale et la dualité du pouvoir législatif. La première fut écartée du débat après une

---

1. De pamphlétaire célèbre, celui-ci était devenu personnage officiel et par là livré à la satire des autres. — Tocqueville ne l'a pas épargné. Dans une note des *Souvenirs*, évidemment écrite après coup, Tocqueville constate qu'il y a dans ce chapitre une grande lacune. « Je n'y parle pas, dit-il, des discussions relatives aux principes généraux. Plusieurs de ces discussions ont été assez approfondies et les résolutions prises assez sages et courageuses. »

controverse qui montra la divergence irréductible des opinions. — Le système de la Chambre unique suscita une grave discussion[1] : Odilon Barrot et Tocqueville défendirent les deux Chambres. Les esprits même libéraux et modérés étaient si peu mûrs sur cette grave question constitutionnelle, qu'on vit Dufaure soutenir la Chambre unique, sous le prétexte, il est vrai, que le pouvoir exécutif confié à un homme élu par le peuple deviendrait prépondérant si on plaçait à côté de lui un pouvoir législatif affaibli par sa division en deux branches. Faible objection à côté de celle que soulevait le système adverse qui consista à poser en face l'un de l'autre deux pouvoirs égaux, issus tous deux du suffrage universel, sans un rouage pour les départager. C'était là l'écueil qui devait faire sombrer la Constitution. Tocqueville et d'autres le sentaient. — « C'était rendre la République impossible, que de laisser au Président le pouvoir qu'avait le Roi, et de le faire élire par

---

1. Tocqueville prétend que ce fut le seul sujet vraiment discuté : « Je désire beaucoup pour l'honneur de la commission (présidée par Cormenin), qu'on ne publie jamais le procès-verbal de ses séances. La stérilité du débat, au milieu de la fécondité exubérante de la matière, aurait assurément de quoi surprendre... Je déclare que je n'en vis jamais de plus misérable dans le sein d'aucune des commissions dont j'ai fait partie... Marrast racontait de petites aventures galantes, tandis que Vaulabelle disait des mots gras... »

le peuple. » — Tocqueville aurait voulu qu'on
rétrécît la sphère de ses pouvoirs, ou le faire élire
par l'Assemblée. Mais, dit-il, la nation ne voulait
souffrir ni l'un ni l'autre. Au vote, il se trouva,
lui troisième, en faveur des deux Chambres. Il
avoue lui-même qu'il fut un peu « découragé de
cette chute à plat. »

La discussion du mode de nomination et des
attributions du pouvoir exécutif ne fournit, d'après
l'auteur des *Souvenirs*, la matière d'aucun débat
général, ni même d'aucune discussion fort appro-
fondie. — Les idées étaient formées d'avance. Elles
étaient fort simplistes, et consistaient à faire nommer le Président par le peuple et à lui confier les
pouvoirs d'un roi constitutionnel. — Tocqueville,
plus perspicace que ses collègues, prévoyait la compétition qui devrait s'élever entre le Président et
l'Assemblée. De quel côté pencherait la balance du
pouvoir? — Tocqueville avoue qu'il n'en devinait
rien. « Tantôt je croyais que ce serait du côté de
l'Assemblée unique, tantôt de celui du Président
élu. Cette incertitude me jetait dans une grande
gêne. »

Elle semble avoir pesé sur lui pendant tout le
débat constitutionnel. Il avoue qu'il n'indiqua ses
idées qu'avec une sorte d'hésitation et de réserve.
Peut-être était-il embarrassé (il ne le dit pas) par

l'exemple de l'Amérique dont il avait tant contribué à populariser les institutions. C'est du côté du système américain, mais pratiqué exactement comme en Amérique, c'est-à-dire en substituant l'élection à deux degrés à l'élection directe, qu'il chercha à pousser la Commission. « Nos grands hommes, dit-il, jugèrent que le système n'était pas assez simple, et ils le trouvèrent entaché d'aristocratie ». Ils auraient pu ajouter que la garantie du suffrage à deux degrés aux États-Unis même, n'avait guère été réelle — puisque les délégués y sont élus par le peuple avec un mandat impératif, qui ne les laisse pas libres de leur délibération ni de leur choix.

Tocqueville appuya vivement la proposition que le Président ne fût pas rééligible et son intervention fit passer la proposition. Il reconnaît être tombé en cette occasion dans une grande erreur, et dès le mois de mars 1851, époque de la rédaction de cette partie des *Souvenirs*, il prévoit les fâcheuses conséquences de cet article de la Constitution. « Notre esprit, écrit-il, ne fut pas assez souple et assez prompt pour se retourner à temps et apercevoir que du moment où il était décidé que ce seraient les citoyens eux-mêmes qui choisiraient directement le Président, le mal était irréparable, et que c'était l'accroître que d'entreprendre de gêner le peuple dans son choix... Ce vote, et la grande influence que j'y eus, est le souvenir le plus fâcheux qui me soit resté de ce temps-là. »

Tocqueville est, dans cette circonstance, sévère vis-à-vis de lui-même. Peut-être aurait-il pu invoquer comme motif à sa propre indulgence, la difficulté du problème à la solution duquel il était obligé de contribuer, problème qui consistait à organiser dans un pays livré tout à coup au suffrage universel, la magistrature présidentielle, en lui conférant une autorité et un prestige suffisants, sans faire glisser la présidence vers le pouvoir personnel. Est-il besoin de rappeler que ce même problème s'est dressé après la guerre devant le troisième République? Elle l'a résolu dans un tout autre sens que la Constituante. En 1875, par réaction contre la constitution de 1848 et le césarisme qui en était sorti, l'Assemblée Nationale s'est décidée pour une grande restriction des attributions présidentielles; depuis lors la pratique les a encore considérablement réduites, tandis que grandissait sans cesse l'ingérence parlementaire. Ce n'est pas ici le lieu d'insister sur les inconvénients qui en sont résultés par suite du morcellement des partis, sur le manque d'unité qui s'est fait sentir dans la gestion des affaires publiques, sur l'instabilité qu'a engendrée un gouvernement ministériel, précaire, sans homogénéité, sans responsabilité réelle, poursuivant toujours, sans la rencontrer, une majorité parlementaire solide et durable sur laquelle s'appuyer pour gouverner réellement, en faisant prévaloir avec décision les intérêts permanents et généraux du pays sur les intérêts électoraux [1].

Bien qu'ayant soutenu le général Cavaignac de son vote et de ses sympathies [2], Tocqueville accepta le résultat des élections de décembre qui portaient à la présidence, avec une énorme majorité, le prince Louis-Napoléon. Quelques mois plus tard même, élu à la Législative, il répondit, de concert avec ses amis Dufaure et Lanjuinais, à l'appel du prince président pour remplacer des titulaires démissionnaires du cabinet constitutionnel que dirigeait Odilon Barrot depuis la fin de décembre 1848. Le cabinet ainsi renouvelé et où figurait M. de Falloux qui souleva les passions de la gauche, dura du 2 juin 1849 au 31 octobre de la même année [3].

L'expédition de Rome était déjà engagée depuis plusieurs semaines lorsque Tocqueville accepta le

1. On sait que la commission de Constitution, en 1848, demanda pour la revision une délibération votée par les quatre cinquièmes des voix (la Chambre adopta les trois quarts des voix), ce qui devait avoir plus tard de graves conséquences. Tocqueville déclare qu'il ne prit pas part à ce vote.

2. Il y a une lacune d'un an dans le récit des *Souvenirs*. Cette lacune serait probablement remplie par la publication de la correspondance quotidienne dont parle G. de Beaumont. V. plus haut p. 144.

3. O. Barrot en a fait l'histoire dans ses « Mémoires ».

portefeuille des Affaires Étrangères, et il dut bon
gré mal gré la poursuivre, tout en ne se faisant pas
d'illusion sur les obstacles auxquels il se heur-
terait[1]. Le pape s'était réfugié à Gaëte ; le corps
d'armée commandé par le général Oudinot s'em-
para de Rome après un siège pendant lequel
une des préoccupations de Tocqueville fut que
l'armée française ne bombardât pas la Ville éternelle, et les monuments qui sont, comme il l'écrivait à M. de Corcelle, « la propriété du monde chrétien ». Le ministre français avait pour mission de
ramener le pape à Rome et d'imposer son retour au
parti révolutionnaire qui avait proclamé la république romaine. Ce retour devait être accompagné
de la concession par Pie IX d'une constitution et
d'institutions libérales, précédées d'une amnistie,
et c'est dans ses conditions que Tocqueville posait
nettement la question dans ses instructions à nos
diplomates[2]. On se rappelle la tournure que prirent
les événements et les difficultés sans nombre qui
suivirent l'entrée victorieuse de nos troupes dans
la Ville éternelle. Les concessions demandées à la
Cour pontificale furent éludées par elle ou refusées :

---

1. Pour lui, la question de Rome était « la montagne qui menace de nous ensevelir tous. » Lettre inéd. à M. de Corcelle.
2. Voir dans les *Entretiens*, p. 295 et suiv., et cf. Odilon
Barrot (*Mémoires*).

et l'expédition de Rome, en divisant profondément
la Chambre, en servant de prétexte à la fois aux
réclamations de la gauche et à celles de la droite,
suivant que la politique du ministère, interprétée
avec passion par les partis, semblait incliner d'un
côté ou de l'autre, en donnant au Prince Président
l'occasion ou le prétexte d'intervenir directement
dans la politique extérieure, prépara la ruine de la
seconde république.

Il est resté du passage de Tocqueville au ministère et de ses rapports avec le Prince Président,
deux merveilleux portraits consignés dans les
Souvenirs, et où l'auteur a déployé tout son talent
de peintre et d'observateur : l'un du Président lui-
même, l'autre de l'Assemblée législative et notamment des conservateurs qui assuraient la majorité
du Cabinet tout en lui étant secrètement hostiles.
Le portrait du Président vaut qu'on le cite presque
intégralement : cette figure ténébreuse par tant
de ses traits, qui a exercé sur son pays et sur l'Europe une si extraordinaire influence, grâce en partie
aux circonstances, grâce aussi à un mélange bien
singulier de défauts et de qualités, dont les uns
comme les autres ont servi à son prestige avant de
l'engloutir dans les catastrophes, a été éclairée par
Tocqueville d'une intense et pénétrante lumière.
On sent que l'auteur a éprouvé tout d'abord, et

avant les prochains désenchantements, à l'égard du
futur empereur, une certaine sympathie assez vive
pour lui faire bien comprendre la nature de son
tempérament et de son intelligence, en le gardant
à la fois de l'esprit de panégyrique et de celui de
dénigrement, qui ont inspiré alternativement trop
de ceux qui ont eu à parler de Napoléon III.

« Louis-Napoléon était très supérieur à ce que sa
vie antérieure et ses folles entreprises avaient pu
faire penser à bon droit de lui. Ce fut ma première
impression en le pratiquant..... Il avait comme
homme privé certaines qualités attachantes : une humeur bienveillante et facile, un caractère humain,
une âme douce et même assez tendre, sans être délicate, beaucoup de sûreté dans les rapports, une parfaite simplicité, une certaine modestie pour sa personne, au milieu de l'orgueil immense que lui donnait
son origine..... Sa conversation était rare et stérile :
chez lui nul art pour faire parler les autres et se
mettre en rapport intime avec eux ; aucune facilité à
s'énoncer lui-même, mais des habitudes écrivas-
sières et un certain amour-propre d'auteur. Sa dissi-
mulation qui était profonde, comme celle d'un homme
qui a passé sa vie dans les complots, s'aidait singulièrement de l'immobilité de ses traits et de l'insi-
gnifiance de son regard : car ses yeux étaient ternes
et opaques comme ces verres épais destinés à éclairer
la chambre des vaisseaux, qui laissent passer la
lumière, mais à travers lesquels on ne voit rien. Très

insouciant du danger, il avait un beau et froid courage dans les jours de crise, et en même temps, chose
assez commune, il était fort vacillant dans ses desseins..... Il avait toujours, dit-on, été très adonné aux
plaisirs et peu délicat dans le choix. Cette passion
de jouissances vulgaires et ce goût de bien-être
s'étaient encore accrus avec les facilités du pouvoir.
Il y alanguissait chaque jour son énergie, y amor-
tissait et rabaissait son ambition même. Son intelligence était incohérente, confuse, remplie de grandes
pensées mal appareillées, qu'il empruntait tantôt aux
exemples de Napoléon, tantôt aux théories socialistes,
quelquefois aux souvenirs de l'Angleterre où il avait
vécu: sources très différentes et souvent fort contraires. Il les avait péniblement ramassées dans des
méditations solitaires, loin du contact des faits et des
hommes, car il était naturellement rêveur et chimérique. Mais quand on le forçait de sortir de ces
vagues et vastes régions pour resserrer son esprit
dans les limites d'une affaire, celui-ci se trouvait
capable de justesse, quelquefois de finesse et d'étendue, et même d'une certaine profondeur, mais jamais
sûr et toujours prêt à placer une idée bizarre à côté
d'une idée juste. En général, il était difficile de
l'approcher de très près, sans découvrir une petite
veine de folie, courant au milieu de son bon sens et
dont la vue, rappelant sans cesse les escapades de
sa jeunesse, servait à les expliquer..... On peut dire,
au demeurant, que ce fut sa folie plus que sa raison
qui, grâce aux circonstances, fit son succès et sa
force..... Il se fiait à une étoile; il se croyait fermement l'instrument de la destinée et l'homme néces-

saire. — Le trait caractéristique et fondamental de son esprit, en matière politique, était la haine et le mépris des Assemblées..... L'orgueil que lui donnait son nom, qui était sans bornes, s'inclinait volontiers devant la nation, mais se révoltait à l'idée de subir l'influence d'un parlement... Son infériorité dans la discussion lui rendait en général le contact des hommes d'esprit assez pénible... Il désirait, avant tout, rencontrer le dévouement à sa personne et à sa cause : le mérite le gênait pour peu qu'il fût indépendant. Il lui fallait des croyants en son étoile et des adorateurs vulgaires de sa fortune. »

Aux côtés de ce chef d'État dont la franchise n'était pas la qualité dominante, Tocqueville n'eut pas à se louer de celle des chefs de la majorité qui soutenaient en apparence le cabinet de ses votes, tout en conspirant, à en croire l'ancien ministre, secrètement sa chute. Il leur fait de vifs reproches de leur attitude, et ne les ménage pas dans la peinture qu'il retrace de leurs intrigues et de leurs manèges.

.....« Dufaure se faisait supporter des conservateurs : mais leurs chefs furent toujours ingagnables... Ils ne voulaient pas prendre le gouvernement ni laisser personne gouverner avec indépendance..... Je ne crois pas que depuis le 13 juin jusqu'aux dernières discussions sur Rome, c'est-à-dire pendant la durée presque totale du cabinet, il se soit passé un

seul jour où ils ne nous aient tendu des embûches...
Ils blâmaient nos choix, critiquaient nos mesures,
interprétaient défavorablement nos paroles, et, sans
vouloir violemment nous renverser, s'arrangeaient
de manière que nous trouvant sans point d'appui, ils
pussent toujours, du moindre coup, nous mettre à
terre.....»

Tocqueville articule contre les chefs de la majorité des accusations graves au point de vue d'une
entente qu'ils auraient conclue avec le Président,
prévoyant même un changement de vive force de
la Constitution :

« Nous étions instruits par nos agents, que la plupart d'entre-eux, mais surtout M. Thiers et M. Molé,
voyaient sans cesse le Président en particulier, et le
poussaient de tout leur pouvoir à renverser, d'accord
avec eux, et à frais et profits communs, la République. Ils formaient comme un ministère secret à
côté du cabinet responsable..... Depuis ma sortie du
ministère, j'ai appris de source certaine que vers le
mois de juillet 1849, le complot fut fait..... Les chefs
de la majorité et Louis-Napoléon étaient d'accord, et
le coup ne manqua que parce que Berryer qui, sans
doute, craignait de faire un marché de dupe, refusa
son concours et celui de son parti. On ne renonça
pourtant pas à la chose, mais on ajourna... Quand je
songe, ajoute Tocqueville, qu'au moment où j'écris ces
lignes, c'est-à-dire deux ans seulement après l'époque
dont je parle, la plupart de ces mêmes hommes s'in-

dignent de voir le peuple violer la Constitution en faisant pour Louis-Napoléon précisément ce qu'ils lui proposaient de faire alors eux-mêmes, je trouve qu'il est difficile de rencontrer un plus notable exemple de la versatilité des hommes et de la vanité des grands mots de patriotisme et de droit dont les petites passions se couvrent... »

IV.

Le chapitre fragmentaire que Tocqueville a écrit dans ses *Souvenirs* sur la direction de la politique extérieure pendant son ministère, est curieux par les arguments qu'il apporte à l'appui de ce jugement d'un historien récent de la République de 1848[1] : que ce qui a le plus vieilli de cette époque, c'est sa politique étrangère. On ne croirait pas que cinquante ans à peine nous séparent de l'Europe à laquelle Lamartine avait adressé ses manifestes au nom de la République française triomphante. Partout, à l'instant où Tocqueville entrait en contact avec elles, les monarchies un moment ébranlées par l'exemple et le signal de la Révolution de Février,

1. E. Spuller, « La seconde République ».

reprenaient possession de leur autorité. Un grand
isolement en était résulté pour la France, tenue en
défiance par les Gouvernements. Au milieu du continent, l'idée de l'unité de l'Allemagne semblait
sortir plus forte du mouvement même de la révolution et de la réaction qui l'avait comprimée. L'Autriche et la Prusse se disputaient la direction du
mouvement unitaire. Tocqueville indique que dès
cette époque la chimère d'une alliance avec l'une
des deux grandes puissances de l'Allemagne pour
refaire la carte de l'Europe, et y effacer les limites
des traités de 1815, hanta l'esprit du Président qui
devait, on le sait, plus tard y revenir, — et que
déjà il penchait du côté de Berlin. — Son ministre
des Affaires Étrangères le dissuada de cette pensée
d'alliance, surtout « parce que le pouvoir de la
Prusse sur les autres États germaniques était très
précaire et serait éphémère », et que d'ailleurs de
si larges desseins ne convenaient pas à des temps
aussi troublés ni à des pouvoirs aussi passagers que
ceux qui auraient eu à les soutenir. [1]

A propos de l'Allemagne, Tocqueville se pose la

[1] Le Président envoya nonobstant Persigny à Berlin, puis à
Vienne. — « Il y fut reçu, dit Tocqueville, fêté et éconduit. »
Dans ses « Mémoires », récemment publiés, M. de Persigny ne
présente pas sa mission tout à fait sous le même jour. Il la décrit
comme ayant eu surtout pour but de faire valoir le Prince Président lui-même, en lui attirant les sympathies des monarques.

question suivante qui, dit-il, doit se représenter sans cesse : — et la réponse qu'il se fait à lui-même prouve combien les prévisions à longue portée en matière de politique étrangère sont périlleuses, même lorsqu'elles émanent des esprits les plus clairvoyants.

« L'intérêt de la France est-il que le lien de la Confédération Germanique se resserre ou se relâche?... C'est une ancienne tradition de notre diplomatie qu'il faut tendre à ce que l'Allemagne reste divisée entre un grand nombre de puissances indépendantes : cela était évident, en effet, quand derrière l'Allemagne ne se trouvaient encore que la Pologne et une Russie à moitié barbare; mais en est-il de même de nos jours? — La réponse qu'on fera à cette question dépend de la réponse qu'on fera à cette autre : « Quel est, au vrai, le péril que fait courir la Russie à l'indépendance de l'Europe? » — Quant à moi, qui pense que notre Occident est menacé de tomber tôt ou tard sous le joug ou du moins sous l'influence directe et irrésistible des tsars, je juge que notre premier intérêt est de favoriser l'union de toutes les races germaniques, afin de l'opposer à ceux-ci. — L'état du monde est nouveau : il nous faut changer nos vieilles maximes, et ne pas craindre de fortifier nos voisins pour qu'ils soient en état de repousser un jour avec nous l'ennemi commun...[1] »

1. Tocqueville lui-même, dans ses *Entretiens*, a exprimé une impression différente sur les dangers d'un accroissement de puissance de la Prusse. V. p. 230.

Tocqueville fut délivré du fardeau et de la responsabilité des affaires par le décret du 31 octobre, qui remplaça brusquement le cabinet Barrot, composé d'anciens libéraux, par un ministère nettement dévoué au prince et à sa fortune, et où entrèrent MM. Rouher, de Parieu, Achille Fould, etc.

« Nous ne sommes pas tombés, écrit Tocqueville dans une de ses lettres, devant un mouvement de l'opinion publique, ou un effort parlementaire... Le Président a voulu gouverner seul et n'avoir dans son ministère que des agents et des créatures. Il a peut-être raison de vouloir cela. Je n'examine pas la question : mais nous ne pouvions consentir à le servir dans ces conditions. »

Le dernier acte de la vie parlementaire de Tocqueville, interrompue par un assez long séjour en Italie qu'avait nécessité l'état de sa santé[1], fut le rapport qu'il rédigea en 1851, au nom dè la commission dont il était membre, sur la question de la revision de la Constitution. Jamais question ne divisa plus les passions et les intérêts de partis. La Constitution avait enfermé le Président et l'Assemblée dans un cercle dont on ne pouvait sortir que soit par un acte de force, soit par une modification de l'acte constitutionnel : la plupart des hommes

---

1. V. sur ce séjour de Sorrente les *Entretiens*, p. 273.

clairvoyants en convenaient. Le Président devait
voir dans quelques mois ses pouvoirs expirer et
n'était pas rééligible : d'autre part, l'Assemblée qui
devait se renouveler vers la même époque, réduite
à l'impuissance par la division des partis, était impopulaire [1], et la République elle-même avait perdu
les sympathies de la majorité : chacun sentait que
le Prince Président resterait au pouvoir, soit avec,
soit contre la Constitution. — Tocqueville voulut
éviter une élection inconstitutionnelle et pour cela,
interprète de la majorité de la Commission, réclama
la revision, tout en faisant valoir d'ailleurs, avec
une grande impartialité qui nuit un peu à la netteté de ses conclusions, les objections que plusieurs
de ses amis élevaient contre toute modification du
pacte gouvernemental adopté quelques années auparavant. On sait que la majorité de plus des trois

1. Le Prince, on le sait, avait contribué à cette impopularité en
appuyant d'abord auprès d'elle la loi du 31 mai qui excluait plusieurs millions d'électeurs du suffrage universel, et ensuite en
prenant l'initiative du rappel de cette loi. Cf. plus loin, *Entretiens avec Senior.*
Le même Senior a rapporté, dans un autre volume de « Conversations avec M. Thiers et d'autres personnages » (1878), ce passage
d'un entretien avec Mme Cornu, confidente, comme on sait, du
président pendant une longue période de sa vie. — Mme Cornu :
« J'étais auprès de lui pendant la discussion de la loi. Je lui dis :
« Je ne puis croire que vous, fils du suffrage universel, vous dé-
fendiez le suffrage restreint. — Vous n'y comprenez rien, je
perds l'Assemblée. — Vous périrez avec elle ! — Pas du tout ;
quand l'Assemblée sera au-dessus du précipice, je coupe la corde. »
Op. cit., p. 338.

quarts des voix proclamée nécessaire par la Constitution elle-même, pour qu'on pût procéder à sa revision (ce qui renfermait le pays dans une terrible impasse), ne fut pas obtenue, les uns craignant une restauration monarchique, les autres l'élection à nouveau du Prince Président, d'autres enfin ne voulant pas toucher à l'arche sainte du suffrage universel, récemment et solennellement consulté. — Dans ces conditions, la revision se trouva repoussée[1].

Le dénouement fut le coup d'État du 2 décembre 1851 qui, en érigeant une fois de plus le pouvoir personnel sur les ruines du régime représentatif, ferma brutalement pour Tocqueville, en même temps que pour ses collègues des Assemblées délibérantes, la carrière politique, et le laissa dans un désespoir de dégoût et une colère indignée qui débordent dans sa *Correspondance* et dans ses *Entretiens*[2].

---

1. V. sur toute cette période les *Entretiens*.
2. Il se fit l'historien précis du coup d'État et des violences qui l'ont suivi dans une lettre écrite au *Times* (11 décembre 1851), pour protester contre le langage tenu par la majorité des journaux anglais. « J'ai été surpris, disait-il, de voir des écrivains anglais applaudir ce que tout Français honnête flétrit. Témoin oculaire de ces événements, je veux vous les faire connaître en toute sincérité, persuadé que lorsque les Anglais louent la violence et l'oppression, c'est qu'ils ignorent la vérité. » Cette lettre ne figure pas dans les *OEuvres*. Elle a été reproduite dans *Memoir, letters and remains of A. de Tocqueville*, publiés à Londres en 1861 (2 vol.)

CHAPITRE IV.

L'« ANCIEN RÉGIME ET LA RÉVOLUTION ».

LE PLAN DU LIVRE. — LE TABLEAU DE L'EXISTENCE ADMINISTRATIVE, POLITIQUE
ET SOCIALE DE L'ANCIEN RÉGIME. — LA RELIGION ET LA RÉVOLUTION. — FRAG-
MENTS DE LA SUITE DE L'OUVRAGE : LES ÉVÉNEMENTS QUI ONT PRÉCÉDÉ LA
RÉVOLUTION. — LES HOMMES DE LA RÉVOLUTION.

I.

« En jetant un coup d'œil rétrospectif sur les
« années écoulées de 1840 à 1852, pendant les-
« quelles l'action parlementaire suspendit en partie
« pour Tocqueville le travail de création intellec-
« tuelle, peut-être trouverait-on que l'aptitude plus
« grande qu'il y puisa pour l'exécution de son
« dernier livre, en fut le bienfait le plus certain. »
Ainsi parle l'auteur de la notice biographique, et
les lecteurs de l'*Ancien Régime et la Révolution* sont
enclins à partager cet avis.

La vie politique est une excellente préparation
et comme un entraînement salutaire à écrire l'his-

toire : avoir vécu celle-ci, dans le présent, et comme
à mesure qu'elle se forme, rend l'écrivain plus
souple à pénétrer et à comprendre le passé et à
faire revivre par la plume les hommes et les institutions. L'expérience et la pratique qui faisaient
encore sur bien des points défaut à l'auteur de la
Démocratie en Amérique, avaient été acquises par
lui et complétaient son génie. Il avait vu de près
les hommes et il les avait vus dans de grands événements ; il avait dû agir lui-même[1] et prendre
parti dans ces événements. Il avait pu contrôler
jusqu'à quel point les faits se conforment aux
prévisions de l'esprit même le plus calculateur et
le plus sagace, et quelle part y est laissée, soit à
l'action personnelle des individus, soit aux caprices
de la fortune.

La première partie du livre qui devait consacrer
la gloire de Tocqueville comme écrivain, date de
Sorrente, où, au commencement de 1851, sa santé,
déjà bien ébranlée, lui avait fait chercher le loisir
et le soleil. D'Italie même il conseillait à ses amis

1. Tocqueville écrit au comte de Kergorlay (15 décembre 1850) :
« Les dix dernières années qui ont été assez stériles pour moi
sous beaucoup de rapports, m'ont cependant donné des lumières
plus vraies sur les choses humaines et un sens plus pratique des détails sans me faire perdre l'habitude qu'avait prise mon intelligence
de regarder les affaires des hommes par masses. Je me crois plus en
état que je ne l'étais quand j'ai écrit la *Démocratie*, de bien traiter
un grand sujet de littérature politique. »

d'opposer par un réveil d'énergie l'activité intellectuelle à l'inertie dont la politique semblait vouloir les envelopper, et de montrer qu'au moins en
eux l'esprit veillait inébranlable sous un doulou-
reux régime de compression et de silence. Il donna
l'exemple. Reprenant un sujet qu'il avait déjà
abordé en 1836, dans une revue anglaise[1], il voulut
remonter à la naissance, en France, de cette démocratie dont il avait suivi les destinées dans un
autre pays pour en mieux comprendre le caractère
dans le nôtre ; et pour cela étudier profondément
la révolution et les temps qui l'ont immédiatement
précédée et suivie. Son dessein, écrivait-il à ses
amis (janvier 1851), était non d'entreprendre l'histoire de la Révolution et de l'Empire, « mais de
chercher à montrer et à faire comprendre la cause,
le caractère et la portée des grands événements qui
forment les anneaux principaux de la chaîne de ce
temps... de suivre ces événements jusqu'à l'homme
extraordinaire qui en est sorti, de déterminer la
direction qu'il a donnée au mouvement de la Révolution française, au sort de la nation et à la
destinée de toute l'Europe. »

---

1. « État social et politique de la France avant et depuis 1789, »
dans la *London and Westminster review*, dirigée alors par J. S.
Mill. On retrouve là toutes les idées fondamentales sur l'ancienne société française, que l'auteur devait vingt ans plus tard développer.

Nous ne pouvons pas naturellement accompagner pas à pas l'auteur dans une étude qui le retint pendant cinq années attaché à approfondir les causes et le caractère d'une crise gigantesque et de ses conséquences sociales. Nous voudrions seulement rappeler brièvement sa méthode, ses conclusions, et le lien qui rattache celles-ci aux problèmes essentiels de notre démocratie.

Durant cinq années, Tocqueville, avec la passion qui le caractérisait dans ses entreprises, appartint tout entier à la préparation de son ouvrage. Comme il avait été vingt ans plus tôt chercher en Amérique même une démocratie réelle et vivante, il se transporta du moins par les yeux en face de l'image exacte et précise des hommes et des choses qui ont directement engendré notre démocratie actuelle. Il voulut avant tout des documents de première main, des témoignages non encore déformés par les préjugés ou les intérêts des époques postérieures, et il les recueillit aux archives, surtout dans celles des anciennes administrations provinciales, notamment celles de la généralité de Tours et celles de l'Ile de France[1]; puis il voyagea en Allemagne, où il pensait re-

---

1. Il se fixa à Saint-Cyr, en Touraine, pendant une partie de l'année 1854, pour se consacrer à ses recherches. V. *Entretiens*, p. 329.

trouver plus visibles qu'ailleurs les traces de l'ancienne société féodale [1]. Il accumula des documents considérables, en y distribuant peu à peu l'ordre et la vie. Un livre extraordinairement lumineux et cependant nourri de faits est né de cette longue élaboration. Tout le monde l'a lu. Tous les historiens postérieurs de la Révolution s'en sont inspirés.

Le style de l'auteur, un peu tendu, apprêté parfois, ou trop sentencieux dans la *Démocratie*, s'était assoupli et précisé [2]. Sa pensée, tout en restant concise et condensée, quelquefois à l'excès, avait gagné une clarté parfaite et pris cette forme en quelque sorte définitive et organique à laquelle on reconnaît un grand écrivain traitant un grand sujet. Ici le grand écrivain analysait le passé et au lieu de chercher à prophétiser l'avenir, comme dans son premier ouvrage, s'attachait à pénétrer les causes de faits accomplis auxquels il pouvait en toute sécurité appliquer ses puissantes qualités de coordination et de réflexion, sans risquer de se tromper sur les effets futurs qu'il déduirait de ses

---

1. Il apprit en 1855 l'allemand avec un acharnement dont il parle dans plusieurs lettres et le sut assez pour comprendre les documents originaux.

2. « Je n'ai pas lu Montesquieu depuis dix ans, écrivait-il. Je lis surtout les auteurs dont la forme est la plus éloignée de la sienne, Voltaire par exemple. » (Lettre à M. Bouchitté, 9 août 1856).

prémisses. Il avait sous les yeux les résultats directs des événements qu'il étudiait et pouvait se servir, pour éclairer le passé, du présent, qu'il avait observé et même vécu.

C'est bien du présent qu'il est parti pour remonter vers les époques écoulées. Après vingt années d'expérience et de méditation, les idées de Tocqueville sur la liberté et sur l'égalité, sur le contraste qui s'est établi entre elles, en France, sur le rôle nécessaire de la religion dans une démocratie, sont restées ce qu'elles étaient il y a vingt ans. Les événements ont apporté à ses opinions une frappante confirmation. Maintenant, dans le calme de la retraite et la force de la maturité, il veut se livrer à un examen approfondi des causes d'où est né l'ordre social et politique sur lequel il a réfléchi toute sa vie, d'où proviennent les caractères essentiels, les vices et les penchants de notre démocratie qu'il a tant de fois signalés à ses contemporains. Dès les premières pages de son livre, il pose la thèse dont il va poursuivre la vérification :

« La Révolution n'a point été faite, comme on l'a pensé, pour détruire l'empire des croyances religieuses... Elle a été essentiellement, malgré les apparences, une révolution sociale et politique... Elle n'a point tendu à perpétuer le désordre, à *méthodiser* l'anarchie, comme disait un de ses principaux adver-

saires, mais à accroître la puissance et les droits de
l'autorité publique... Elle n'a eu pour effet que
d'abolir ces institutions politiques que l'on désigne
d'ordinaire sous le nom d'institutions féodales, pour
y substituer un ordre social et politique plus uniforme et plus simple, qui avait l'égalité des conditions pour base... Quelque radicale qu'elle ait été,
la Révolution a cependant beaucoup moins innové
qu'on ne le suppose généralement. »

La démonstration de cette double affirmation —
de ce que la Révolution a été et de ce qu'elle n'a
pas été — est très inégalement répartie dans le
premier volume de Tocqueville (le seul qui ait vu
le jour de son vivant). Pour prouver ce qu'elle n'a
pas été, et surtout qu'elle n'a pas été une Révolution religieuse, conclusion qui lui tient particulièrement au cœur et à laquelle il reviendra plusieurs fois, l'auteur se contente d'un petit nombre
d'arguments directs, sur lesquels il glisse assez
rapidement et sans aller très au fond de la question.
On sent qu'il a hâte d'arriver à la partie positive
de sa démonstration, qui consiste à rechercher
dans les faits et dans les témoignages anciens, quel
a été le caractère essentiel, fondamental, de la Révolution. Quand il aura saisi celui-ci sur le vif, quand
il l'aura fait toucher du doigt et éclairé de toutes les
lumières possibles, les autres traits de la Révolu-

tion, traits imaginaires ou exagérés par une vue
incomplète et inexacte des choses, rentreront d'eux-
mêmes dans l'ombre, où l'auteur pourra les laisser
reposer.

Si l'erreur a été si longtemps possible, c'est que,
pense Tocqueville, jamais événement plus grand,
conduit de plus loin, mieux préparé, n'a été moins
prévu ni moins compris de ceux qui l'ont vu naître
ou même fait naître. Dès qu'elle éclate, la Révolution suscite la curiosité universelle. Cet événement si peu calculé se déroule et porte des conséquences inattendues.

« A mesure que l'on voit apparaître la tête du
monstre...; qu'après avoir détruit les institutions politiques, elle abolit les institutions civiles, après les
lois change les mœurs, les usages et jusqu'à la langue;
quand après avoir remué les fondements de là société
elle semble enfin vouloir s'en prendre à Dieu lui-
même; lorsque bientôt cette même révolution déborde
au dehors avec des procédés inconnus jusqu'à elle...
avec des opinions *armées,* comme disait Pitt, une
puissance inouïe qui abat les barrières des empires,
brise les couronnes, foule les peuples, et, chose étrange, les gagne en même temps à sa cause; à mesure
que toutes ces choses éclatent, le point de vue change.
Ce qui avait d'abord semblé un accident ordinaire de
la vie des peuples, paraît un fait si nouveau, si contraire même à tout ce qui s'était passé auparavant dans

le monde, et cependant si général, si monstrueux, si incompréhensible, qu'en l'apercevant l'esprit humain demeure comme éperdu. Pour de Maistre, la Révolution prend « un caractère satanique ». — D'autres découvrent en elle un dessein bienfaisant de Dieu qui veut renouveler non seulement la face de la France, mais celle du monde et qui va créer en quelque sorte une humanité nouvelle. »

Miracle divin ou monstrueux, l'auteur, sans se laisser éblouir, étourdir ni effrayer, en aborde hardiment l'analyse comme il l'aurait fait d'un événement historique plus ancien et dont nous ne sentirions plus aussi directement l'ébranlement; et pour cela, par un mouvement naturel, il remonte à ses racines.

« Pour comprendre la révolution, j'ai voulu d'abord pénétrer jusqu'au sein de l'ancien régime.[1] »

Cette simple résolution était grosse de conséquences. Les anciennes histoires de la Révolution partaient presque toutes de cet aphorisme qu'un abîme séparait la France d'avant 89 de celle d'après le serment du Jeu de Paume. « Les Français ont

1. Avant-propos, p. iii. « On ne saurait parler d'une nation à une époque donnée, écrivait déjà Tocqueville dans son premier essai sur l'État social et politique de la France avant et depuis 1789 (publié en 1836), sans dire ce qu'elle a été un demi-siècle auparavant. »

fait en 1789 le plus grand effort auquel se soit jamais livré aucun peuple, afin de couper en deux leur destinée..... ils se sont imposé toutes sortes de contraintes pour se façonner autrement que leurs pères ; ils n'ont rien oublié pour se rendre méconnaissables. » — La plupart des auteurs ont été pris à cette première vue. Beaucoup, jusqu'à nos jours mêmes, et parmi les plus célèbres, ont commencé l'histoire de 1789 à 1789 ; mais Tocqueville, familier avec la philosophie de l'histoire, dont cependant le nom même l'effrayait, pense que nos pères avaient beaucoup moins réussi dans leur singulière entreprise, qu'on ne l'avait cru au dehors et qu'ils ne l'avaient cru d'abord eux-mêmes ; qu'ils avaient à leur insu conservé de l'ancien régime la plupart de leurs sentiments, de leurs habitudes, de leurs idées : ils s'en sont servis pour accomplir la Révolution et ils s'en sont servis encore, sans le vouloir, pour construire la société nouvelle. Le meilleur moyen de s'en convaincre est de laisser de côté pour un moment la France moderne et d'aller interroger dans son tombeau celle qui en apparence n'est plus : la France d'ancien régime.

Tocqueville a déployé à explorer ce tombeau une merveilleuse et sagace patience : ce qui aurait pu n'être que la démonstration d'une thèse est devenu

entre ses mains un admirable livre d'histoire ; l'histoire des origines de notre structure sociale moderne,
des liens qui rattachent notre démocratie égalitaire
et centralisée à l'état de choses qui a suivi le régime
féodal, des causes qui ont fait sortir l'une de l'autre,
et qui expliquent la plupart des traits essentiels et
permanents de notre organisation politique. Tocqueville le premier a, en quelque sorte, refait cette
partie de notre état civil avec la précision d'un no-
taire. Il l'a recherché dans les procès-verbaux des
Assemblées d'États et des Assemblées provinciales,
dans les cahiers manuscrits de 1789, dans les corres-
pondances administratives [1], dans les mémoires du
temps ; il a, par un contact prolongé, saisi comme
d'après nature, les détails de l'existence sociale de
nos pères à l'aurore de la Révolution.

Il a renfermé en un mot heureux la conclusion
de cette partie de son étude : « J'ai entendu jadis
un orateur qui disait en parlant de la centralisation : « Cette belle conquête de la Révolution que
l'Europe nous envie... » — Je veux bien que la
centralisation soit une belle conquête, je consens
à ce que l'Europe nous l'envie, mais je soutiens
que ce n'est point une conquête de la Révolution. »

---

1. « Je pourrais, écrivait-il à ses amis, faire un cours de droit
administratif d'ancien régime. »

Elle est, au contraire, un aboutissant de notre histoire entière, un résultat de la destruction des institutions féodales qui s'est opérée plus ou moins lentement dans toute l'Europe et qui, en France, a abouti dès le XVIe siècle à la monarchie absolue ; la vieille France a légué cette forme d'État social à la nouvelle. Celle-ci s'en est emparée et s'est montrée fidèle héritière en achevant de détruire radicalement et d'un coup ce qui restait des débris féodaux. Cela seul a été la Révolution[1].

Ce tableau, retracé par Tocqueville, de la nation ancienne unifiée et comme aplanie successivement avant 1789 par le pouvoir royal, ce tableau qui est le véritable noyau et la partie la plus résistante de son livre, est resté définitif : d'autres historiens ont pu ajouter des traits à ceux que Tocqueville avait réunis[2]; ils ont pu corriger,

---

1, « La Révolution n'a été que la terminaison soudaine et violente d'une œuvre à laquelle dix générations d'hommes avaient travaillé. Si elle n'eût pas eu lieu, le vieil édifice social n'en serait pas moins tombé partout, ici plus tôt, là plus tard : seulement, il aurait continué à tomber pièce à pièce, au lieu de s'effondrer tout à coup... La féodalité était demeurée la plus grande de nos institutions civiles en cessant d'être une institution politique. Ainsi réduite elle excitait bien plus de haines encore... En détruisant une partie des institutions du moyen âge, on avait rendu cent fois plus odieux ce qu'on en laissait. »

2. Est-il besoin de rappeler que dans sa magistrale *Histoire de l'Europe et la Révolution Française*, M. Albert Sorel a brillamment étendu à la politique extérieure de la révolution la méthode et les idées de Tocqueville, et montré que là comme à l'intérieur, « la

atténuer ou rectifier certains de ceux qu'il avait
dessinés : ils n'ont pas modifié profondément l'image
qu'il a tracée au moyen de documents accumulés,
admirablement choisis et résumés : celle d'un pays
où, par suite de l'effacement progressif du clergé
comme puissance politique, de la noblesse devenue
« un corps d'officiers sans soldats » et surtout une
caste de privilégiés, de « premiers habitants » sans
fonctions, sans pouvoir politique réel, le pouvoir
central a peu à peu absorbé toutes les forces et
toutes les initiatives de groupes ou d'individus et
préparé par son action de nivellement successif, au
détriment d'une aristocratie inutile et haïe, la révolution démocratique, d'où devait sortir notre organisme social actuel, avec ses alternatives de despotisme et d'anarchie. « La nation, disait Turgot, dans
un rapport au roi, est une société composée de
différents ordres mal unis, et d'un peuple dont les

---

révolution n'a point porté de conséquence, même la plus singulière,
qui ne découle de l'histoire et ne s'explique par les précédents de
l'ancien régime. » Il a mieux que personne prouvé la vérité de cette
parole de Tocqueville : « Quiconque n'a étudié et vu que la France,
ne comprendra jamais rien, j'ose le dire, à la révolution française. »
M. Taine a repris tout le sujet et l'a éclairé d'un nombre prodigieux de faits et de témoignages, sans s'éloigner sensiblement des
conclusions de Tocqueville, mais en systématisant parfois à l'excès
quelques-unes de ces conclusions. Il a cependant vu et analysé de plus
haut que l'auteur de « l'Ancien régime » le courant philosophique
et religieux qui aussi bien que le courant politique et social aboutissait nécessairement à la révolution.

membres n'ont entre eux que très peu de liens, et où par conséquent personne n'est occupé que de ses intérêts particuliers. Nulle part il n'y a d'intérêt commun visible... Votre Majesté est obligée de tout décider par elle-même ou par ses mandataires. »

Tocqueville a suivi la vérification de cette assertion de Turgot dans chacune des branches de l'existence nationale, communale, provinciale, administrative ou judiciaire, et chacun des chapitres destinés à préciser ce travail de vérification est comme une pierre soigneusement taillée qui vient compléter un appareil de construction singulièrement logique et régulier. La correspondance des Intendants lui a permis de faire revivre, sous les yeux du lecteur, la France monarchique administrative en la comparant à notre France actuelle. Les analogies éclatent. — D'Argenson écrivait en 1733 : « Les détails confiés aux ministres sont immenses : Rien ne se fait sans eux, rien que par eux, et si leurs connaissances ne sont pas aussi étendues que leurs pouvoirs, ils sont forcés de laisser tout faire à des commis qui deviennent de véritables maîtres. » — « Qui lit un préfet, écrit Tocqueville, lit un intendant. » — « Jamais, disait Law à d'Argenson, jamais je n'aurais cru ce que j'ai vu quand j'étais contrôleur des finances. Sachez que ce royaume de

France est gouverné par trente intendants. Vous n'avez ni parlement, ni états, ni gouverneurs ! Ce sont trente maîtres des requêtes, commis aux provinces, de qui dépendent le bonheur ou le malheur de ces provinces ». « Quand la Révolution survint, écrivait Tocqueville en manière de conclusion, on aurait vainement cherché, dans la plus grande partie de la France, dix hommes qui eussent l'habitude d'agir en commun d'une manière régulière et de veiller eux-mêmes à leur propre défense : le pouvoir central devait seul s'en charger. Sous l'ancien régime, comme de nos jours, il n'y avait ville, bourg, village, ni petit hameau en France, qui pût avoir une volonté indépendante dans ses affaires particulières, ni administrer à sa volonté ses propres biens. »

Ce qui a servi à lier la France a servi à briser violemment ses liens. C'est l'originalité du livre de Tocqueville d'avoir trouvé dans le même phénomène l'explication des deux phases en apparence contradictoires de l'histoire de notre nation.

« Presque tous les vices, presque toutes les erreurs, presque tous les préjugés funestes que j'ai constatés dans notre passé, ont dû, soit leur naissance, soit leur développement à l'art qu'ont eu la plupart de nos rois de dresser les hommes, afin de les gouverner plus absolument... Mais quand le bourgeois eût été ainsi bien isolé du gentilhomme, le paysan du gentilhomme et du bourgeois ; lorsqu'un travail analogue se continuant au sein de chaque classe, il se fut fait dans l'intérieur de chacune d'elles de petites agrégations particulières, presque aussi isolées les unes des autres que les classes l'étaient entre elles, il se trouva que le tout ne composait plus qu'une masse homogène mais dont les parties n'étaient plus liées. Rien n'était plus organisé pour gêner le gouvernement ; rien non plus pour l'aider. De telle sorte que l'édifice monarchique entier put s'écrouler tout ensemble et en un moment, dès que la société qui lui servait de base s'agita. »

III.

Le lecteur est au premier abord assez surpris des termes qu'emploie Tocqueville lorsque, quittant ce qu'il appelle « les faits anciens et généraux » qu'il vient d'étudier longuement, il passe à un ordre de faits qu'il qualifie « de faits particuliers et plus récents qui ont achevé de déterminer la naissance et le caractère de la Révolution ». Les chapitres où il a considéré « ces faits particuliers et plus récents » sont peu nombreux et comme noyés au milieu des autres. L'étonnement augmente lorsqu'on s'aperçoit que le sujet dont traitent ces chapitres n'est rien moins que la question de l'influence de la philosophie et du mouvement des idées du xviiie siècle sur la Révolution. On entrevoit cependant en y réfléchissant qu'une volonté manifeste a empêché Tocqueville d'exposer cette partie de sa matière comme il l'avait fait du reste, et que c'est de propos délibéré qu'il l'a abordée par un angle tout particulier. Ce propos se rattache au fond même de sa thèse, telle que nous avons rappelé qu'il l'avait posée, telle qu'il y revient lorsqu'il s'agit de déterminer dans quelle mesure et de quelle façon il s'occupera du rôle de la philosophie et de la religion dans la Révolution. A son avis, ce rôle a été indirect ou plutôt n'a existé que grâce à des circonstances spéciales. Les apparences sont tout à fait contraires à cette assertion : « La Révolution française est une Révolution politique qui a pris en quelque chose l'aspect d'une Révolution religieuse..... Elle se répand au loin, elle pénètre par la prédication et le prosélytisme..... elle a allumé une passion que jusque-là les Révolutions politiques les plus violentes n'avaient jamais pu produire..... elle est devenue elle-même une sorte de religion nouvelle, sans Dieu, sans culte et sans autre vie, mais qui néanmoins a inondé la terre de ses soldats, de ses apôtres et de ses martyrs. » C'est

Tocqueville lui-même qui la qualifie ainsi et dans ces propres termes. Et cependant, aux yeux de tous, le caractère le plus saillant et le plus apparent de cette Révolution religieuse c'est bien l'irreligion. La philosophie du xviiie siècle, l'une des causes principales de la Révolution, est profondément irreligieuse. Les philosophes du xviiie siècle s'en sont pris avec une sorte de fureur à l'Eglise. Ils ont voulu arracher les fondements mêmes du christianisme. Ils ont trouvé dans leurs attaques une grande popularité et rencontré dans l'opinion un grand concours. Mais ne sont-ce pas là, objecte Tocqueville, de simples apparences? Si on envisage un laps de temps suffisamment prolongé, les attaques du rationalisme contre l'Eglise ont été stériles, ce qui prouve qu'elles ne correspondaient pas à des besoins permanents des esprits ni des cœurs. La foi s'est relevée victorieuse des assauts qu'elle a subis: si le clergé a subi des modifications définitives, l'influence de la partie spirituelle de la religion est restée intacte. D'où vient donc le succès éphémère et retentissant des attaques du xviiie siècle contre l'Eglise? N'est-ce pas de causes politiques et exclusivement politiques? Les haines contre elle sont nées de ce qu'elle était une puissance privilégiée, de ce que les prêtres étaient propriétaires, seigneurs, décimateurs. C'est une œuvre d'État qu'on a accomplie

et réussie contre elle et non une substitution de doctrine. Or une société libre n'est pas possible sans
religion. L'Amérique et l'Angleterre l'ont prouvé
et l'auteur a passé son existence à le constater et à
le proclamer. Partout et dans tous les temps, quand
on a voulu renverser une religion, on a tenté de
faire triompher à la place une foi rivale : ainsi le
christianisme contre le paganisme, ou la réforme
contre le catholicisme. En France au contraire on
a assailli avec fureur la religion chrétienne sans
essayer même de la supplanter par une autre
croyance.

Était-ce parce que les Français pouvaient se passer
de religion ? Ils ont prouvé qu'ils en avaient autant
besoin que les autres peuples : ils l'ont prouvé en
se reprenant après la Révolution à celle qu'ils
avaient en apparence abandonnée : mais ils l'ont
prouvé même avant et pendant la Révolution ; n'ont-
ils pas en effet à ce moment, si l'on cherche sous
les apparences, remplacé, comme à leur insu, par
une religion la religion à laquelle ils ne voulaient
plus croire ?

« Lorsque la religion déserta les âmes, elle ne
les laissa pas vides et débilitées : elles se trouvèrent
momentanément remplies par des sentiments et des
idées qui tinrent pour un temps sa place et ne leur

permirent pas d'abord de s'affaisser... Il restait aux Français qui firent la Révolution, une croyance admirable qui nous manque, ils croyaient en eux-mêmes. Ils ne doutaient pas de la perfectibilité et de la puissance de l'homme : ils se passionnaient pour sa gloire, ils avaient foi dans sa vertu. Ils mettaient dans leurs propres forces cette confiance orgueilleuse qui mène souvent à l'erreur, mais sans laquelle un peuple n'est capable que de servir; ils ne doutaient point qu'ils ne fussent appelés à transformer la société et à régénérer notre espèce. Ces sentiments et ces passions étaient devenus pour eux *comme une religion nouvelle* qui les arrachait à l'égoïsme individuel, les poussait jusqu'à l'héroïsme et au dévouement. »

L'examen approfondi de ce qu'était cette « religion nouvelle » aurait entraîné Tocqueville loin de son sujet tel qu'il l'avait lui-même circonscrit, et l'aurait sans doute conduit à des conclusions sensiblement différentes de celles qu'il a appliquées aux rapports de la philosophie du xviiie siècle, de la religion et de la Révolution, conclusions insuffisantes et en quelque sorte trop rétrécies[1]. Mais cet examen, l'auteur n'a pas eu à l'aborder. Ayant

1. Quinet a dit avec justesse de cette partie des idées de Tocqueville : « Un écrivain de nos jours semblait fait pour éclairer le sujet d'une lumière sereine, impartiale, l'auteur de la « Démocratie en Amérique » : il n'a pu cependant s'affranchir de cet étroit horizon où la pensée française est encore à moitié emprisonnée... Combien cette pensée confuse d'un homme si judicieux a ajouté encore au trouble des intelligences sur le point d'où dépendent tous les autres ! »

retiré à la Révolution le caractère de véritable Révolution religieuse qu'elle avait voulu s'attribuer, Tocqueville s'est cru en droit de glisser sans y appuyer
sur les doctrines des philosophes du xviii⁰ siècle,
en tant que doctrines, et de ne considérer qu'incidemment les retentissements qu'elles avaient eus
dans les cœurs et dans les consciences des contemporains et des fils de la Révolution.

Je ne crois pas d'ailleurs que, retenu comme il
l'était par des liens de croyance et de tradition, l'auteur de « l'Ancien régime » aurait pu traiter jusque
dans ses racines cette question fondamentale ; établir
comme il aurait fallu, malgré les contrastes et les
oppositions, les filiations qui existent entre deux
courants d'opinions et de croyances dont l'un avait
paru submerger l'autre ; apercevoir en même temps
par où ils divergeaient définitivement et ne pourraient jamais plus vraisemblablement se rencontrer
ni se fondre complètement ; autrement dit écrire
l'histoire et la psychologie du déisme au xviii⁰ siècle.

D'autre part, comment, sans avoir fait au moins
pour soi-même cette histoire, comprendre et faire
comprendre le caractère entier de la Révolution et de
l'état social qui en est issu ? Comment s'expliquer
et expliquer la logique implacable du mouvement
révolutionnaire, si l'on néglige son point de départ
résumé par Rousseau en termes qui ont si profon-

dément pénétré dans les imaginations : l'homme destiné à être heureux de par la bienveillance paternelle de son créateur? si l'on méconnaît cet optimisme fondamental qui, supprimant le péché des anciennes religions et tout le système d'autorité et de sanctions qui s'y rattache, n'attribue plus qu'aux vices des hommes et des institutions les misères individuelles et sociales? C'est de cette vérité acceptée comme un dogme, que la Révolution a tiré son élan, sa générosité, sa généralité, et aussi ses erreurs et ses crimes. Partie d'une thèse aussi simpliste, elle ne pouvait pas ne pas se heurter à la réalité des choses, réalité complexe à laquelle sa conception du monde et de la société ressemblait si peu. Sous prétexte de rationalisme, l'esprit humain a rarement été plus dupe de ses propres désirs ou de ses rêves qu'au xviiie siècle. Il s'est appuyé pour transformer le monde sur un *a priori* invérifiable et cependant admis comme indiscutable. La conséquence devait être, et a été, que, tout ce qui se trouvait en travers des développements logiques de cet *a priori* serait, tant que l'illusion durerait, fauché par le mouvement de l'armée réformatrice. L'hypothèse primordiale une fois acceptée, la résistance ne pouvait provenir de la nature des choses, mais uniquement de la mauvaise volonté des hommes, et le seul moyen de faire triompher la vérité était de supprimer ses adversaires. De là, le déchaînement des partis et leur tranquillité de conscience en face de la destruction violente. De là aussi sur tant de points l'inutilité et comme l'enfantillage de leurs efforts. De là encore tant de traditions *simplistes* chères à notre démocratie, et dont nous n'avons pas cessé de souffrir.

Tocqueville a cherché dans des causes dont le caractère s'accordait mieux avec l'ensemble de sa thèse, l'explication de l'influence considérable des philosophes sur la révolution naissante. Il a laissé de côté leur philosophie et mis en relief leur situation, toute spéciale au xviii° siècle, d'hommes de lettres devenus, grâce à des circonstances particulières qu'il décrit longuement, de véritables gouvernants de l'opinion. Il a posé dans les chapitres qu'il leur consacre, la première pierre d'une théorie qui a depuis été reprise avec retentissement et même poussée à quelque exagération, et qu'on pourrait définir, d'après ses propres expressions : « le transport dans la politique, des habitudes de la littérature. » Il a semé là des observations bien ingénieuses et souvent profondes. Ayant à notre avis limité avec excès son sujet, il l'a du moins singulièrement creusé. Il a remarqué, avant d'autres, combien, à mesure que dans le discrédit des vieilles institutions et des autorités régulières, les hommes de lettres s'étaient emparés des esprits, dénonçant les abus, raillant ou menaçant les anciennes assises sociales, refaisant chaque jour de fond en comble la société, — rien dans la condition même de ces écrivains ne les avait préparés à leur rôle de réformateurs et de justiciers ; combien dans l'éloignement absolu où ils vivaient de la pratique, l'expérience qui aurait pu tempérer les ardeurs de leur naturel, leur avait fait défaut. Cette circonstance si nouvelle dans l'histoire, d'un grand peuple presque entièrement dressé, instruit et guidé par des gens de lettres, a contribué plus que toute autre cause, remarque Tocqueville, à donner à la Révolution française son génie propre. L'inexpérience de la nation s'est combinée avec l'imagination des auteurs pour « construire au-dessus de la société réelle, une Société idéale dans laquelle tout paraissait simple et coordonné, uniforme, équitable et conforme à la raison... Quelque séparés qu'ils soient dans le reste de leur course, tous les écrivains du xviiie siècle tiennent à ce point de départ : qu'il convient de substituer des règles simples et élémentaires puisées dans la raison et dans la loi naturelle, aux coutumes compliquées qui régissent la société de leur temps. »

Cette conception abstraite et comme rectiligne de l'ordre social, Tocqueville la relève avec force dans les *physiocrates* plus encore que dans les philosophes. Ils veulent une nation unie, bien réglée, qui n'oppose aucune entrave aux rapports naturels des hommes : et comme ils n'aperçoivent dans les débris des institutions du passé qu'un obstacle à cette harmonie primordiale des choses, ils préfèrent à l'anarchie qui résulterait de leur restauration un pouvoir central absolu, prévoyant, ami des lumières, le fameux « despotisme légal » qui, en s'inspirant de la saine doctrine, assurera le bien public. Ils n'aiment ni les restes de la féodalité, ni les contre-poids des institutions représentatives. L'égalité qui permet aux hommes de produire et de consommer sans barrières artificielles les touche plus que la liberté politique. L'empire administratif de la Chine est pour quelques-uns d'entre eux un idéal. Tocqueville, non sans exagération, voit et dénonce en eux les vrais auteurs de la révolution dans ce qu'elle a produit de funeste à la liberté politique. « De tous les hommes de leur temps, s'écrie-t-il, ce sont les *économistes* qui paraîtraient le moins dépaysés dans le nôtre : leur passion pour l'égalité est si décidée et leur goût de la liberté si incertain, qu'ils ont un faux air de contemporains [1]. »

---

1. Tocqueville pousse ici l'exagération jusqu'à attribuer aux physiosiocrates le communisme de Morelly. Celui-ci a bien composé son

IV.

Tocqueville pensait avoir, dans la première partie de son ouvrage, terminé l'examen des causes profondes et des caractères généraux de la Révolution (nous avons signalé la lacune qu'il y avait laissée et pourquoi il l'avait laissée). Il voulait dans une seconde partie, sans faire l'histoire proprement dite de la Révolution, suivre en leurs traits principaux l'enchaînement de ses grands événements : et pour cela il comptait remonter aux agitations politiques et sociales qui la précédèrent directement: étudier l'influence des Parlements sur l'explosion

---

livre à la même époque que Quesnay le sien, comme le dit Tocqueville : mais il n'a jamais été physiocrate. Ceux-ci, on le sait, ont toujours été d'ardents partisans de la propriété individuelle comme découlant de « l'ordre naturel. »

Tocqueville était plus dans la vérité lorsqu'il disait : « Les économistes, sans se séparer des théories, sont descendus plus près des faits... Toutes les institutions que la Révolution devait abolir sans retour ont été l'objet de leurs attaques... Toutes celles qui peuvent passer pour son œuvre propre ont été annoncées par eux et préconisées avec ardeur... On trouve en eux tout ce qu'il y a de plus substantiel en elle. »

Pour remettre les choses au point, v. Schelle, *Du Pont de Nemours* et du même l'article: *Les Physiocrates* dans le dict. d'*Économie politique* nouv. édit. (1892).

de la crise, l'Assemblée des notables, le désarroi
de la Cour en face des agitations de l'opinion, son
trouble extraordinaire lorsque, après avoir concédé
les États-Généraux, elle laissa en suspens les questions essentielles et vitales, comme celle du vote
par ordre ou par tête, qui entraînait ou qui plutôt
était la révolution même, et qui resta jusqu'au bout
indécise dans la volonté du roi et de ses cor seillers :
passer enfin en revue toutes ces causes petites ou
grandes qui semblaient conspirer à la même érup-
tion. « Sans doute, écrit-il, de quelque manière qu'on
s'y fût pris alors... la guerre aurait violemment éclaté
entre les classes... mais il faut reconnaître qu'on
n'aurait pu rien faire de mieux que ce que l'on fit
pour rendre leur conflit immédiat et mortel : Jamais, de dessein prémédité, l'habileté et l'art
n'eussent pu mieux réussir que ne firent l'impéritie
et l'imprévoyance. »

Il aurait ainsi, sous les yeux du lecteur et en
quelque sorte avec lui, parcouru successivement et
complètement toutes les phases préparatoires de
l'événement, pareilles à ces avenues qui, de tous
les points de l'horizon, larges ou étroites, claires
ou sombres, débouchent et se croisent en un même
carrefour de la forêt, et qu'un explorateur avisé
suit tour à tour s'il veut connaître à fond la région
qu'elles traversent et pénètrent.

Cette partie, en quelque sorte préliminaire, de son ouvrage est restée inachevée. L'auteur lui-même n'en a rien publié : on en a recueilli après sa mort quelques chapitres presque terminés : ils ont été réunis dans un volume de *Mélanges* qui présentent un caractère fragmentaire, mais dans lesquels on sent déjà constituée l'ossature d'un être singulièrement puissant. Des pièces essentielles manquent au futur organisme. Cependant à la vigueur et à la perfection de celles qui sont déjà en place, on peut juger de ce qu'aurait été le corps entier ; le lecteur éprouve un irrémédiable regret que l'auteur n'ait pu y mettre la dernière main. Il était mûr pour la véritable histoire, à la fois philosophique et vivante. Nulle part il ne s'est élevé plus haut comme observateur et comme peintre que dans quelques-unes des esquisses des *Mélanges*.

A mesure qu'il avançait dans son œuvre, l'étude de la partie animée du passé le séduisait de plus en plus et l'observation directe des hommes complétait en lui l'étude et l'analyse des institutions. Il a laissé dans ses papiers des ébauches de portraits d'après nature de quelques-unes des figures saillantes du xviii° siècle et de la Révolution. On a recueilli quelques-unes de ces esquisses : Turgot, le marquis de Mirabeau, Necker, y revivent en traits saisissants. Une note de l'éditeur indique que dans

les cahiers de Tocqueville il subsiste « une multitude » de fragments analogues sur Mirabeau
l'orateur, La Fayette, Siéyès, Mounier, Pétion,
Barnave, etc., etc. Il serait bien intéressant de pos-
séder ces notes, même sous leur forme inachevée.
Grâce à sa longue fréquentation des contemporains,
acteurs ou spectateurs des événements dont il voulait saisir la philosophie, Tocqueville s'était pénétré
du mouvement des esprits, des passions générales
du temps dont, dit-il avec justesse, les hommes
voisins des événements sentent.encore les derniers
frémissements dans leur âme et dans leur cœur.
A l'aide de cette familiarité prolongée avec les témoignages écrits ou parlés, il pensait pouvoir *juger* la
Révolution et l'Empire, bien que « trop près de
cette histoire pour en connaître tous les détails ».
« Les détails, disait-il, ne s'affirment que par les
révélations posthumes contenues dans les *Mémoires*
et sont souvent ignorés des contemporains... Mais
ceux-ci sont mieux placés pour tracer l'histoire
générale, les causes premières,... le courant des
esprits, dont les hommes placés trop loin ne se
font pas l'idée, parce que ces choses ne peuvent
s'apprendre dans les *Mémoires*. »

De l'histoire de la Révolution elle-même, il
ne nous est resté ou du moins on n'a livré au public, que des notes concises, quelques-unes d'un

singulier relief comme celle-ci sur la prise de la
Bastille : « Pour les contemporains, la prise de la
Bastille a été la victoire de la Révolution de 1789.
Pour nous qui voyons l'événement à soixante-dix
ans de date, c'est la première manifestation dans
les faits de la dictature de Paris... »; ou celle-ci
sur la faiblesse de la Constituante, dès les premiers
jours, contre l'émeute : « L'assemblée victorieuse,
à l'aide du peuple, se trouve singulièrement em-
barrassée et faible en présence de l'anarchie et des
crimes populaires... elle perd son temps à faire des
scrutins... de ce jour elle était destinée à obéir et
non à commander : le peuple de Paris devenait le
souverain. Le pouvoir n'avait fait que passer un
moment à elle pour arriver à lui. Il lui manquait la
sûreté de main que procure seule la longue pratique des affaires. La Constituante de 1848, qui
était sans doute bien inférieure en toutes choses à
sa devancière, s'acquitta bien plus bravement et
efficacement de cette partie de sa tâche qui consistait à combattre l'anarchie. » Il a une remarque
pleine de profondeur sur la déclaration des droits,
« métaphysique politique dans laquelle l'Assemblée
se perd pendant près de quinze jours tandis qu'au
dehors règnent la plus épouvantable crise financière
et le désordre dans les provinces... Il ne faut
pas cependant oublier, marque Tocqueville, que

c'est par ces discussions qui nous semblent oiseuses, qu'on faisait entrer la Révolution dans toutes les têtes du reste du monde, et qu'on travaillait à rendre l'événement européen et non français. »

Tocqueville n'a touché qu'en passant à la figure colossale qui l'a occupé et préoccupé toute sa vie, dont il voulait faire le centre et l'aboutissant de son histoire, qu'il a détestée et admirée, qu'il voulait pénétrer et entourer de lumière, comme pour ne rien laisser de caché dans ces ressorts puissants dont il sentait à la fois le prestige incomparable et l'énergie malfaisante. Il appelait Napoléon : « cet être singulier, incomplet, mais merveilleux qu'on ne saurait regarder attentivement sans se donner l'un des plus curieux et des plus étranges spectacles qui puissent se rencontrer dans l'univers [1]. » Il voulait montrer « avec quel art incomparable il a découvert dans les œuvres de la révolution la plus démagogique tout ce qui était propre

---

[1]. Tocqueville rappelait dans une note ce jugement recueilli dans une conversation avec Molé : « Les historiens de l'Empire ont peint l'Empereur : mais l'homme lui-même, la réalité de cet être étrange leur échappe. Ce que personne n'a encore peint, c'est Bonaparte maître de tout avant de rien connaître, apprenant toutes choses en même temps qu'il gouvernait toutes choses ; ... se livrant à toutes sortes de témérités intellectuelles ... toujours inattendu, éclatant, osant dire ce qu'il n'aurait jamais osé dire quelques années plus tard. Cette première fougue dans l'inconnu et le nouveau, qui l'a décrite ? »

au despotisme et l'en a fait naturellement sortir. »
Il comptait peindre — « à l'intérieur, la société
comprimée et étouffée sous cette admirable machine, les âmes se rétrécissant, les hommes dispa-
raissant devant la figure colossale de l'Empereur ; —
à l'extérieur, la course furieuse de la fortune impériale à travers les peuples et les royaumes ; ce
génie impatient et mobile, faisant et défaisant sans
cesse lui-même ses œuvres,... désespérant les nations et les princes moins encore par ce qu'il leur
faisait souffrir que par l'incertitude éternelle où il
les laissait sur ce qui leur restait à craindre... L'Europe si vaincue, si brisée, qu'elle se serait soumise
à toute énormité dont on aurait annoncé d'avance
les limites fixes et précises, mais réduite au désespoir par l'attente effrayante de quelque chose de
pire encore... Malgré ses erreurs et ses succès, la
trace immense qu'il a laissée derrière lui, — ce
qui est mort avec lui, ce qui demeure... ». « Napoléon, écrivait-il encore, voulait diriger l'enthousiasme, non le proscrire. Il voulait supprimer tous
les grands efforts de l'âme au profit de l'un d'eux,
celui qui fait bien mourir les armes à la main. Ce
grand génie comprenait qu'il faut toujours quelques hautes passions pour vivifier le cœur humain,
qui sans cela tombe en gangrène et en pourri-
ture. »

Du dessin vivant et complet que Tocqueville projetait de l'Empire et de la démocratie césarienne que celui-ci a inaugurée, l'auteur n'a jeté que quelques coups de crayon : on peut juger s'ils annonçaient une image puissante égale à l'original qu'il voulait faire revivre et montrer à la France contemporaine, en lui rappelant à la fois d'où elle est née et par où elle a failli périr.

CHAPITRE V.

LES DERNIERS MOMENTS ET LA MORT DE TOCQUEVILLE.

LES PRINCIPES LIBÉRAUX ET LA DÉMOCRATIE CONTEMPORAINE

I.

Tocqueville passa ses derniers jours à Cannes ; il avait 54 ans. Des symptômes inquiétants (des crachements de sang) se rattachant à une maladie de poitrine déjà ancienne, l'avaient, après bien des hésitations, déterminé à un séjour d'hiver dans le Midi. Il y languit quelques mois, profondément attristé des événements politiques, entouré de soins pieux de la part de celle qu'il avait choisie pour compagne de sa vie : « Il connut ce bonheur, écrivait Édouard Laboulaye, quelques mois après le fatal événement, de sentir sur son front mourant la main de la seule femme qu'il eût aimée, de celle qui depuis vingt-cinq ans l'environnait de bonheur et

d'amour ». S'il laissait une œuvre inachevée, s'il
expirait sans postérité, il avait pleine conscience
d'avoir marqué parmi ses contemporains sa trace
d'une façon durable, d'avoir suscité de profondes
sympathies, des amitiés passionnées, des admirations sincères parmi tous ceux, en Europe comme
en Amérique, que touchent la grandeur des
œuvres de l'esprit et la noblesse des idées libé-
rables.

Sa correspondance, dont on a publié trois volumes et qui fournirait encore, comme nous l'avons
dit d'après le témoignage de ses héritiers littéraires,
matière à une publication étendue, révèle Tocqueville sous un jour aimable et aisé, parfois enjoué[1],
affectueux pour les siens, et pour un cercle
étendu d'amitiés, aussi bien à l'étranger qu'en
France, cercle de sympathie où se trouve vite en-
serré son lecteur, séduit par les qualités de cœur et
d'esprit du vrai honnête homme et gentilhomme
libéral qu'était l'auteur des lettres. — « Tocqueville, dit son biographe, avait beaucoup d'amis.
Convaincu que l'amitié est comme la plante délicate qui dépérit faute de culture, il donnait à sa
correspondance les plus grands soins. Il écrivait

---

1. Une femme y a relevé des « traits féminins. » (Mrs Simpson,
avant-propos des *Memoir and remains of A. de Tocqueville*.
Londres; 1861).

beaucoup de lettres, non parce qu'il était, mais quoiqu'il fût écrivain... C'était chez lui un besoin de cœur ; la correspondance élargissait le cercle de sa vie ». Lecture bien attachante et qui établit rapidement une sorte d'intimité intellectuelle et morale, entre celui qui écrit et celui qui lit, instructive par les lumières qu'elle projette sur les choses contemporaines[1], ces lettres écrites en toute aisance de plume à ses frères, à son neveu Hubert de Tocqueville qu'il considérait comme un fils adoptif et qui

---

1. Citons comme exemple de la manière *vivante* de Tocqueville dans sa correspondance, une lettre à M. de Beaumont :

« 1er Avril 1835.

« La veille de votre départ, j'avais été voir Mme Récamier, laquelle m'avait invité à venir entendre *le grand homme*, lire une portion de ses Mémoires. J'y ai été. J'ai trouvé là un paquet de célébrités en herbe ou toutes venues, un petit salon très bien composé, Chateaubriand d'abord, Ampère, Ballanche, Sainte-Beuve, le duc de Noailles, et le duc de Laval, le même à qui j'avais entendu dire à Rome, il y a dix ans : « Saquédié ! J'ai passé des moments agréables avec cette femme-là ! » Chateaubriand m'a présenté à tout ce monde-là, de manière à me faire des amis de quelques-uns, et de sincères ennemis du plus grand nombre. Les uns et les autres m'ont adressé beaucoup de compliments. Après avoir ainsi procédé à la petite pièce, les véritables acteurs sont entrés en scène. Il serait trop long de vous dire ce que j'ai entendu. C'est la première Restauration et les Cent-Jours. Du mauvais goût quelquefois, quelquefois aussi de la bile âcre, de la profondeur dans la peinture des embarras de Napoléon sur le trône, de la verve partout, de la poésie à pleines mains ; la marche de Napoléon sur Paris après le retour de l'île d'Elbe, peinte comme auraient pu le faire Homère et Tacite réunis, la bataille de Waterloo décrite de manière à faire frémir tous les nerfs, quoique ce ne soit que le retentissement lointain du canon ... que vous dirais-je ? J'étais ému, agité réellement et profondément remué, et en exprimant une admiration extrême, je n'ai fait que rendre ma pensée... »

mourut d'une mort prématurée en 1863, à ses
compagnons d'enfance, suivis fidèlement dans leur
existence d'hommes, à des amis politiques, à des
étrangers de distinction[1] ; qui les tenaient au courant, et nous instruisent des occupations intellectuelles et morales de Tocqueville, de son bonheur
domestique qu'attrista seule l'absence d'enfants,
des détails de sa vie de campagnard et d'agriculteur
qui le passionnait par moments, du développement
de ses idées et de la lente incubation de ses ouvrages[2] ; — qui marquent bien aussi les limites
que s'était posées à lui-même cet esprit agité d'une
extrême et vive curiosité. On le voit là, comme
dans ses principaux ouvrages, se mouvoir toujours
avec ardeur, le plus souvent avec passion, en dedans d'un cercle d'idées large, et cependant circonscrit d'avance, plus qu'il ne le croyait peut-être
lui-même, par des croyances et des habitudes d'es-

1. En France, L. de Kergorlay, son camarade Stoffels, de Corcelle, G. de Beaumont, J. J. Ampère, le comte de Circourt, Dufaure, Freslon, Lanjuinais, Rémusat, Royer-Collard, la comtesse de
Grancey, Mme Schwetchine ; à l'étranger S. Mill, Reeve, Senior,
Grote et sa femme, Bunsen, etc., etc.

2. « Le livre que je viens de publier (La Révolution et sa suite)
roule dans ma tête depuis plus de 15 ans ; les formes de l'œuvre se
sont fixées dans la grande maladie que j'ai faite en 1850. Je puis
dire que depuis lors j'y ai pensé presque sans cesse. (1856, Lettre à
M. de Montalembert). Sainte-Beuve a mis en relief (avec quelque
intention satirique) la lenteur de cette élaboration du dernier livre
de Tocqueville, ses doutes et ses hésitations sur le choix du sujet.

prit traditionnelles, et où il maintint sans se démen-
tir, pendant toute sa vie, sa pensée et ses sentiments[1]; fournissant ainsi un saisissant exemple de
vigueur et même d'audace dans la pensée, en même
temps que d'une répugnance irrésistible à sortir de
certains horizons; réalisant et par là même nous laissant une image fidèle — bien qu'il les devançât en
plusieurs parties de sa pensée et comme par une sorte
de hardiesse native — de toute une classe d'esprits
dont les représentants sont devenus rares et qui a
formé dans la première moitié du siècle, sur les
confins de l'ancienne aristocratie et de la haute
bourgeoisie, une élite délicate de goûts, libérale,
distinguée de cœur et d'intelligence, ardente au
culte des lettres, courageuse dans l'action, affran-
chie de beaucoup de préjugés, retenue cependant
par certaines influences d'hérédité et d'éducation
qui lui ont sur certains points masqué ou teinté
d'illusions l'avenir des sociétés; demeurée ainsi en
arrière, de plusieurs étapes, de la grande armée
démocratique dont elle avait sur plusieurs points
préparé, sur d'autres prévu et même calculé la

1. « M. de Tocqueville, a dit justement l'auteur des *Lundis*, tâche
en tout de ne pas rompre absolument et de composer. En matière
de démocratie, comme en matière de philosophie, il ne s'en tient pas
à la surface; il ne va point pourtant jusqu'au fond. Il y a en tous
des abîmes qu'il ne sonde pas. »
(*Nouveaux Lundis*, t. X, p. 295).

marche irrésistible ; incapable jusqu'ici, aussi bien par ses vertus que par ses défauts, de la rejoindre et encore plus de se mettre à sa tête pour la diriger en la modérant.

Tocqueville mourut (16 avril 1859) dans la plénitude de ses convictions libérales : « Il avait, dit son biographe qui assista à ses derniers moments, avec d'autres amis accourus à son chevet, — il avait eu l'esprit agité par bien des doutes ; c'était la loi même de sa nature qui l'y portait. Mais au milieu de ses plus grands troubles, il·n'avait jamais cessé d'être profondément chrétien[1] ; il poussait jusqu'à la passion ce sentiment qui faisait partie de sa foi politique ; car il estimait qu'il n'y a point de liberté possible sans bonnes mœurs, et point de bonnes mœurs sans religion. Il croyait fermement que ce qu'il y avait de plus désirable pour le bien des hommes, c'était de voir intimement unis la foi religieuse et l'amour de la liberté. » — « Sa foi religieuse, écrivait de même E. Laboulaye, en parlant du grand esprit qui venait de disparaître, était celle de ses pères ; sa foi politique était celle de son grand aïeul ; comme Malesherbes, il avait voué sa vie à la liberté, et c'est encore à la liberté qu'il vou-

---

1. Cf. plus loin p. 216, rapportés par Senior. des témoignages contradictoires de G. de Beaumont sur cette question délicate.

lait consacrer cet avenir qui ne lui appartenait plus.
En paix avec Dieu et avec lui-même, entouré de
tout ce qu'il aimait, bercé par les illusions les plus
douces, il s'est endormi plein de confiance. » Et
l'écrivain montrait l'autorité de Tocqueville grandissant avec sa disparition ; le pays de demain, les
générations nouvelles voulant entendre cette voix
qui sort du tombeau, conservant avec un respect
religieux et invoquant comme un appui secourable
« la mémoire de celui qui au travers de toutes les
épreuves s'attacha à la liberté comme d'un amour
invincible et qui essayait encore de la servir quand
la mort lui a glacé la main. »

Ces nobles paroles ont été écrites il y a près de
quarante ans : certes le nom de Tocqueville est
resté grand et les prédictions de Laboulaye se sont
réalisées sur plus d'un point. Pourtant il semble
que depuis qu'elles ont été émises, de profondes
modifications se soient opérées dans la position
même des questions à la solution desquelles les
deux courageux écrivains vouèrent leur talent et
leur vie.

Jusqu'à la fin du deuxième empire, l'autorité
restée aux mains d'un pouvoir despotique, rendait
relativement simple la situation de ceux qui ré-
clamaient, comme unique remède, la liberté :
ils revendiquaient un légitime élargissement des

esprits et des volontés contre un arbitraire qui les énervait en les étouffant. L'exemple des bienfaits de la liberté en Angleterre et en Amérique, vus à distance et à travers un certain voile de bienveillance, était à leur portée, et ils y puisaient largement des arguments et des encouragements. On joignait à ces espérances des vues optimistes sur les bienfaits de l'instruction primaire : l'avenir d'une démocratie délivrée du despotisme gouvernemental, maîtresse de ses destinées, éclairée par l'école, par l'expérience même du *self-government*, semblait assuré. — Les déchirements qui ont suivi les catastrophes de la guerre, les difficultés au milieu desquelles s'est, au sein de la liberté, fondée la troisième République et parmi lesquelles elle se débat encore douloureusement, à la recherche d'une combinaison de gouvernement qui concilie suffisamment la stabilité et la liberté, le contrôle et l'autorité, ont sensiblement transformé le terrain de la discussion. L'Angleterre même, la mère et le grand modèle du libéralisme parlementaire, n'a pas paru échapper à quelques-uns des périls sociaux et économiques qui nous menacent et qui la poussent, — quoique jusqu'ici, grâce à de longues traditions, et à une éducation politique séculaire, avec plus de lenteur que nous, — vers des transformations dangereuses pour la liberté individuelle et le régime représentatif[1]. — De l'autre côté de l'Océan, l'évolution des États-Unis, suivie dans ses crises redoutables d'abord pour l'unité des États confédérés, puis pour l'ordre social et économique, aussi bien que pour la constitution morale de la nation, a jeté certains doutes dans les esprits sur l'excellence de son système politique.

L'Amérique a paru entrer bien vite et bien avant dans les voies de la vénalité électorale ou administrative, de la ploutocratie peu estimable par ses origines ou ses procédés, des rapports hostiles et souvent sanglants entre le capital et le travail. — L'immigration de plusieurs millions d'Irlandais et d'Allemands, aussitôt enrégimentés par les partis, a profondément troublé les données de son existence sociale et industrielle ancienne, atténué les antiques influences anglo-saxonnes et puritaines, enfermé celles-ci comme dans des îlots isolés au milieu de courants très divergents qui, au milieu d'une prospérité matérielle incomparable, poussent les États-Unis vers un avenir politique encore mal défini. Dans ces derniers temps on a vu la grande république sœur céder à des accès de chauvinisme, ou de *jingoïsm* comme on dit là-bas, à des entraîne-

1. V. sur ce sujet et sur les alarmes de certains libéraux anglais: *Lecky: Democracy and Liberty*, 2 vol. 1895.

ments de provocations vis-à-vis des puissances
étrangères, qui pourraient à un moment donné être
gros de périls pour l'avenir pacifique du monde. En
même temps, à l'intérieur, les intérêts particula-
ristes, le plus souvent des intérêts commerciaux ou
financiers, parfois appuyés sur de graves erreurs
économiques, unis dans d'immenses coalitions,
l'emportaient, dans la direction générale de la politique, sur l'intérêt national et guidaient vers des
buts mesquins ou dangereux, l'évolution des partis.

Les problèmes aigus de l'organisation de la
démocratie, inquiétants sous leur formes diverses,
des deux côtés de l'Océan[1], se sont ainsi dressés
dans leur réalité concrète, et des généralités qui
avaient plus ou moins passé à l'état de dogmes dans
l'esprit des écrivains ou des lecteurs libéraux d'il y a
quarante ans, ont plus d'une fois apparu insuffisantes ou superficielles aux nouvelles générations
en face des abîmes qui s'ouvraient. Les pas des
géants de la démocratie prophétisés par Tocqueville se sont réalisés : mais elle a aisément renversé
sur sa route, aussi bien chez les autres que chez

---

1. Cf. Dugard: la *Société américaine* (1896), p. 305 : « Il
n'est pas un des problèmes de l'alcoolisme, du paupérisme, de la
politique, de l'économie sociale, de l'opposition des races, dont
nous souffrons en Europe, dont les Américains ne souffrent également. »

nous, quelques-uns des remparts dont on avait
voulu l'entourer : elle a poursuivi son chemin,
fière de marcher, même quand elle ne sait pas
toujours bien où elle va, et se riant plus d'une fois
des entraves constitutionnelles ou législatives où
on cherchait à la retenir.

Nul doute qu'un esprit pénétrant comme celui
de Tocqueville n'eût distingué dans l'afflux de
faits nouveaux apportés par la marée montante de
la démocratie bien des points de vue qui avaient
paru secondaires à l'auteur de la « Démocratie
en Amérique », ou qu'il n'avait aperçus qu'incom-
plètement. Convaincu de la nécessité d'une forte
centralisation gouvernementale, même en Amérique, il l'eût, après les bouleversements survenus
dans l'équilibre de l'Europe, sentie indispensable
dans notre pays, environné de monarchies militaires unitaires et hiérarchisées qui menacent
nos frontières ; il eût, dans notre démocratie mobile, livrée à tous les entraînements électoraux,
redouté davantage l'anarchie et l'instabilité, et un
peu moins la concentration des pouvoirs. Il eût
voulu un gouvernement qui gouverne. Il eût cherché la décentralisation dans les mœurs, dans le
mouvement intellectuel et scientifique, dans les
associations indépendantes de la politique proprement dite, dont il avait si nettement défini le carac-

tère bienfaisant, et en eût redouté l'excès dans
l'attribution imprudente aux autorités élues des
communes ou d'autres circonscriptions territo-
riales, de pouvoirs qui mènent trop souvent à la
désorganisation administrative et à l'oppression
des minorités par des majorités parfois minimes
comme nombre, mais tyranniques par leur poids[1] :
il eût éprouvé l'horreur du vrai et profond libéral
qu'il était, pour ce travestissement de la souveraineté nationale, pour ce pire des despotismes,
celui des masses anonymes et des factions irrespon-
sables, dont notre régime électoral nous rend trop
souvent les victimes impuissantes.

Il eût encouragé de toutes ses forces le mouvement qui, sur le terrain de l'association libre,
commence déjà à produire dans notre pays de
remarquables résultats. La vitalité croissante des
institutions qui échappent, par leur origine et
leurs conditions d'existence, aux fluctuations des
courants politiques, qu'il avait déjà signalées

---

1. Nous ne confondons pas la décentralisation proprement dite
qui est la remise aux autorités locales élues, d'une partie de la puissance publique, avec la « déconcentration » qui consiste à éviter
l'obstruction des ministères à Paris et à supprimer la superfétation
d'organismes judiciaires ou administratifs inutiles et coûteux. C'est
là que les partisans d'une *bonne centralisation* peuvent et doivent
porter la hache; ils donnent souvent eux-mêmes à tort à leur
œuvre le nom de « décentralisation, » mais cette œuvre n'en est
pas moins utile et digne d'encouragements.

comme de précieux remparts de l'indépendance
individuelle, cette vitalité croissante l'eût frappé et
réjoui, et il eût vu en elle le signe manifeste d'une
activité intellectuelle et corporative qui pourra, à
un instant donné, et grâce à une loi vraiment libérale sur les associations toujours différée depuis
vingt-cinq ans, fournir d'utiles contre-poids aux
entraînements du suffrage universel et des puissances passagères et fuyantes de la démocratie.

Il est difficile de croire que, malgré de doulou-
reuses désillusions sur la facilité d'un accord entre
les partis dévoués à l'Église et les doctrines libérales, les idées de Tocqueville, vivant de nos jours,
au sujet de la religion et de son rôle social, se fussent sensiblement transformées : elles étaient trop
profondément implantées depuis l'enfance dans son
âme[1]. Il eût continué à vouloir fermement la liberté
des croyances ; mais sa prédilection pour la sépa-

1. Tocqueville était très en avant de beaucoup de ses core-
ligionnaires même les plus libéraux au sujet du pouvoir temporel.
Là encore il semble avoir vu juste dans l'avenir. « Plus je considère les choses d'une façon abstraite, écrivait-il à M. de Corcelle
(Lettre inéd. 28 août 1856), plus je suis amené à douter que l'établissement politique actuel de l'Église soit utile à la religion. Prince,
le pape sera toujours plus ou moins en opposition avec les tendances
politiques du temps. On dit que ses Etats sont nécessaires à son indépendance. Je dis que ce sont aujourd'hui ses Etats qui le rendent
dépendant. »
Il jugeait sévèrement la tendance du clergé contemporain à placer
l'intérêt de l'Eglise au-dessus de l'intérêt national. « Je n'ai jamais

ration de l'Église et de l'État serait probablement
devenue plus patiente en présence des objections,
des embarras et des périls de tout genre qu'elle
soulève.

Si religieux d'instinct qu'il fût, sa raison éclairée
et virile se serait plus inquiétée que félicitée des
tendances à un vague mysticisme qui servent actuellement de refuge à un certain nombre d'âmes
apeurées par le silence ou les réserves de la
science sur des questions qui inquiètent leur soif
de certitude. Il n'aimait dans la religion ni le

causé avec un prêtre allemand ou français sans apercevoir que l'opinion qu'il se faisait des institutions, l'impression qu'il recevait des
événements et des hommes dépendait absolument de l'intérêt plus
ou moins grand, plus ou moins probable, plus ou moins prochain
que l'Église lui paraissait y avoir. Rien n'est pour moi un plus grand
sujet de trouble et de douleur... Le clergé français de l'ancien régime
n'était pas ainsi. » (Lettre à M. de Corcelle, inéd., 20 octobre 1854).
Sur la nuance même de sa foi comme chrétien, v. la *conversation*
de Senior avec Beaumont et Mignet. *Op. cit.* Vol. II p. 352. Mignet
dit (sans protestation de la part de Beaumont) : « Tocqueville était un
philosophe chrétien. Il n'était pas pratiquant, sa foi n'aurait guère
satisfait son confesseur. » — Beaumont : « Le prêtre qui l'assista
à ses derniers moments était libéral : il ne demanda qu'une déclaration
générale qu'il était chrétien, et ne réclama pas de confession, sinon un aveu général de péché et un désir de repentir. Il a reçu les
sacrements, non parce qu'il croyait à leur efficacité, mais pour être
agréable à Mme de Tocqueville et pour éviter le scandale. Il regardait
le christianisme comme le don le plus bienfaisant qu'eussent jamais
reçu les hommes ; il haïssait les adversaires de la religion, et bien
que ses opinions fussent loin d'être orthodoxes, il désirait avant tout
ne pas blesser la foi d'autrui. Aussi évitait-il toute discussion religieuse. C'est peut-être le seul sujet sur lequel en 40 années d'intimité, nous n'ayons jamais discuté. »

gendarme que certains conservateurs y recherchent
et auquel ils donnent pour mission principale de
leur garantir leurs biens terrestres, ni le rempart
de mollesse où s'abritent sans foi réelle, et comme
faute d'autre sécurités, des cœurs avides de repos.

La gravité extrême prise par les conflits économiques l'eût amené à leur accorder dans sa pensée ou dans ses écrits plus de place qu'il ne leur
attribuait habituellement et à subordonner plus
d'une fois les problèmes purement politiques à
ceux qui impliquent les questions de la production
et surtout de la répartition des richesses[1]. Il était

---

1. Il avait dès 1847 entrevu dans un éclair de singulière clairvoyance la part qui serait bientôt faite dans la politique même
aux questions sociales, et à la première de toutes, à la propriété.
« Le temps viendra où le pays se trouvera de nouveau partagé
entre deux grands partis. Il ne faut pas que les propriétaires se
fassent illusion sur la force de leur situation, et qu'ils s'imaginent
que le droit de propriété est un rempart infranchissable, parce que
nulle part, jusqu'à présent, il n'a été franchi... Aujourd'hui que le
droit de propriété demeure seul debout, privilège isolé au milieu
d'une société nivelée, qu'il n'est plus à couvert derrière beaucoup
d'autres droits plus haïs ... c'est à lui seul à soutenir le choc des
opinions démocratiques ... Bientôt ce sera entre ceux qui possèdent
et ceux qui ne possèdent pas que s'établira la lutte politique. Le
grand champ de bataille sera la propriété, et les principales questions de la politique rouleront sur des modifications plus ou moins
profondes à apporter au droit des propriétaires ... Nous reverrons
alors les grandes agitations politiques et les grands partis. » (Reproduit dans les *Souvenirs*, p. 14). Il disait encore dans les *Souvenirs* : « Comment des classes pauvres inférieures et pourtant puissantes ne songeraient-elles pas à sortir de leur pauvreté et de leur
infériorité en se servant de leur pouvoir, dans un temps surtout où
la vue de l'autre monde est devenue plus obscure et où les misères

bien préparé aux progrès du socialisme, dont il avait montré les liens étroits avec le suffrage universel : il aurait attaqué le collectivisme contemporain avec toute l'ardeur et la passion qu'il a déployées contre le césarisme. Il y aurait vu, comme dans celui-ci, le grand destructeur de l'initiative, de l'énergie individuelle. Il l'aurait poursuivi sous la forme en quelque sorte légale sous laquelle il se dérobe actuellement pour porter ses premiers coups. Il eût analysé dans toute son étendue et dénoncé, comme un des périls qui menacent la civilisation, le mouvement qui entraîne les démocraties vers la conquête du pouvoir en vue de s'en servir pour exproprier la richesse par une taxation arbitraire et spoliatrice ; il eût protesté contre la remise, sans contre-poids, sans précautions légales, du droit de voter l'impôt à ceux qui ne le paient pas et veulent le faire payer par une minorité de citoyens, chargés de subvenir au budget toujours accru du socialisme d'État, source de ruine pour la nation.

En toutes choses, le caractère positif et réaliste qui marque si profondément le mouvement démo-

---

de celui-ci sont plus visibles et paraissent plus intolérables ? ... Il était inévitable que le peuple finirait par découvrir un jour que ce qui le resserrait dans sa position, ce n'était pas la constitution du gouvernement, mais les lois immuables qui constituent la société elle-même ... et qu'il se demanderait s'il n'avait pas le pouvoir de changer celles-là, comme il avait changé les autres ... » (p. 110).

cratique contemporain et qui se traduit avec éclat
dans la direction générale de ses combinaisons sociales et politiques, se serait révélé à son attentive
observation : il aurait noté avec chagrin, mais
avec précision, combien certaines passions,
certaines émotions de liberté, de haine du despotisme, chères à une élite d'intelligence ou
de caractère, suffisent malaisément à une démocratie livrée comme la nôtre au combat pour la
vie, brusquement soustraite aux anciennes influences qui la dirigeaient ou la retenaient ; qui
dans ses masses agitées et comme pressées par le
besoin ou par le désir des biens matériels, veut des
certitudes tangibles à côté des satisfactions de sentiment de nature idéale ; — et il eût senti combien la
tâche est difficile (sans qu'il se crût le droit d'y renoncer : et la difficulté même de l'entreprise l'aurait engagé à y redoubler d'efforts) de rallumer dans
nos générations à la fois positives et sceptiques,
ardentes et désillusionnées, la flamme des aspirations libérales qui furent son culte et sa religion.

Ces aspirations libérales, auxquelles il subor-
donnait toutes les autres visées de l'activité individuelle ou sociale, Tocqueville en définissait une
fois de plus la grandeur dans quelques lignes de
son « Ancien régime », et en même temps qu'il en
faisait saillir par plusieurs côtés la noblesse presque

surhumaine, il y rappelait d'un dernier effort ses concitoyens comme vers l'unique source vive de belles et fécondes émotions, le suprême gage de paix sociale, de grandeur et de dignité offert à la démocratie. Il aurait voulu dans celle-ci qu'il aimait, malgré ses vices, par fraternité d'homme et de chrétien, et comme pour se rassurer définitivement sur l'avenir de notre société égalitaire, il aurait voulu les hautes et pures ambitions de sa propre âme : « Certains peuples poursuivent obstinément la liberté à travers toutes sortes de périls et de misères. Ce ne sont pas les biens matériels qu'elle leur donne que ceux-ci aiment en elle : ils la considèrent elle-même comme un bien si précieux et si nécessaire, qu'aucun autre ne pourrait les consoler de sa perte et qu'ils se consolent de tout en la goûtant. Ne me demandez pas d'analyser ce goût sublime; il faut l'éprouver. Il entre de lui-même dans les grands cœurs que Dieu a préparés pour le recevoir; il les remplit, il les enflamme. On doit renoncer à le faire comprendre aux âmes médiocres qui ne l'ont jamais ressenti. »

FRAGMENTS

DES

ENTRETIENS DE TOCQUEVILLE

AVEC

NASSAU. WILLIAM SENIOR

FRAGMENTS DES ENTRETIENS

DE TOCQUEVILLE AVEC NASSAU W. SENIOR[1]

(1848-1858)

Vendredi 16 mai 1848. — J'ai pris le thé ce soir avec Tocqueville : il attache plus d'importance aux événements d'hier, qu'on ne le faisait à l'ambassade.

Tocqueville : Le cri de « Vive la Pologne » était poussé par vingt mille personnes, aux abords de la Chambre : une clameur colossale, la plus formidable que j'aie jamais entendue.

« ... Je ne crois pas que Barbès et ses compagnons eussent complètement concerté leur plan ; autrement leur succès eût été beaucoup plus grand.

« Ils avaient bien préparé l'envahissement de l'As-

---

1. Économiste et administrateur anglais bien connu qui, à partir de 1848, voyagea presque chaque année sur le continent et se lia avec les hommes politiques des différents pays. Il a recueilli ses conversations avec eux dans plusieurs volumes, dont quelques-uns ont paru de son vivant et dont d'autres ont été publiés après sa mort par sa fille, Mrs Simpson. (Voir : *Conversations with M. Thiers, M. Guizot, and other distinguished persons,* 2 vol. Londres, 1878) : les *Conversations avec Tocqueville* ont paru en 1872, et n'ont pas été traduites en français. Nous les donnons ici presque intégralement.

semblée. Courtais, le commandant de la garde nationale, et Caussidière, le préfet de Paris, étaient dans
le complot : ils placèrent des gens sûrs à l'entrée
qui donne sur la rue de Bourgogne et leur ordon-
nèrent de laisser passer les assaillants. Une fois dans
la place, le plan de Barbès était de forcer la Chambre
à voter l'impôt d'un milliard sur les riches, la défense de battre le rappel pour rassembler la garde
nationale, et la mise « hors la loi » de quiconque
emploierait la violence contre le peuple (c'est-à-dire
résisterait à la populace); ou de l'amener à refuser
de voter ces décrets. Dans ce dessein il voulait que
le peuple se retirât et laissât la Chambre obéir ou
résister.

« Si elle obéissait elle devenait, comme le fut la
Convention après une soumission analogue, l'esclave
de la populace. Si elle refusait, il voulait inscrire les
noms des récalcitrants, les déclarer « hors la loi »,
puis probablement les faire massacrer. Mais il ne
put obtenir de ses acolytes qu'ils sortissent de la
Chambre; et de plus, il ne put pas leur imposer le
silence assez longtemps pour lui permettre de demander le vote des décrets.

« Il y avait dans la foule cinquante personnes qui
voulaient chacune être le héros du jour. Ils em-
ployèrent ainsi trois heures à se battre (littéralement
à se battre) pour s'emparer de la tribune, tandis que
les députés restaient silencieux sur leurs bancs, sans
prendre aucune part à leurs débats. Il semble que
cette attitude eût été préparée : on avait prévu la
probabilité d'une attaque et résolu une résistance
passive.

« ... Cependant, le danger devenait de plus en plus grand ; les heures passaient sans que personne vînt à notre secours, et je craignais à chaque minute que la foule ne fît silence par fatigue, et qu'alors Barbès ne fût en situation de nous contraindre à voter. Aussi fût-ce avec la plus grande joie qu'à la fin j'entendis le tambour de la garde nationale et le bruit de ses pas dans le couloir. »

SENIOR : « Pourquoi ce long retard alors qu'il y avait quarante mille de vos amis autour de l'Assemblée ? »

— La raison est la grande difficulté qu'il y avait à communiquer avec le dehors. — La Chambre avait peu d'issues et toutes étaient bloquées par la foule, — de plus Courtais, commandant en chef de la garde nationale, avait ordonné à un de ses hommes, sur qui il pouvait compter, d'aider la foule à entrer, et avait laissé le reste sans aucun ordre.

« ... Le mouvement précipité de Barbès et de ses amis sur l'Hôtel-de-Ville, dès que la Chambre fut délivrée, semble avoir été une simple imitation de la marche des révolutionnaires sur l'Hôtel-de-Ville, le 24 février : avec cette seule différence, qu'alors tout Paris était pour eux et que cette fois il était contre eux. Ils furent poursuivis par cent mille hommes...

« Le peuple les a pris dans sa main immense et les a étouffés. »

SENIOR : « Où était Lamartine ?

— « On ne le sait pas : il disparut lorsque la foule fit irruption et on ne le vit plus jusqu'à ce que la Chambre fût délivrée. On suppose qu'il était dans une des salles du Palais. »

SENIOR : « Pourquoi l'Assemblée actuelle réussirait-
elle plus mal que l'Assemblée nationale de 1789,
dont les membres étaient encore plus nombreux et
également inexpérimentés?

— « Nous avions alors la crème de la France :
actuellement c'est le petit lait. Les membres du
dernier parti ministériel ne peuvent pas se montrer.
Nous qui étions du parti de l'opposition, avons été
réélus par de grandes majorités, mais on nous sus-
pecte avec raison d'être monarchistes. Nous ne pouvons exercer aucune direction dans la Chambre. Les
légitimistes, qui sont environ cent vingt, sont naturellement l'objet de soupçons plus vifs encore. Ainsi
nous laissons le champ libre à 680 commerçants,
hommes de loi et propriétaires que la province nous
a envoyés, gens timides, pacifiques, bien inten-
tionnés, mais tout à fait neufs aux affaires publiques ».

Jeudi 25 mai. — Visite à Thiers. Je l'ai trouvé si
occupé d'élections que j'ai pu très peu causer avec
lui..... Il m'a prié, ce qui est significatif, de lui
envoyer une collection des documents sur nos *lois
des pauvres.*

De là, chez Mme de Tocqueville : je lui dis que je
venais de voir Thiers dans son travail d'élections;
elle craint qu'il n'entre à l'Assemblée où son habileté
de parole et son expérience lui donneraient grande
autorité, et qu'il ne s'en serve pour attaquer le gouvernement actuel, sans pouvoir en former un lui-
même.

Dîné avec les Tocqueville. Convives : Cousin, Molé,

Beaumont. Dîner très gai. Cousin, qui m'a beaucoup rappelé lord Brougham, tint le dé de la conversation. On parla de Thiers : l'opinion générale fut celle de Mᵐᵉ de Tocqueville, qu'il entrerait à la Chambre et y ferait du mal.

On le proclama le second orateur de la France, Guizot le premier.

« J'ai toujours été opposé à Guizot, dit Beaumont ; je le crois mauvais politique et mauvais juge du sentiment français, mais c'est un grand orateur ».

« Je n'ai connu que deux hommes, dit Cousin, qui aient été réellement ambitieux : Lamartine et Guizot : les autres ont été seulement vains. Lamartine cependant a été les deux ».

Dans la soirée, j'ai causé séparément avec Beaumont, Molé, Tocqueville et Cousin. Je dis à chacun d'eux : « Je reviendrai, probablement, en mai prochain. Que sera le gouvernement d'alors ? Sera-ce le gouvernement actuel, une commission exécutive et une Assemblée ? ou deux Chambres et un président ? ou pas de Chambres et un dictateur ? ou Louis XIX, ou Henri V ? »

Aucun d'eux ne voulut aventurer même une conjecture : ils furent seulement d'accord qu'il y aurait une autre bataille des rues avant trois mois, et que le parti anarchique (environ 15,000 hommes) y serait détruit. La garde nationale et l'armée seront cette fois sans merci.

Vendredi 26 mai. — Déjeuné avec les Tocqueville. Causé de Lamartine.

Tocqueville : « Il est difficile de spéculer sur ce

que sera sa conduite, parce qu'il est incohérent, in-
consistant comme penseur et comme homme d'action. — Je crains que Lamartine ne considère l'état
de choses troublé actuel comme favorable à sa préé-
minence ; s'il avait écrasé Ledru-Rollin et les anarchistes, comme il aurait pu le faire avec la plus
grande facilité, simplement en restant neutre, il aurait certainement, au moins pour un temps, été à la
tête du parti modéré, bien qu'il eût trouvé parmi
ses membres des rivaux redoutables... Parmi les
anarchistes il est tout-puissant. Sa vanité est flattée
d'être adoré par son propre parti, du moins par le
parti qui est actuellement au pouvoir, et d'être également
lement adoré par le parti adverse comme étant celui qui modère et rend moins malfaisants ses associés. Bien qu'endetté, il n'est pas corruptible à prix
d'argent : il ne donne pas de réceptions, en disant :
« Je n'ai pas le sou ».

« Je lui ai demandé pourquoi il ne réclamait pas
un traitement de l'Assemblée, il me répondit que
cela diminuerait son influence. »

Tocqueville craint que les républicains ne veuil-
lent faire des économies en enlevant aux prêtres
leur traitement. Il voudrait au contraire, s'il était
possible, les augmenter. « Ils ont une influence considérable parmi les paysans ; c'est à eux, vraisemblablement, qu'on doit les élections d'où est sortie l'Assemblée actuelle : s'ils étaient mieux payés, le clergé
serait mieux recruté. Il faudrait aussi modifier leur
éducation ; élevés exclusivement dans les séminaires,
ils entrent, pour le diriger, dans un monde dont ils
ne connaissent rien. »

Je rappelai la remarque que j'avais recueillie de Guizot, qu'en 1789 le peuple avait considéré les gens de naissance et les riches comme des ennemis personnels, aboli leurs titres, brûlé leurs maisons, confisqué et partagé leurs domaines; qu'il les avait envoyés en exil ou à la mort, et essayé, en imposant le partage égal à leurs descendants, d'empêcher la reconstitution des grandes fortunes; mais qu'en 1848, le peuple les traitait non comme des ennemis mais comme des esclaves, comme une classe qu'il fallait non chasser, mais garder en réserve et *consommer* de temps en temps, au fur et à mesure des besoins populaires.

Tocqueville trouva la remarque juste : il avait constaté lui-même dans l'esprit du peuple la transition graduelle de la haine du riche à l'indifférence, et en dernier lieu à cette sorte d'affection qu'on ressent pour une vache à lait ou pour une basse-cour.

— « Pendant la Restauration, je passais pour un aristocrate, et j'étais impopulaire dans mon département. Après 1830, le peuple comprit qu'il nous avait battus à fond, et qu'il y avait peu de danger que nous pussions jamais recouvrer notre puissance. Pourtant, on nous craignait encore juste assez pour se tenir à distance de nous. Mais cette fois, tout est changé. Le peuple sent, qu'en tant que parti politique, la noblesse est morte. On m'a nommé à une immense majorité : on ne voudrait pas, pour tout l'or du monde, toucher à l'un des châteaux de mon père. Ils sont tout prêts à nous taxer ; mais pas du tout à nous piller ou à nuire à nos personnes. »

L'un des changements les plus saisissants qu'il ait

constatés est la décroissance de l'influence des femmes. Naguère, tout jeune artiste, poète, prédicateur ou même homme politique, ne pouvait se passer d'être chaperonné par une patronnesse. Les salons du faubourg Saint-Germain étaient la terreur de Bonaparte. Sous la Restauration ils faisaient les élections, influençaient les majorités à la Chambre, ils étaient encore plus puissants à la Cour. Mais maintenant la grandeur des événements a tué leur influence. Aucune main de femme n'a trempé dans la dernière Révolution.

27 juillet. — Conversation sur la politique de lord Palmerston concernant l'Allemagne. Tocqueville dit qu'il le trouvait trop favorable à la Prusse.

Senior : « L'Autriche menaçant ruine, — puisqu'elle deviendra impuissante si elle perd la Hongrie, et qu'elle passera sous l'influence de la Russie, si elle la garde, — il est important de lui substituer une puissance qui puisse s'élever entre l'Europe occidentale et la Russie : la Prusse n'est-elle pas le seul État capable de remplir ce rôle ? Par suite, si la politique de lord Palmerston tend vers ce but, elle me paraît louable.

« Tocqueville : Ceci peut être vrai en ce qui concerne les intérêts de l'Angleterre, mais la France ne peut pas voir avec plaisir un nouvel accroissement d'une grande puissance militaire tout contre sa frontière. »

21 octobre 1849. — J'ai demandé à Tocqueville s'il se ressentait de ses habitudes d'écrivain lorsqu'il parlait ?

— « Terriblement, et depuis que je suis dans les Chambres, j'ai esssayé en vain de chasser l'écrivain. Le seul écrivain que j'aie connu, qui y soit complètement parvenu, c'est Guizot. »

23 octobre. — Déjeuné chez les Tocqueville. Bruce demanda à Tocqueville si on s'occupait du décret qui abolit les titres.

TOCQUEVILLE : « On s'y conforme dans les actes officiels, mais non dans la société. » Je fis remarquer que, même avant le décret, les titres étaient en grande partie tombés en désuétude ; par exemple que lui, Tocqueville, n'avait jamais porté le sien.

— « Non, bien que mon père et mon frère le portent ; mais j'ai toujours prévu que quelque jour les titres seraient abolis et je n'ai pas voulu prendre ce qu'il m'aurait fallu abandonner. »

SENIOR : « La distinction entre noble et roturier n'existe-t-elle pas dans toute sa force dans la vie de chaque jour ?

— « Oui... et c'est un grand malheur, car cela maintient des distinctions et des animosités de castes ; mais le mal est incurable, ou du moins n'a pas été guéri ni même sensiblement atténué par nos soixante ans de Révolution. C'est une sorte de franc-maçonnerie. Quand je cause avec un gentilhomme, bien que nous n'ayons pas deux idées en commun, bien que ses opinions, ses vœux, ses pensées soient opposés aux miennes, je sens du premier coup que nous sommes de la même famille, que nous parlons le même langage, que nous nous comprenons l'un l'autre. Il se peut que je préfère un bourgeois, mais je sens en lui un étranger. »

Je rappelai la remarque que m'avait faite un Prussien très sagace, et lui-même *bourgeois :* qu'il ne fallait pas envoyer à l'étranger un ambassadeur qui ne fût pas noble. A quoi j'observai que cela n'avait pas d'importance en Angleterre où la distinction est inconnue.

« Oui, répliqua l'Allemand, inconnue pour vous; mais vous pouvez être sûr que lorsqu'un ministre bourgeois en rencontre un qui est de la noblesse, il ne négocie pas avec lui sur un pied d'égalité : il a toujours envie de se cacher sous la table. »

Nous causâmes de la fatigue physique qui résulte de la parole en public. — Tocqueville dit qu'il ne pouvait pas parler deux jours de suite, qu'il lui fallait un intervalle de repos pour sa gorge et qu'à la Chambre on était obligé de crier, à la fois pour remplir l'espace de la Chambre et pour dominer le bruit des interruptions.

SENIOR : « Notre Parlement *réformé* est beaucoup plus indulgent pour les mauvais orateurs que l'ancien Parlement.

TOCQUEVILLE : « Chez nous, ce ne sont pas les mauvais, mais les bons orateurs qu'on n'écoute pas. Plus un discours porte, plus il provoque d'interruptions, tandis qu'on écoute assez tranquillement, ou du moins avec résignation, les insignifiants. »

Paris, 14 mai 1850[1]. — Tocqueville désapprouve

1. Le brouillon de ce journal a été soumis à Tocqueville immé-

complètement ce qui se passe : « Mon but a toujours été de faire la meilleure des constitutions pour
le moment présent, et je crois que celle qui existe
actuellement pourrait donner des résultats passa-
bles[1]... C'est là le vœu de la fraction la plus considérable de la majorité de l'Assemblée; gens sans beaucoup d'expérience, de connaissances, ou de talents,
mais honnêtes : cependant ils n'ont pas de chefs.
Odilon Barrot se tient à l'écart, Dufaure est parti

diatement après qu'il avait été écrit et il me le renvoya sans correc-
tion : quelques mois plus tard je lui envoyai une copie au net sur
laquelle il écrivit des notes nombreuses qu'on retrouvera plus bas
(note de Senior).

1. Ceci demande quelques développements pour que ma pensée
soit bien comprise.

Je doute très fort qu'une constitution républicaine, ou pour parler
plus clairement encore, un pouvoir exécutif électif, convienne, quant
à présent, à la France.

Je pense, de plus, que la constitution républicaine de 1848 est
extrêmement défectueuse, et j'ai prouvé que telle était mon opinion
en votant contre plusieurs de ses principaux articles. Je crois qu'il
est très nécessaire qu'on arrive à la modifier ; mais en même temps,
j'ai toujours été convaincu, et je le suis encore, que les périls qui
naissent de l'exécution de la constitution, toute imparfaite qu'elle
est, sont infiniment moindres que ceux qu'on ferait courir au pays
en voulant briser cette constitution par la force, et en faisant prendre
au parti modéré la responsabilité d'une révolution nouvelle. Je
n'ai point de doute, comme je le disais dans la conversation ci-
dessus rapportée, que cette manière de voir ne fût et ne soit encore
partagée par ce que j'ai appelé la *majorité de la majorité* de
l'Assemblée, c'est-à-dire par cette masse d'hommes que les passions
de parti, les calculs ou les regrets de l'ambition, ou enfin la peur,
ne conduisent pas. Il me serait facile de dire pourquoi les dangers
qui naîtraient d'un renversement de la constitution seraient plus
grands que ceux qui naissent de son maintien, mais je n'ai voulu ici
qu'éclaircir les idées que j'ai déjà exprimées à M. Senior et non en
produire de nouvelles. Note de Tocqueville (en français dans le texte,
comme toutes les autres annotations de l'écrivain, qui sont reproduites plus loin).

pour une enquête à Toulon, et le parti réactionnaire ou, comme nous l'appelons maintenant, le parti révolutionnaire, est livré à lui-même. »

SENIOR : « On croit que la prochaine Chambre sera en tous cas montagnarde. »

TOCQUEVILLE : « Je ne sais pas ce que peuvent produire l'imprévoyance et la folie du gouvernement ; mais avec un peu de prudence on s'en tirerait. Les dernières élections de Paris ont été une simple protestation contre la contre-révolution. Le peuple voit que le gouvernement est en train de conspirer contre la République et essaie de s'y opposer. »

SENIOR : « L'état présent des choses ne rappellet-il pas celui qui a précédé l'élection de la Convention ?

TOCQUEVILLE : « Je voudrais voir brûler notre histoire entière si c'est là les conclusions qu'on en tire. La prochaine Assemblée ne sera pas une Convention, à moins qu'on ne le fasse exprès : personne ne se trompe aux protestations du parti réactionnaire ou, comme il s'appelle lui-même, conservateur. Personne ne croit qu'en réalité il se soucie d'améliorer nos institutions. Le but réel est double : engager la majorité de l'Assemblée dans des voies contre-révolutionnaires, l'amener graduellement par une série de mesures inconstitutionnelles sur un terrain anti-républicain : puis amener une émeute, une victoire et une constitution anti-républicaine, probablement une présidence de dix ans entourée d'institutions monarchiques. On réussira probablement dans la première entreprise. La partie réellement modérée de la Chambre se trouvera contre-révolution-

naire, avant d'avoir conscience qu'elle l'est devenue. La seconde partie échouera probablement. Les
chances contraires sont trop nombreuses. D'abord
une émeute est improbable. Les chefs de la Montagne sont parfaitement satisfaits de leur position.
Les vingt-cinq francs par jour, bien qu'on soit obligé
d'en rendre une grande portion à la caisse du parti,
représentent beaucoup pour des gens qui n'avaient
rien avant d'être députés et qui n'auront rien quand
ils ne le seront plus.

« Et puis ils ont peur de leurs successeurs. — Ils
savent qu'ils seront eux-mêmes les premières victimes d'une république rouge. Ils s'efforceront d'empêcher une révolte et je crois qu'ils y réussiront.

« D'ailleurs, s'il y avait lutte, les émeutiers pourraient réussir. Les réactionnaires sont très confiants,
mais j'ai vu trop de partis confiants, battus, pour
être rassuré. Les dix mille *graciés* n'ont rien à
perdre. Ils ont un excellent prétexte pour se battre.
Si le Gouvernement était impopulaire avant de pro-
poser la loi qui restreint le suffrage universel, que
sera-ce après ? J'espère que la garde nationale sera
solide : mais 125,000 de ses membres ont voté pour
Eugène Sue. Plusieurs milliers d'entre eux seront
atteints par la loi électorale. S'ils se mettent avec
l'émeute, on ne peut plus compter sur l'armée. En
troisième lieu, supposez la bataille livrée et gagnée.
Je ne suis pas sûr que la majorité de la présente Assemblée voterait une Constitution antirépublicaine.
Elle le ferait peut-être le lendemain de la victoire,
mais je doute qu'elle le fasse trois semaines après.
Et quelle espèce de Constitution anti-républicaine

ferait-on ? Je ne prévois aucun changement dans
notre situation, à moins d'un accident ; quant à une
fin, elle me paraît aussi éloignée qu'elle l'était en
1789[1]. »

Jeudi 16 mai. — Tocqueville est aussi ennuyé de
l'affaire grecque, que je le suis moi-même[2]. Ses rapports avec Palmerston l'ont conduit à le considérer
comme fidèle à ses engagements, bien que pointil-
leux, litigieux et peu scrupuleux. Il a *l'esprit d'un
procureur* (l'expression est de Beaumont), mais aussi
d'un honnête *attorney* — autant qu'un *attorney* peut
être honnête[3]. Je lui demandai sous quels rapports :
« *peu scrupuleux.* »

TOCQUEVILLE : « Il m'a paru intervenir dans les
affaires du Continent, en vue de servir ses propres
intérêts ou ceux de son parti, et se souciant peu des
conséquences pour le reste de l'Europe. Il aurait dû

---

1. Ceci demande encore un développement pour être bien compris. J'entends par « une fin » un état stable et définitif, devenant
la manière d'exister pour la société pendant un long espace de temps ;
comme la monarchie administrative et sans contrôle politique qui a
suivi chez nous les guerres civiles des XVIe et XVIIe siècles, ou la
monarchie représentative qui a achevé de se fonder en Angleterre
après les révolutions de 1640 et de 1688. Je ne parle point d'un
établissement transitoire qui impose momentanément la paix aux
partis, laisse respirer la nation et lui permette de se jeter de nouveau avec ardeur à la recherche du bien-être matériel par des voies
irrégulières. Une solution de cette espèce ne peut pas beaucoup
tarder ; mais c'est de la solution dont j'ai d'abord parlé, que nous
sommes encore à mon avis très loin.   (A. de T.).

2. Le lecteur se souvient que Tocqueville était devenu ministre
des affaires étrangères.

3. Lord Palmerston est un homme d'État de premier ordre, dont
la politique appelle quelquefois à son aide les petites ruses et les
expédients d'un « attorney ».   (A. de T.)

savoir en 1847 qu'il ne pouvait agiter les éléments inflammables de Rome et de Naples, sans risquer une conflagration générale. »

SENIOR : « Celle-ci a eu pour cause votre révolution, et qui la pronostiquait en 1847 ? Je me souviens que vous me dîtes en octobre de cette même année que Louis-Philippe était le souverain le plus autocrate qui eût régné sur la France depuis Charlemagne — qu'il était plus près du pouvoir absolu que Louis XV. »

TOCQUEVILLE : « Oui, c'était de l'étendue et non de la durée probable de ce pouvoir que je voulais parler. Il avait corrompu si profondément la Chambre, qu'il n'avait plus à craindre d'opposition parlementaire ; et si complètement les 200,000 électeurs, qu'il n'avait rien à redouter d'une opposition électorale. Avec les 200,000, ou plutôt les 400,000 places dont il disposait, les classes moyennes, sur qui son gouvernement reposait, n'étaient qu'un instrument docile. Mais en abusant des gigantesques moyens mis à sa disposition par notre centralisation, il avait rendu ces classes moyennes, sur qui s'appuyait son trône, incapables d'en supporter le poids. Sa monarchie était construite avec beaucoup d'art et de solidité apparente, mais sur des fondations de sable. Il fit des classes moyennes un objet de haine et de mépris, et le peuple les a foulées aux pieds avec lui. Je n'ai jamais pensé pendant les dernières années de son règne qu'on éviterait une révolution. »

« Vous avez prophétisé celle-ci, dit Mme de Tocqueville, trois ans avant qu'elle n'éclatât. »

— « Eh bien, c'est là ce que lord Palmerston

aurait dû comprendre. Il aurait dû savoir que le continent entier était miné. Il n'avait pas le droit de compter sur sa position insulaire et de jeter des combustibles sur le reste du monde. »

Je lui demandai son sentiment sur lord Normanby.

Tocqueville : « Je l'aime beaucoup. Il est impossible pour un ministre de cultiver mieux la bonne entente entre les deux pays. Il cherche à connaître les sentiments de la France aussi bien que le lui permet son devoir envers l'Angleterre. Dernièrement, il a soulevé beaucoup de jalousies par son intimité avec Mme Howard. J'ai rencontré celle-ci une fois à Saint-Cloud. J'étais venu inopinément et je fus introduit dans un salon où elle dînait avec un certain nombre de convives. Lord Normanby fréquente ces réunions. Cela peut-être est inévitable; mais il lui rend aussi familièrement visite chez elle. Il y a ses grandes et ses petites entrées[1]. Il cherche à exercer une influence sur le président par son intermédiaire, et nous n'aimons pas cela... »

Nous causâmes d'un séjour d'hiver... Tocqueville étant sorti un instant, Mme de Tocqueville dit qu'il ne voulait pas quitter l'Assemblée dans les circonstances présentes : mais s'il ne peut ni écrire, ni parler, ni s'occuper de politique — et c'est ce qu'ordonne son médecin — pourquoi rester?

... La conversation revint à la politique.

Tocqueville : « A l'exception des Montagnards[2] et

---

1. J'ai su plus tard que Tocqueville avait été tout à fait mal informé sur ce point.   (N. W. S.).

2. Il est impossible que j'aie pu dire que les Montagnards ne cons-

d'un petit nombre de membres réellement modérés de l'opposition, tout le monde conspire contre tout le monde. Légitimistes, Orléanistes, Bonapartistes, sont furieux les uns contre les autres, et tous sont déterminés à renverser la république. « Il faut en « finir, disent-ils, avec ces gens-là. »

« En finir ! comme s'il était possible de tuer, emprisonner, déporter, ou par un moyen quelconque chasser de Paris 100,000 individus. Il n'y aura pas de *fin* de notre temps, ou du temps de nos enfants. Il faut avouer cependant que le régime révolutionnaire ne nous convient pas mal[1]. A chaque convulsion a succédé un développement de la prospérité. Les anciens préjugés perdent du terrain, l'expérience de plusieurs années a été acquise en quelques mois, et les esprits les plus aiguisés, les volontés les plus résolues ont pris le pouvoir. Cette dernière révolution a, cependant, jusqu'ici été une exception. Elle n'a mis en relief que quelques militaires,

piraient pas. Ils ne conspirent pas pour détruire la forme républicaine, comme les trois autres partis nommés ensuite, mais ils conspirent assurément pour faire servir la république à une révolution sociale. (A. de T.)

1. Tout ce qui suit me paraît plus approbatif que ce que j'ai dû dire, et fondé sur des raisons non pas contraires à celles qui motivent mon opinion, mais un peu différentes. L'expérience en effet nous a appris que chaque révolution change beaucoup de positions, développe beaucoup de besoins, fait naître beaucoup de désirs, répand un grand mouvement et une grande activité dans toutes les intelligences.

Quand le calme renaît dans le monde politique momentanément, toute cette agitation ne cesse pas entièrement, elle change seulement d'objet : elle passe dans le monde industriel et commercial, et y fait faire des efforts plus grands et des tentatives plus hardies que si on était toujours resté dans une société calme. (A. de T.)

et ils venaient d'Algérie. Ils sont presque le seul produit de ce pays. Nous semons là des soldats à la
volée, et nous récoltons de temps en temps un général. »

Samedi 18 mai. — Après le départ de Gioberti,
j'ai été chez Tocqueville. Il est aussi ennuyé que
jamais de l'affaire grecque, mais il me conseille de
ne pas croire les journaux du gouvernement. Le parti
modéré est décidé à renverser lord Palmerston, et
si possible, les Whigs. Aucun ministère en Angleterre ne saurait être assez bon pour eux : mais ils
pensent qu'ils pourraient obtenir un cabinet neutre,
qui, s'il ne leur donnait assistance directe, du moins
ne mettrait pas d'obstacle à leur dessein de rétablir
en Europe ce qu'ils appellent l'ordre, c'est-à-dire
de détruire tout progrès libéral fait depuis 1830.
Pour cet objet, ils font tout ce qu'ils peuvent pour
envenimer la dispute, et lord Palmerston les y a
malheureusement aidés en leur donnant raison pour
le moment. Quant à lui, il regretterait le succès de
l'entreprise contre les Whigs — excepté toutefois en
ce qui concerne lord Palmerston : il croit la tranquillité de l'Europe incompatible avec la présence
de Palmerston au *Foreign office.*

Je parlai de la visite de l'abbé Gioberti, et Tocqueville parla de lui avec grand plaisir. Cela nous
conduisit à causer de l'état général du clergé catholique. Je dis qu'à l'exception d'un ou deux Italiens,
je n'avais jamais rencontré à l'étranger un prêtre dans
la société.

TOCQUEVILLE : « Il en est autrement en France; dans

plusieurs paroisses, bien que relativement en petit nombre, le curé est de bonne naissance ; si j'avais eu moi-même un fils désireux de prendre les ordres, je n'y aurais pas fait d'objection. En général, le prêtre est fils d'un riche paysan ; sans être raffinées, ses matières n'ont rien de choquant[1]. Son défaut principal est l'orgueil. Ses mœurs sont bonnes. Un prêtre dissolu serait chassé du pays : quelle que soit sa valeur personnelle, sa profession lui donne droit d'être traité en égal. Quand vous viendrez à Tocqueville, vous trouverez souvent le curé à dîner avec moi, et une fois par an Mme de Tocqueville et moi dinons chez lui. Un frère du prédécesseur de notre curé actuel était mon serviteur : le curé a dîné chez moi pendant que son frère faisait le service, et ni l'un ni l'autre n'y a senti la moindre *inconvenance*...

« L'institution est certainement démocratique[2].

---

1. Le fait serait exagéré si on le présentait d'une manière si générale. Ce que M. S. me fait dire est vrai, mais dépend des provinces. Dans l'ouest que je connais, et je crois, dans tout le midi, que je ne connais pas, le prêtre appartient (non pas peut-être en général, mais très souvent) à des familles riches, ou du moins très aisées. Dans les environs de Paris, par exemple, c'est le contraire. En général, partout où la foi a gardé de profondes racines et où le prêtre reste très honoré, à cause de son caractère saint, par la population, on remarque que le clergé se recrute dans des classes plus élevées que dans les provinces où la foi est pour ainsi dire éteinte et où le clergé n'a plus d'influence sur les habitants.   (A. de T.).

2. Je ne crois pas avoir été aussi affirmatif, je dois avoir dit, parce que je le pense, qu'il y avait dans la constitution du clergé catholique deux aspects, ou deux caractères qui permettaient à ce clergé de s'identifier assez aisément soit à des institutions politiques aristocratiques, soit à des institutions politiques démocratiques. Par sa hiérarchie officielle de servants, curés, évêques, archevêques, pape, et sa subordination exacte, il tend vers l'aristocratie et la monarchie.

Elle place le paysan sur un pied d'égalité avec le noble, mais la politique du clergé est essentiellement conservatrice. Il dépend de l'État pour son traitement, et par suite ne peut faire résistance au parti qui est au pouvoir, qu'il soit despotique ou anarchique, mais la tendance générale de ses vœux et de ses sentiments est monarchique[1]... »

19 mai. — Après avoir dîné en compagnie du duc de Broglie qui semblait très découragé, j'ai causé de celui-ci avec Tocqueville.

TOCQUEVILLE : « Il est de ceux, très nombreux, qui ont cru à chaque phase successive de notre révolution qu'elle était terminée, et qu'un état de chose stable allait s'établir[2]. Mon père a 76 ans : il avait

---

Par le principe de son recrutement et de son avancement qui repose uniquement sur la capacité et l'unit par les liens de l'origine à toutes les classes de la société, les plus basses comme les plus hautes ; par sa doctrine, qu'aux yeux de l'église et de la religion, tout en dehors du clergé doit être considéré comme égal et traité de même, le paysan comme le noble, il incline vers la démocratie.

(A. de T.).

1. Tout cela est très vrai, mais il faut ajouter qu'au fond le clergé n'appartient qu'à lui-même, que les pouvoirs politiques seront toujours pour lui des choses secondaires ; que les pouvoirs politiques qui ont cru l'avoir lié à leur fortune n'ont jamais manqué de se tromper, et qu'à ses yeux les affaires de l'église restent toujours les grandes affaires auxquelles tout le reste doit être subordonné.

(A. de T.).

2. La phrase est construite de manière à faire croire que je place le duc de Broglie parmi ceux qui ont passé leur vie à croire que tout était fini : il y a une nuance qui a échappé à M. S., et ma pensée devrait être rédigée à peu près ainsi :

« Le duc de Broglie est un de ces théoriciens politiques qui ont voulu prouver aux autres, et étaient parvenus à se prouver à eux-mêmes, que la royauté de Juillet était la fin naturelle de la révo-

environ 16 ans quand la révolution a commencé.
Aussi se rappelle-t-il les opinions qui couraient pendant les progrès de celle-ci. Lorsqu'après 15 ans de
désordre, elle aboutit au despotisme militaire, tout
le monde crut qu'elle avait achevé son évolution. Il
semblait que le cours naturel des événements dût être
que la révolution produirait la guerre, que la guerre
produirait une armée, et que l'armée rendrait son
général tout puissant. Vint la Restauration : il sembla
dans l'ordre des choses que le despote militaire dût
être ruiné par l'ambition même à laquelle il devait sa
puissance ; qu'il jouât quitte ou double jusqu'à ce
qu'il eût épuisé sa propre fortune ; que ses ennemis
intérieurs se joignissent à ceux de l'extérieur. — La
dynastie ancienne est rétablie, et la royauté constitutionnelle devient la forme permanente du gouvernement français. Quand Charles X laissa tomber la
couronne aux mains de son cousin en 1830, on crut
encore à une conclusion naturelle du drame. Le
parallèle entre la France et l'Angleterre était devenu
complet. Dans une restauration, disait-on, le premier roi rétabli sur le trône est si enchanté de recouvrer la couronne, qu'il est disposé à l'accepter sous
n'importe quelles conditions ; et ces conditions il les
respecte suffisamment. Son successeur reçoit la cou-

lution française, et commençait la nouvelle ère de la société parmi
nous. A chacune des différentes phases de notre révolution, on a vu
des hommes d'esprit tomber dans une erreur semblable. Nous avons
le goût de la métaphysique politique ; de quelques faits qui se ressemblent nous tirons volontiers de prétendues règles générales, dont
nous nous servons ensuite pour expliquer tout ce qui a été, et prévoir
tout ce qui sera. »   (A. de T.).

ronne non comme une chance heureuse, mais comme
un droit. Il trouve les limites dans lesquelles il est
confiné, gênantes, et les croit aisément funestes.
Ses flatteurs lui disent qu'elles sont nulles en droit,
que ses attributions sont inaliénables, peut-être di-
vines, et que son devoir est de sauver son pays, sans
regarder de trop près à la légalité des moyens. Il
tente d'agir suivant ces principes : le pays résiste;
et il est déposé. Mais une grande et ancienne nation
qui a une fois essayé du pouvoir populaire ne veut
pas en réessayer. Elle choisit pour nouveau souverain, le premier dans l'ordre de 'succession qui soit
consentant et de plus apte à accepter la responsabilité et à se soumettre aux restrictions d'une monarchie constitutionnelle. Dans la nouvelle dynastie, les
principes contradictoires de la légitimité et de l'élection, du droit divin et du droit populaire, se trouvent
conciliés. Elle peut espérer une durée indéfinie.
Une telle dynastie en est au 2ᵉ siècle de son règne
en Angleterre, et au 1ᵉʳ en France.

« Vient la révolution de 1848, et ces illusions sont
dissipées en une heure. La grande forteresse monarchique qui semblait construite pour des siècles se
révèle un simple décor de théâtre. La république
réapparaît avec son assemblée unique, son suffrage
universel, ses clubs, ses journaux, son cours forcé. On
s'aperçoit que depuis 1830 on tourne dans un cercle
vicieux. On croit que 1848 a ramené les fils au point
d'où sont partis les pères en 1789. Maintenant on se
voit en 1791, avec plus de puissance et d'expérience
que sous l'Assemblée législative, mais attaqué par
des ennemis plus forts et plus expérimentés. Je ne

m'étonne pas du découragement général ; je le partage. La différence est que ce qui semble étrange
à d'autres me semble naturel. J'ai vu depuis longtemps que les d'Orléans étaient de simples acteurs,
qui devaient bientôt sortir de scène, et je crains
qu'ils n'aient été remplacés par d'autres simples acteurs[1]. »

. . . .

21 mai. — Mme de Tocqueville m'a amusé en me
racontant les projets de certains des amis du Président [Je soupçonne que ce sont les projets des
dames du parti]. Lorsque l'émeute se produira [car
ils ont décidé qu'il y en aurait une] le Président doit
se montrer au moment de la victoire et marcher aux
Tuileries comme Empereur. Changarnier sera son
concurrent, mais on compte que le prince le battra
parce qu'il est meilleur cavalier et qu'il a le meilleur
cheval de Paris. . . . .

1. Pour rendre plus complètement et plus exactement ma
pensée, il faudrait ajouter : « Les hommes qui, comme le duc de
Broglie, ont cru fermement la Révolution finie, se livrent au désespoir et joignent au mal réel dont nous souffrons mille maladies
plus terribles encore, que leur esprit dérouté et leur imagination
effrayée leur fait inventer. Moi qui suis convaincu depuis longtemps
que le *sol social* de la France ne peut, quant à présent, donner
d'assiette solide et permanente à aucun gouvernement, j'éprouve
ces tristesses, mais non point ce profond découragement ni ces
terreurs, je ne crois pas que tout soit fini, je ne crois pas non plus
que tout soit perdu, et je regarde mon pays comme un malade
qu'on ne peut, il est vrai, espérer aujourd'hui guérir, mais qu'on
peut soulager beaucoup, dont on peut rendre pour le moment
l'existence très prospère, et de la maladie même duquel on peut
faire sortir de grandes choses pour l'humanité et pour lui-même.
(A. de T.)

22 mai. — « Le grand malheur de la France, me dit Tocqueville, est qu'elle préfère l'égalité à la liberté. » Je le priai de me donner une définition de l'égalité, un mot que j'ai souvent entendu employer sans en comprendre exactement la signification. « Généralement, dit-il[1], c'est le désir qu'a chacun que personne ne soit dans une meilleure situation que lui-même.

« La Révolution qui a détruit le régime féodal ne put pas faire que le bourgeois se sentit l'égal du gentilhomme. Elle ne put pas enlever au noble ses manières, sa confiance en lui-même, le respect qu'on avait de sa naissance... Ces avantages excitent l'envie du bourgeois. D'autre part, la fortune, bien que moins puissante chez nous que chez vous, donne une grande situation. Le fils de l'homme riche est mieux élevé, mieux lancé et plus poussé. Il fait mieux son chemin et ceci excite la jalousie du pauvre. Or, la grande majorité des Français est composée naturellement de gens pauvres et de petite naissance, et l'égalité

---

[1]. « Ce sont là paroles qu'on jette dans une conversation avec un ami, sans y attacher grande importance, et sans avoir la prétention d'approfondir le sujet dont on parle, se livrant plutôt à la disposition du moment qu'à une recherche sérieuse. Pour bien peindre ce qu'on doit entendre par la passion de l'égalité en France, il faudrait une étude beaucoup plus détaillée des différents sentiments et différentes idées dont cette passion s'alimente. Le portrait que j'en fais ici est vrai dans les parties qu'il représente, mais fort inexact si l'on considère l'ensemble des traits de l'original.

Ce que je dis à la fin, que personne ne s'occupe de liberté, de garanties et de bon gouvernement est de même vrai, mais d'une vérité restreinte ; c'est une boutade de mauvaise humeur plutôt qu'un jugement sérieux. (A. de T.).

pour laquelle ils combattent c'est la destruction des avantages de la naissance et de la richesse.

« C'est la raison pour laquelle on proteste contre les remplaçants dans l'armée. Rien ne troublerait autant le bien-être des classes élevées que l'obligation pour chaque jeune homme, quelle que fût sa naissance, sa fortune ou sa profession, de servir trois ans comme simple soldat. C'est aussi la raison pour laquelle on se cramponne à la loi qui limite la liberté de tester : celle pour laquelle on ne tolère pas une pairie, une chambre haute ou un privilège quelconque. Socialisme et communisme sont les mêmes sentiments logiquement développés.

« Egalité est un mot pris pour envie. Elle signifie au fond du cœur de tout républicain : « Personne ne « sera dans une meilleure situation que moi », et tant qu'on préférera cet égalitarisme à un bon gouvernement, tout bon gouvernement sera impossible. En réalité, aucun parti ne désire un bon gouvernement. Le premier objet du parti réactionnaire est d'abattre les Républicains, le second, pour chacune des branches de ce parti, est de détruire l'autre branche en même temps que les Républicains. Le but des Républicains est, comme ils l'admettent eux-mêmes, l'égalité. — Mais quant à la liberté, la sécurité, l'éducation ou les autres vrais objets d'un gouvernement, personne n'en a cure. »

1850. Normandie. Tocqueville. 14 août. — Le château de Tocqueville est bâti en granit et une partie en semble très ancienne, particulièrement trois tours rondes. L'une est détachée et sans toit, mais a pu autrefois être reliée au bâtiment principal. Une autre contient deux étages inhabités outre le rez-de-chaussée : il semble que ç'ait été le donjon. La troisième contient un large escalier de granit : les pièces habitées sont en grande partie modernes et forment une habitation agréable. Le comte de Tocqueville avait offert à son fils un beaucoup plus beau château, Tourlainville, sur une hauteur à environ deux milles de Cherbourg, mais il n'y avait que les murs et il aurait fallu cent mille francs pour le rendre habitable, de sorte que les Alexis de Tocqueville ont sagement préféré leur résidence actuelle plus modeste ; bien qu'élevée et à moins d'un mille et demi de la côte, on ne voit pas la mer. . . . .

Tocqueville dit qu'il est bien portant. Il peut parler autant qu'il veut et a l'intention d'assister au Conseil général. Son père, le comte de Tocqueville, a l'air d'un homme de soixante-cinq ou soixante-six ans, mais il en a en réalité soixante-dix-huit. Ses cheveux sont blancs depuis cinquante-sept ans ; ils ont blanchi en 1793, lorsqu'il fut emprisonné pendant neuf mois avec six membres de sa famille et qu'il les vit tous sortir de la prison une après-midi pour être jugés et exécutés.

Il devait lui-même passer en jugement le 10 thermidor : si la chute de Robespierre eût été retardée de deux jours, nous eussions perdu la *Démocratie en Amérique* et tous les ouvrages qui, je l'espère, lui succéderont.

On s'habitue à tout, dit-il, même à la mort imminente. L'heure désagréable chaque jour était 3 heures et demie, au moment où l'on faisait l'appel de ceux qui devaient comparaître devant le tribunal. Le comte s'était habitué à dormir de trois à quatre.

On parla après le dîner de la nouvelle loi électorale, Tocqueville dit que le gouvernement voulait faire voter une loi modifiée pour atteindre réellement le but qui est le prétexte de la dernière, l'exclusion du scrutin de la population flottante.

« Personne ne sait comment les choses se passeront ; la loi est rédigée en termes si obscurs qu'on l'interprète partout d'une façon différente. Le seul résultat certain est qu'elle supprimera au moins trois millions de votants dont plusieurs, si on doit maintenir le principe du suffrage universel, mériteraient bien d'être conservés. Par exemple, à Tocqueville, parmi les chefs de famille, aucun n'avait pris la peine de faire inscrire ses fils, locataires ou serviteurs : tous ceux-ci qui forment probablement la majorité des électeurs auraient été exclus si je n'eusse envoyé à la ronde les papiers qu'il fallait remplir. »

17 août. — Causé avec Tocqueville des espérances des quatre grands partis :

« La terreur que la République a tout d'abord inspirée a disparu. On voit qu'elle n'apporte pas nécessairement avec elle, la guerre, le cours forcé et la banqueroute, et encore moins la confiscation et la guillotine. Mais on n'a pas confiance en elle : le sentiment de la masse du peuple, du paysan, de l'artisan et du boutiquier aussi bien que du propriétaire et du marchand, sont contre un chef qui change constamment. Loin d'apprécier le droit d'élire un nouveau quasi-roi tous les quatre ans, on déteste ce droit. « Il faut, disent-ils, quelque chose de permanent. » Aussi le parti républicain, en tant que parti, est devenu impuissant. Dans deux ans ou peut-être avant, nous aurons une autre forme de gouvernement. »

— La famille d'Orléans à l'exclusion de la branche aînée ?

« — Cela ne semble guère possible ; leurs droits ne valent guère mieux que ceux de Changarnier ou de Lamartine. Tout ce que leurs amis peuvent dire, est que le peuple a le droit de choisir ses gouvernants, et ferait sagement en choisissant ceux-là. Mais leurs amis sont une minorité, une minorité faible si on la compare au nombre de ceux à qui ils sont indifférents, et à peu près égale au nombre de ceux qui leur sont positivement hostiles. »

— Henri V ?

« Le grand obstacle est l'association qu'on fait du nom de Bourbon à l'ancien régime ; ce gouvernement d'apparence si gai et si brillant dans nos histoires et dans nos *Mémoires,* doit dans la réalité avoir été horriblement mauvais ; car la haine qu'il inspire est presque le seul sentiment qui ait survécu aux soixante ans de révolution écoulés depuis sa chute.

« Les Français acceptent l'oppression, ils admettent de voir leurs enfants enlevés par la conscription, et leurs biens par le percepteur ; mais ils ne peuvent tolérer les privilèges et les mesquines vexations de la féodalité. Vous voyez cette tour sans toit : c'était le colombier de mon grand-père. Il y entretenait trois mille pigeons. Personne n'avait le droit de les tuer, et personne dans la commune ne pouvait avoir d'autres

pigeons. En 1793, lorsque les paysans furent les
maîtres, ils ne firent aucun mal au reste de notre
propriété. Nous avions vécu parmi eux pendant des
siècles comme protecteurs et amis : mais ils se sou-
levèrent en masse contre les pigeons, les tuèrent
jusqu'au dernier et mirent la tour dans son état
actuel. La première fois que je fus candidat, j'échouai,
non pas que personnellement je fusse impopulaire,
mais parce que j'étais gentilhomme. J'entendais répé-
ter partout que les chats happent les souris. Mon
concurrent était d'une famille peu fortunée qui s'était
élevée à la richesse et aux honneurs pendant la Révolution. Ce sont là les circonstances les plus favorables
pour un homme de talent. La fortune, à elle seule,
nuit : elle ne donne pas l'influence et elle excite l'envie. Le seul moment où elle conduisit à l'influence
politique fut celui qui suivit immédiatement la Révolution de 1848. Tous les propriétaires (et presque
tout le monde en province l'est) étaient alarmés : les
grands propriétaires furent élus, parce qu'on pensa
qu'ils avaient les plus gros enjeux à défendre. La
naissance seule est encore pire que la fortune ; elle
excite, non seulement l'envie, mais la crainte. Le souvenir des persécutions de la reine Marie est encore
vivant en Angleterre après trois cents ans. Nos
craintes du retour au droit de tour et de colombier sont
aussi chimériques que vos terreurs du bûcher et de
la roue. Mais pourquoi ne dureraient-elles pas autant ?

— Les bonapartistes ?

TOCQUEVILLE : « Louis-Napoléon réussira-t-il à se
faire empereur ? Je ne le pense pas : je doute qu'il le
tente. Il est audacieux dans ses projets, mais au mo-

ment de l'exécution il hésite. Ses meilleures chances furent au 29 janvier 1849. Il jouissait alors du plein prestige de ses six millions de suffrages : sa médiocrité morale et intellectuelle n'avait pas été mise à nu. Je ne doute pas que le plan n'ait été fait, mais au moment décisif, lui ou ses conseillers reculèrent. »

SENIOR : L'un de ses actes les plus inconsidérés a été le renvoi en novembre 1849 du seul ministère respectable qui pût être formé.

TOCQUEVILLE : « Non, son but était de se constituer lui-même chef permanent et de détruire la constitution ; dans ce cas, il a été habile.

« Nous avions servi son dessein ; nous l'avions mis à même de traverser la période la plus périlleuse du nouveau règne : le passage de la Constituante à la Législative.

« Nous avions maintenu la paix au dedans et au dehors : mais nous réussissions trop bien. La république devenait respectable et on pouvait craindre que le peuple ne s'y rangeât. En livrant l'administration à une poignée de commis sans expérience ni autorité, il déchaîna les passions de l'Assemblée et lui permit de devenir, ce qui n'est pas facile, à la fois menaçante et inoffensive. Je ne veux pas prophétiser ou même chercher à deviner, mais je crois que le résultat le moins improbable est qu'il sera réélu à la fin de son temps ; mais, que sous les autres rapports, la Constitution durera ses trois ans : en dehors de cela, tout est ténèbres.

« ... Ainsi en est-il de la réconciliation des deux branches et de la remise de la couronne à Henri V, avec la succession au comte de Paris. Ceci est peut-

être notre meilleure chance, comme le maintien de
la branche aînée le fut il y a vingt ans. La folie in-
concevable de Charles X et de ses conseillers ou
de ses flatteurs, nous a perdus alors, et peut-être
qu'à la prochaine occasion, les animosités et les jalousies des deux branches se mettront encore en travers.
Les jeunes princes sont, dit-on, favorables à cet ar-
rangement. Il les ramènerait en France et leur rendrait une haute situation. La duchesse d'Orléans
cependant passe pour y être opposée, et personne ne
peut dire ce que sera l'attitude du comte de Paris,
d'ici cinq ou six ans..... »

— Rivet, arrivé de Paris, dit que le parti républicain a presque cessé d'exister. Il a causé avec un de
ses chefs, un révolutionnaire de 1848, qui s'est sauvé
en Angleterre après les journées de juin et qui lui a
dit que le parti était entièrement dispersé ou démora-
lisé. Plusieurs sont partis pour la Californie, d'autres
sont entrés dans le commerce et l'industrie. « Si,
disait cet homme, je voulais faire une émeute, je ne
trouverais pas trois personnes pour remuer un pavé ».
Le socialisme, lui aussi, a cessé d'occuper les esprits.
En somme, tout le monde est fatigué, même de penser à la politique. . . . .

Dimanche 18 août. — Tocqueville, en nous pro-
menant, me dit qu'après la première messe, le curé
avait autorisé ses paroissiens à passer leur journée à
faire leur récolte, leur demandant seulement d'avoir
des pensées pieuses en s'en occupant. Cela nous conduisit à causer de l'état général de la religion en
France.

Tocqueville : « Pendant le dernier siècle la religion avait presque disparu des hautes classes, et l'incrédulité qui avait commencé par elles s'était étendue aux autres classes. La révolution de 1789 changea les sentiments de l'aristocratie ; celle-ci associa l'irréligion à la démocratie et essaya de faire revivre le christianisme comme instrument politique. Pour cela il était nécessaire de paraître y croire, ou au moins de le traiter avec respect. Aussi aucun gentilhomme, dans notre siècle, n'écrit, ou même ne parle irréligieusement. Cependant les classes moyennes et inférieures qui avaient gagné à la Révolution, se sentaient de la gratitude pour le scepticisme qui y avait aidé.

« Elles furent amenées par la conduite de Louis XVIII et de ses courtisans à associer la religion et l'aristocratie, et à soupçonner ceux qui affectaient l'une du désir de ramener l'autre.

« La Révolution de 1830 fut presqu'aussi anti-religieuse qu'anti-légitimiste. Le christianisme fut moins haï de la bourgeoisie sous Louis-Philippe que sous Charles X parce qu'il inspirait moins de crainte, mais il fut autant méprisé. 1848, en détrônant les classes moyennes, les a converties.

« Elles, aussi, voient la nécessité d'une sanction religieuse ; elles désirent se joindre à l'aristocratie pour imposer son frein au peuple. Il n'y a plus que les classes inférieures qui professent l'irréligion. Les moyennes et les hautes classes s'attachent à répandre et à propager le christianisme. »

Je dis qu'il me semblait qu'une foi *politique* de ce genre ne devrait pas être très efficace ; qu'elle devrait produire une sorte de respect de surface et d'uniformité apparente, recouvrant une incrédulité générale.

TOCQUEVILLE : « L'instinct qui conduit la masse de l'humanité à croire dans l'existence et l'intervention d'un être sacré, est si puissant qu'il prévaudra toujours, à moins qu'on ne veuille l'imposer par la violence. Un système religieux qui est enseigné dans toutes les écoles, prêché dans toutes les chaires, et traité par les portions instruites de la société comme s'il était vrai, sera reçu sans examen par les neuf dixièmes de ceux auxquels il est présenté, et adopté par eux sans soupçon. Beaucoup de mes amis, pourvus d'intelligence et de savoir, sont catholiques fervents : Falloux par exemple, un homme de grands talents, de grandes vertus et d'expérience, qui a accepté le ministère parce que son confesseur lui a dit que c'était son devoir. »

SENIOR : Il y a des devoirs imposés par le catholicisme, si désagréables que je serais incapable de m'y soumettre, et dans ces conditions je briserais là.

— « Certainement, beaucoup de nos observances sont pénibles, et sur beaucoup d'esprits elles peuvent produire l'impression qu'elles produiraient sur vous, mais pour beaucoup d'autres leur incommodité même est un stimulant. Ils en apprécient le mérite par la peine qu'elles donnent. Ils jouissent de l'idée qu'ils accomplissent des bonnes œuvres palpables, mesurables, calculables, qu'ils amassent un trésor dans le ciel dont ils peuvent évaluer le montant, et au sujet duquel ils sont en parfaite sécurité. »

Après le déjeuner, visite aux quatre principales fermes du domaine. Elles sont construites en granit et semblent avoir traversé les siècles. On m'indique

l'une d'elles comme ayant été le berceau des Tocqueville. Dans toutes on retrouve la négligence qui distingue les classes agricoles en France... Les gens se
montrèrent très polis et aimables, mais parfaitement
incultes... de manières plus lourdes que nos paysans.
Une des fermes est louée 3,000 francs : le fermier possède une propriété de valeur à peu près égale. Son fils
est au collège de Valognes et sera avocat... Je fus
frappé du nombre d'enfants. Un des fermiers en a
sept, un autre neuf. C'est très rare en France où la
moyenne est de trois par ménage. Tocqueville me dit
que dans cette catégorie de gens, les enfants sont une
richesse. Les fils se marient rarement ni ne quittent
la maison paternelle avant 40 ans, les filles 30 ans.
Le nom qu'on donne aux filles m'a amusé : ce sont des
« créatures ». Un paysan dit qu'il a deux garçons et
trois créatures. On les dit excellents cultivateurs;
leurs chevaux et bestiaux sont beaux... Jusqu'il y a
vingt ans ce qu'on appelait routes étaient juste assez
larges pour un cheval. J'ai vu au château la vieille
voiture de famille : c'est un coffre de *vis-à-vis* soutenu
sur quatre brancards dépassant par devant et derrière... Rivet estime le revenu du domaine à 25,000
francs. Tocqueville dit qu'il était d'un peu plus. Les
salaires sont de trente sous par jour; avec cela, on
admet qu'un homme peut vivre avec sa femme et trois
enfants en bas âge. S'il en a davantage, il faut qu'il
ait recours à la charité. En général, la maisonnette
du paysan lui appartient. Ici comme dans le reste de
la France, les propriétaires et les fermiers souffrent;
les fermages sont arriérés et on a de la peine à relouer
une ferme vacante. L'agriculture est la seule industrie

qui ne se soit pas relevée de 1848... Une des causes
est le manque de confiance dans les institutions actuelles, qui empêche les progrès agricoles.

TOCQUEVILLE : « La consommation a diminué, non
de pain, mais de viande... Quelle que soit la cause,
le fait de l'appauvrissement est certain. S'il en était
autrement, nos voisins ne se plaindraient pas de la
République. »

J'ai rencontré devant la grille un mendiant pro-
fessionnel qui entrait avec sa besace sur le dos. On
donne un sou aux étrangers, mais un certain jour de
la semaine, seulement. Les pauvres de la paroisse
sont secourus par les Tocqueville et par les fermiers,
en vivres et quelquefois en argent. Il n'y a pas de
quête à l'église, ni fonds régulier pour les pauvres.
Tout est laissé à la charité privée.

Une partie du domaine pourrait être transformée
en excellentes prairies arrosées. Seuls, les propriétaires de trois moulins à eau y font paître leurs
chevaux. Tocqueville dit que si les choses devenaient
stables, il s'appliquerait à tirer meilleur parti de ces
pâturages.

Nous causâmes de l'*Histoire de l'Empire*, de
Thiers. TOCQUEVILLE : « J'ai été désappointé. J'attendais mieux d'un si excellent orateur et d'un si merveilleux causeur. C'est trop long et trop détaillé.
Que nous importe que le duc de Dalmatie ait marché
sur un point donné par un sentier ou par un autre ?
Ce sont là des défauts positifs. Les défauts négatifs
consistent dans l'appréciation insuffisante des causes
intrinsèques et extrinsèques qui ont contribué à
former Napoléon.

« Peu d'historiens ont attribué à ces deux catégories de causes leur importance absolue ou relative.
Les uns prêtent trop aux circonstances où leur héros
a été placé, les autres aux accidents de son caractère.
Napoléon, bien que gigantesque dans la guerre et la
législation, a été imparfait et incohérent dans les
deux.

« Nul autre grand général, ou même simplement
nul autre général, n'a subi autant de défaites. Beaucoup ont perdu une armée, quelques-uns peut-être
deux armées; mais qui a jamais survécu à quatre?
De même en législation; il a écrasé l'anarchie,
restauré les finances, créé beaucoup de ce qui a fait
en partie la puissance et la gloire de la France:
mais il l'a dépouillée non seulement de la liberté,
mais du désir de la liberté; il l'a enveloppée dans un
filet de centralisation, qui étouffe toute résistance
individuelle ou corporative, et prépare les voies au
despotisme d'une assemblée ou d'un Empereur. Pour
un parfait égoïste, rien ne pouvait être mieux conçu,
ni exécuté. Il saisit avec une sagacité vraiment merveilleuse, parmi les éléments qui lui avaient été
laissés par la Convention, ceux qui lui permettraient
de s'élever lui-même, et d'abaisser tout le reste; de
pénétrer dans les replis de la vie provinciale et
même individuelle, et de rendre ceux au-dessous de
lui incapables d'agir et de penser, même de désirer
par eux-mêmes. Tout ceci est très insuffisamment
indiqué par Thiers. Le caractère privé de l'Empereur n'a jamais non plus été bien dessiné dans son
ensemble.

« Il y a beaucoup de vérité dans Bourrienne, mais

mêlé, inextricablement mêlé à beaucoup d'inven-
tion.

« Le goût de Napoléon était défectueux en toutes
choses, dans les petites comme dans les grandes, en
fait de livres, d'art, et de femmes, aussi bien qu'en
ambition et en gloire ; et ses idolâtres ne peuvent pas
avoir plus de goût que lui. L'histoire de l'Empire et
celle de l'Empereur sont encore à écrire : et j'espère
les écrire un jour. »

... Le curé a dîné avec nous... il a de très bonnes
manières et ne semblait pas embarrassé. Mais il
prit à peine part à la conversation. Tocqueville dit
que c'était *convenable*.

... On parla de la rareté des grands hommes.
Différents noms furent proposés : R. Peel, Washington et Wellington... Tocqueville reconnut la
grandeur de ce dernier comme général, non peut-
être à la hauteur de César ou d'Alexandre, mais de
Turenne qu'il égalait... Par contre, il doutait de sa
grandeur comme homme d'Etat. Il s'est trompé, dit-
il, dans ses conseils en 1815, et son influence a été
funeste.

... « Bugeaud, avec toutes ses faiblesses et sa
vanité, avait beaucoup des éléments de la grandeur.
Son courage touchait à l'héroïsme, aussi bien le
courage politique que militaire. Il avait plus d'esprit
politique qu'on n'en trouve généralement dans notre
génération si étroite d'esprit. Le soin qu'il prenait
de ses soldats était exemplaire. Je l'ai vu en Algérie
examiner tous les détails. Les officiers ne l'aimaient
pas beaucoup, mais les hommes l'adoraient. »

Tocqueville et Rivet furent étonnés de m'entendre

dire que Bugeaud avait caressé l'idée de la présidence. J'ai vu une lettre de sa main où il donnait des
instructions sur la façon dont il désirait qu'on pré-
sentât sa candidature.

Lamoricière sembla réunir tous les suffrages.
Mme de Tocqueville loua son esprit et sa conversation.
Il a été si longtemps loin de Paris que c'est bien
chez lui de source originelle. Tocqueville parla de
sa puissance de travail. Il peut travailler depuis
l'heure du dîner jusqu'à 2 heures du matin sans
fatigue. Mais il se tue à force de fumer. Il a toujours,
à la lettre, le cigare à la bouche. Rivet alla le voir le
25 février. Il était étendu sans pouvoir remuer, de
fatigue, d'épuisement, et des suites de coups de
baïonnettes: il ne pouvait que fumer.

Tocqueville : « Quand Lamoricière partit pour
Pétersbourg en 1848 (comme ambassadeur), un de
mes amis, un éminent professeur, voyagea avec lui le
premier jour. Mon ami, avec ses habitudes profes-
sionnelles, le sermonna sur ce qu'il aurait à dire à
Nicolas : « Dites-lui qu'il n'a rien à craindre de la
République; que nous ne voulons intervenir nulle
part, et demandons simplement qu'on nous permette
de faire nos affaires à notre façon, et que s'il veut
nous laisser tranquilles, nous serons heureux d'être
de ses amis. » Quand Lamoricière fut de retour, il
me dit: « Eh bien, j'ai fait au czar le discours de
notre ami, et il m'a répondu : « Mon bon ami, il
n'y avait pas besoin de me dire tout cela : je n'ai pas
la moindre envie d'intervenir dans vos affaires. Que
vous ayez une république, un dictateur ou un empereur, je m'en soucie comme d'un rouble. Le seul

gouvernement que je ne puis tolérer est une monarchie constitutionnelle, et chez vous je ne vois pas de danger immédiat dans ce sens. »

20 août. — Conversation avec Rivet et Tocqueville sur le recrutement de l'armée. Elle se compose actuellement de 300,000 hommes en France et 80,000 en Algérie. Sur ces 380,000 il y a environ 80,000 remplaçants, 16,000 volontaires : le reste vient de la conscription. Le service est de sept ans. Le plus mauvais élément est les remplaçants. Cela semble en partie une conséquence du prix qu'on leur paie. Leurs camarades les regardent comme des mercenaires... et on refuse de les grader. Après eux viennent les volontaires, et bien au-dessus ceux qui sortent de la conscription. Le meilleur soldat est celui qu'on prend à la charrue.

Il y a environ 7,000 punitions chaque année, dont 5,800 aux 96,000 remplaçants et volontaires. On appelle la France une nation militaire et jamais, même en 1848, où la misère a été générale, les enrôlements volontaires n'ont dépassé 24,000 par an. Le remède serait une augmentation de la solde; mais l'état des finances s'y oppose. Le budget de l'armée est déjà énorme.

Je demandai ce qu'il faudrait de troupes pour maintenir l'ordre en France. Tocqueville dit qu'une armée de 150,000 hommes bien payés et disciplinés, composée de professionnels, serait plus que suffisante.
— Alors, pourquoi gardez-vous votre armée de 300,000 hommes mal disciplinés? —
— « Parce que avec 150,000 hommes nous serions

15.

incapables de faire la guerre, et la nation se croirait trahie.

« Pouvoir, et dans certaines circonstances, vouloir faire la guerre est le premier devoir qu'une nation réclame de son gouvernement. Le grand sujet de plaintes contre Louis-Philippe, la faute, qui, plus que les autres, a produit sa chute, fut la croyance qu'il était irrémédiablement pacifique. Avec moins de 400,000 hommes nous ne pouvons pas faire la guerre. Ce que nous voudrions, c'est de confier au gouvernement le soin exclusif de trouver les remplaçants, de les prendre parmi les 55,000 hommes renvoyés tous les ans, et de relever la catégorie des remplaçants, en les choisissant à titre de récompense parmi les hommes les mieux notés. Mais tant que l'Allemagne et la Russie restent armées, nous ne pouvons pas matériellement réduire notre contingent, et jusque-là nous ne pouvons pas attirer les volontaires en accroissant la solde.

Je demandai comment l'école Polytechnique se recrutait ?

— « Au concours ; il y a tous les ans environ cent vingt places et douze cents candidats. La difficulté de la lutte rend souvent malades les candidats... L'instruction y est plutôt scientifique que pratique. Il en sort des *bêtes savantes*... A l'école, les élèves sont révolutionnaires, mais plus tard, leur opinion en politique change. L'école ne les prépare pas pour le monde réel... »

Au dîner, conversation sur la société des environs. Lorsqu'on ne pouvait arriver à Paris qu'après huit ou neuf jours de voyage, Valognes, une

petite ville à environ quinze milles, était la capitale de la province : tous les gentilshommes propriétaires y avaient leur maison où il passaient
l'hiver. Le comte de Tocqueville a vendu la sienne
il y a quelques années. La noblesse et la bourgeoisie formaient alors et forment encore des sociétés
distinctes. Leur seul lieu de rencontre était une
salle de concert. Une amie de Mᵐᵉ de Tocqueville
voulut, il y a un ou deux ans, réunir dans un bal les
deux catégories de sociétés. Les dames nobles ré-
pondirent que leurs maris iraient, mais pas elles.
Elle persista et le résultat fut qu'il n'y eût comme
dames que des bourgeoises.

Quand Tocqueville inscrivit son nom au tableau
des avocats, pour être magistrat, ses amis nobles
de Valognes furent scandalisés. « Vos ancêtres, lui
dit-on, furent tous gens d'épée, et vous portez la
robe. »

21 août. — Départ pour Cherbourg...

Je causai avec Rivet du parti auquel appartient
Tocqueville et dont Dufaure, Beaumont et Lanjuinais sont les principaux membres. Le talent, le
savoir, le courage et le caractère de Tocqueville
semblent le désigner comme *leader:* mais tout
d'abord, il manque de puissance physique ; par
suite, il n'a jamais pu monter constamment à la
tribune comme doit le faire un chef de parti ; d'autre
part il est intolérant pour la médiocrité. Il ne veut
pas courtiser ni même aborder ou écouter les per-
sonnalités banales qui forment la majorité de toute
Assemblée. Il sait à peine leur nom... Rivet pense

que Tocqueville est plus heureux dans la vie publique que dans la vie privée et je soupçonne que c'est son propre sentiment. « Ce que je regrette, me dit-il l'autre jour, de mes fonctions ministérielles, c'est l'activité et l'absorption. J'étais enchanté de n'avoir pas une minute à moi. Cela tient peut-être à ce que je suis naturellement mélancolique, et dès qu'il est oisif mon esprit se ronge lui-même. »

Le soir, conversation sur la Révolution de 1848...
..... TOCQUEVILLE : « Une de ses causes fut que Guizot ne partit ni avant, ni après le 23 février. Si Louis-Philippe l'avait gardé une semaine de moins ou une semaine de plus, il serait resté sur le trône. J'eus une longue conversation avec un de ses ministres environ huit jours avant les événements. J'étais alarmé, mais il rit de mes craintes. « Il n'y a pas, dit-il, à s'inquiéter : il y a 65,000 hommes dans Paris en dehors de la garde nationale », En réalité il n'y en avait que 25,000, mais c'était plus que suffisant si on leur avait permis d'agir. Or, dès que Louis-Philippe entendit dire que la garde nationale était hésitante, il désespéra...

« Il n'y a pas d'institution plus révolutionnaire, c'est-à-dire plus productive de révolutions, que la garde nationale. Assurément, de suite après la révolution, elle est utile pour protéger la propriété : mais son instinct est d'engendrer la révolution : la majorité de ses membres n'a aucune expérience politique et sympathise avec le sentiment général, qui est rarement favorable au gouvernement ; les uns veulent lui donner une leçon, les autres le renverser ;

très peu, excepté dans les moments de grande émotion, comme en juin 1848, exposent leur peau pour le défendre ; or un garde national qui se joint à la populace fait plus de mal que ne font de bien vingt gardes nationaux qui défendent le gouvernement. La foule n'a pas le respect de l'uniforme, mais les soldats ne veulent pas tirer dessus...

« Même le 24 février, la monarchie aurait pu être sauvée si on avait pu retarder d'une heure la proclamation du gouvernement provisoire et le départ de la duchesse d'Orléans. Après avoir assisté à la scène révolutionnaire de la Chambre, entendu la proclamation de la République et vu Lamartine et Ledru-Rollin partir pour l'Hôtel de Ville, je quittais la Chambre, et j'étais au bas de l'escalier, quand je rencontrai une compagnie de la 10e légion, la baïonnette au fusil, conduite par le général Oudinot, en civil, mais brandissant sa canne avec un geste militaire et criant : « Vive le roi et la duchesse d'Orléans Régente ! » A son côté, gesticulant et criant de de la même façon, était un homme que je ne veux pas nommer [1] et qui le soir était devenu un farouche républicain. Les gardes nationaux bien que peu nombreux poussaient les mêmes cris, et se précipitèrent dans l'escalier. Oudinot me reconnut, me prit le bras et me cria : « Où allez-vous ? venez avec nous, nous allons chasser ces coquins de la Chambre ! » — « Mon cher général, lui répondis-je, il est trop tard : La Chambre est dissoute, la duchesse est en fuite, et le gouvernement provisoire est en

---

1. L'Ed. Anglais donne ici un nom, sans preuves.

marche sur l'Hôtel de Ville. » Cependant l'élan qu'il avait donné à sa colonne de gardes nationaux était tel qu'elle ne s'arrêta pas : nous rentrâmes dans la Chambre, la foule venait d'en sortir. Les gardes nationaux s'arrêtèrent un instant, regardèrent avec étonnement les bancs vides, puis se dispersèrent dans toutes les directions. Ils appartenaient au quartier Saint-Germain. Oudinot les avait rassemblés en les faisant appeler de maison en maison. S'il avait pu le faire deux heures ou même une heure plus tôt, les destinées de la France, et peut-être de l'Europe, auraient pu être changées.

... *23 août.* — Tocqueville, revenant sur notre conversation d'hier, dit que, bien que la révolution de 1848 ait été une surprise, l'état de choses alors existant n'aurait pas duré longtemps. « On n'aurait pas pu garder le *pays légal,* laisser 200,000 personnes payant 200 francs de contribution gouverner 35 millions d'habitants. Jamais un gouvernement n'a été fondé sur des bases plus étroites ou plus superficielles. Il ne s'appuyait pas sur le nombre, la richesse, l'instruction, l'ancienneté, le préjugé ou le respect. Il était méprisé par les basses classes, et détesté autant que méprisé par les hautes. Parmi ceux que vous appelez en Angleterre la *gentry,* peu étaient orléanistes. Presque toute l'aristocratie était légitimiste, aussi bien de sentiment que d'éducation ; le reste s'était rallié à la Restauration comme au seul pouvoir qui eût un passé ou un avenir. La conduite de Louis-Philippe ne lui fut pas pardonnée. Comme régent au nom de Henri V, il au-

rait pu se placer entre le peuple et le trône, comme
il l'a fait étant roi. En consentant à être le fondateur
d'une dynastie usurpée, en reconnaissant à la populace de Paris le droit d'instituer et de renverser les
rois, il a créé un précédent qui sera certainement
suivi. Tôt ou tard la dynastie d'Orléans aurait été
renversée, même si elle eût reposé sur une base
réellement démocratique. Mais elle était fondée sur
la plus avide et égoïste des ploutocraties. Le pays
légal faisait les lois par ses députés, les appliquait
par ses administrateurs ; législation et administration étaient pour eux une série de tripotages et d'intérêts de partis ou d'électeurs. Leur gouvernement
excitait le soupçon, l'envie, le mépris, bref toutes
les passions sordides excepté la crainte. Il ne pouvait durer... »

Je lui demandai ce qu'il pensait de l'indemnité
des députés.

« Elle déplaît au gouvernement autant qu'au
peuple : au gouvernement, parce qu'elle rend les
députés indépendants : au peuple, parce qu'il ne
comprend pas la nécessité de payer un homme pour
faire ce qu'il ferait si volontiers gratis : mais je ne
vois pas comment nous pourrions revenir là-dessus.
On supprimera peut-être l'indemnité, mais elle sera
rétablie. Si on ne paye pas les députés, il faut leur
permettre d'être fonctionnaires. Étant donnés les
sentiments de notre pays, la plupart des élus seront
des gens pauvres. Ils ne se laisseront pas mourir de
faim ayant la souveraineté aux mains. Ils forceront
la nation à les payer comme fonctionnaires s'ils ne
sont pas payés comme représentants. Mais une

Chambre de fonctionnaires exciterait la méfiance publique; on la considérerait, problablement à juste titre, comme un docile instrument du pouvoir exécutif. »

... « Je préfère à tout prendre le nouveau scrutin départemental ou *de liste*. Sous l'ancien système, alors qu'un collège électoral d'environ 500 personnes nommait un député, au fond le député achetait ses électeurs, et les payait sur le budget. Rien qu'en votant pour le cabinet, il obtenait pour chaque électeur la petite place que celui-ci ambitionnait. Ce n'était ni le système anglais actuel qui consiste à acheter des votes 10 liv. st. par tête, ni la vieille coutume de R. Walpole qui invitait les membres du Parlement à dîner, et mettait des billets de banque ou de loterie sous leur assiette; mais ce n'en était pas moins un système de corruption organisée. C'est un grand avantage d'en être sorti, de forcer les électeurs démocratiques à choisir des hommes ayant au moins de la notoriété; c'en est un autre encore plus grand d'avoir rendu le candidat indépendant des électeurs pris individuellement. »

Nous causâmes de la division des propriétés. Je dis qu'il ne me semblait pas qu'elle dût augmenter; qu'avec une population s'accroissant aussi lentement qu'en France, l'agglutination devait compenser la division... Tocqueville fut de mon avis : « La tendance est à créer des fermes, chacune d'une étendue telle qu'une famille puisse la *cultiver*, ce qui dépasse de beaucoup l'étendue nécessaire à *nourrir* cette même famille. Presque chaque paysan possède sa maison: en mettant toutes ses épargnes dans la terre, il cherche à étendre sa propriété jusqu'à ce qu'il ait atteint la limite que je viens d'indiquer. Souvent pour cela il emprunte, et c'est là un des dangers qui le menacent. Les énormes hypothèques qui grèvent nos populations agricoles, comprenant les 3/4 de la population totale, créent un formidable parti révolutionnaire. Il est clair que le premier acte d'une république rouge serait d'abolir directement ou indirectement les dettes hypothécaires. Un tel gouvernement ne vivrait peut-être pas six mois, mais il pourrait faire cela en dix jours. Il pourrait faire table-rase et déclarer nuls les engagements hypothécaires; ou il pourrait créer un papier à cours forcé, et prêter à 1 pour 100 à tous ceux qui offriraient ce qu'on appellerait une *sécurité morale,* — c'est-à-dire à tout le monde. Et le gouvernement qui lui succéderait serait embarrassé de refuser de ratifier les actes de ses prédécesseurs, ou d'annuler des remboursements faits en papier légal, quoique déprécié. »

Samedi 25 août 1850. — En promenade.
TOCQUEVILLE : « J'ai quarante-cinq ans : il semble qu'il aurait fallu des siècles pour les changements qui se sont produits dans les habitudes de la société depuis mon enfance. L'unique objet de ceux parmi lesquels je fus élevé, était de s'amuser. On ne parlait jamais de politique, et je crois même qu'on y pensait fort peu. La littérature était un des sujets habituels de conversation. Tout livre nouveau, d'un mérite quelconque, était lu à haute voix, discuté et critiqué avec une attention et un détail qui nous paraîtrait aujourd'hui une déplorable perte de temps.

Je me rappelle comme chacun tombait en extase devant des productions de Delille que pour rien au monde je ne voudrais relire. Toute maison de campagne un peu importante avait son théâtre, et on trouvait souvent dans la société d'excellents acteurs. Je me rappelle mon père revenant après une courte absence dans la maison pleine de monde. Nous nous amusâmes à le recevoir déguisés. Chateaubriand était en vieille femme. Personne ne se donnerait tant de peine à présent. Chaque incident fournissait la matière d'un petit poème.

« On étudiait les moyens de plaire comme maintenant ceux d'acquérir profit ou puissance. Causer et raconter et aussi tenir *salon* sont des arts perdus. Mme Récamier faisait les délices de Paris; elle parlait fort peu : elle écoutait et souriait intelligemment, et de temps en temps glissait une question ou une remarque pour montrer qu'elle comprenait. Grâce à une longue expérience elle savait les sujets sur lesquels chaque convive brillait le plus, et elle y amenait la conversation. Au fond ce n'était pas difficile, car le convive, qui était un vétéran *causeur*, savait mieux qu'elle par où il brillait et saisissait le fil qu'on lui tendait. C'était seulement par comparaison, et en se demandant pourquoi l'on causait plus facilement chez elle qu'ailleurs, qu'on découvrait la perfection de son art. L'influence des femmes était alors toute puissante : elles donnaient la réputation, faisaient la mode, et créaient même l'influence politique. »

« L'influence des femmes, dit Rivet, est encore considérable. — Oui, mais de tout autre façon; ce n'est plus l'influence des maîtresses ou des amies, mais des femmes sur leurs maris, et en général, elle est nuisible. Une de ses conséquences est de détruire l'indépendance politique : c'est le résultat de la pauvreté de nos hommes publics. La femme est toujours à suggérer combien une petite dépense par-ci et puis par-là ajouterait au confort du ménage, et le mari trafique de ses principes pour quelques milliers de francs...

« Parmi les choses qui ont disparu avec l'ancien régime, il faut compter ses habitudes de luxe. Personne aujourd'hui n'arriverait décemment et aisément à dépenser plus de 200,000 francs par an ; au delà, il faudrait jouer ou tomber dans quelque folie. La dépense qui a été le plus réduite est celle des serviteurs. Nous payons des gages bien moindres que vous : je donne à mon domestique Eugène 600 francs par an, mais c'est tout à fait une exception. En général on donne de 4 à 500 francs... Eugène, ajouta-t-il, est un homme que j'ai toujours envié, et que j'envie encore. Si le bonheur consiste dans l'accord de ce que nous désirons et de ce que nous pouvons, comme je le crois, il doit être heureux. J'ai toute ma vie fait effort pour atteindre des objets dont pas un ne me sera donné complètement. En devenant un bon serviteur, il a eu tout ce qu'il souhaitait ; un maître et une maîtresse auxquels il est attaché et qui lui sont attachés... Au total, c'est un héros. Il s'est battu comme un lion en juin. »

Saint-Lô, 26 août. — Arrivée avec Tocqueville à Saint-Lô où le Conseil général doit se réunir. Nous

avons parlé des changements survenus dans la littérature française depuis cent cinquante ans.

« Si Bossuet ou Pascal ressuscitaient, dit Tocqueville, ils nous croiraient retombés dans une demi-
barbarie, ils seraient incapables d'entrer dans les
idées de nos écrivains à la mode : dégoûtés de leur
style, et embarrassés même par leur langue. »

— Quel est votre âge d'or littéraire?

— « La fin du xviie siècle. Les auteurs alors écri-
vaient seulement pour la gloire et ne s'adressaient
qu'à un public restreint et de haute culture. La littérature française était jeune, les premières places
se trouvaient vacantes, et il était relativement facile
de se faire distinguer. L'extravagance n'était pas
nécessaire pour attirer l'attention. Le style était
le simple véhicule de la pensée. Avant tout, être
clair, et une fois clair, concis, c'était tout ce qu'on
visait.

« Au xviiie siècle, la concurrence a commencé; il
était devenu difficile d'être original par le sujet; on
essaya de lutter par le style; on ajouta l'ornement à
la clarté et à la concision; ce fut avec sobriété et
bon goût, mais cependant en trahissant déjà l'effort
et le travail. Le grotesque et l'ornemental se sont
succédé juste comme le style sévère de notre vieille
architecture normande est devenu successivement
fleuri puis flamboyant. Si je devais dresser une gé-
néalogie, à la façon biblique, de nos modernes écrivains populaires, je la ferais ainsi : Rousseau vécut
vingt ans et engendra Bernardin de Saint-Pierre;
Bernardin de Saint-Pierre vécut vingt ans et engendra Chateaubriand; Chateaubriand vécut vingt ans

et engendra Victor Hugo, et Victor Hugo, tenté par le diable, engendre chaque jour...

— Lamartine est un de ses fils ?

— Non, Lamartine sort d'une souche très différente. Son père, s'il en a un, est Chénier, mais on peut presque dire qu'il est *ex se ipso natus*. Lorsqu'il entra dans le monde poétique, tous les esprits étaient soulevés par la Révolution. Elle les avait remplis de conceptions vagues et de désirs mal définis, auxquels Lamartine, sans les rendre assez précis pour montrer leur vide ou leur inconsistance, donna un peu de forme et de couleur. Ses *Méditations*, et particulièrement la première partie, trouvèrent un complice dans chaque lecteur; il sembla exprimer des pensées que chacun avait conçues bien que personne ne les eût incarnées dans des mots. »

SENIOR : Je crains d'être incapable de les lire, et en réalité, il y a peu de poésies françaises qui me soient accessibles.

TOCQUEVILLE : « Il en est de même de la poésie de toutes les langues. Vous admirez des parties de Shakspeare où je n'aperçois aucune beauté. »

1851. — SORRENTE ET PARIS[1].

25 janvier. Sorrente, Belvédère Guerracino. — Nous sommes logés avec les Tocqueville et Ampère

1. M. de Tocqueville a lu les entretiens qui vont suivre, jour par jour, et a fait ses corrections sur le manuscrit. (Ed. angl.)

dans un vieux palais à environ un quart de mille de la mer, et à un mille et demi de Sorrente. Nous avons une belle terrasse et une loggia au nord, donnant sur le jardin d'orangers qui va de Sorrente à la mer.

Promenade avec Tocqueville. — « Le Pape a eu grand tort lorsqu'il a divisé l'Angleterre en diocèses et nommé des évêques anglais. Il a jeté le discrédit sur ses amis, les Puséystes, et excité à la fois la crainte et la défiance en montrant l'étendue de son influence, et la façon dont elle s'exerce. Loin d'accroître son autorité chez vous, il l'a diminuée. Il était bien plus à redouter lorsqu'il agissait dans le silence. Au lieu de profiter de son faux mouvement, vous en avez fait un vous-mêmes. Votre explosion d'intolérance vous met dans votre tort. Une cause qui est défendue par des prêtres révoltés, qui cassent les carreaux de vingt chapelles, apparaît comme une mauvaise cause. Je regarde l'Angleterre comme notre grande source et notre grand modèle de sagesse et de modération politiques. Vous venez de donner un déplorable exemple de bigoterie et de violence, et il est à craindre, ce qui est arrivé dans bien des cas du même genre, qu'on suive plutôt le mauvais que le bon exemple.

... Je soutins que tous les moyens étaient bons pour empêcher les progrès du catholicisme romain...

Tocqueville : « Je ne me range pas complètement à votre critique du catholicisme romain, ni à l'opportunité qu'il y a à l'affaiblir : mais en tous cas il semble que vous preniez de mauvais moyens pour atteindre ce but. L'inefficacité de la persécution, à comprimer les opinions ou les pratiques religieuses, semblait un fait reconnu.

— La persécution, répliquai-je, peut être impolitique et moralement un mal ; mais elle n'est pas toujours inefficace. Voyez la Bohême, qui en 200 ans a été, par la persécution, amenée du protestantisme au catholicisme.

— « D'abord, une persécution, pour être efficace, doit être féroce, et telle que vous ne pourriez pas la pratiquer ; ensuite j'incline à croire que le protestantisme, entrant moins dans la vie de tous les jours que le catholicisme, est plus facile à extirper. Vous avez persécuté les catholiques irlandais il y a un siècle et demi, et à la fin de cette violente persécution, les catholiques étaient en plus grande proportion vis-à-vis des protestants... Le monde commençait à espérer que la tolérance pouvait coexister avec une Église établie et une foi vive... que l'intelligence, la moralité, la liberté politique et la liberté religieuse se développaient de concert. Ce que vous faites affaiblit cet espoir, et semble prouver qu'un gouvernement populaire, même chez un peuple éclairé et moral, est encore moins tolérant que beaucoup de gouvernements que vous avez l'habitude de mépriser. Le précédent que vous créez sera un prétexte pour la bigoterie ailleurs... Observez de plus que le mouvement n'est pas dirigé contre ce que vous appelez les pratiques du catholicisme, mais contre ses doctrines. Vos archevêques et vos évêques, dans leur adresse à la reine, n'attaquent pas l'Église romaine parce qu'elle exige le célibat des prêtres, ou parce qu'elle nie le libre arbitre, mais

parce qu'elle est contraire à la parole de Dieu, et
sanctionne des fables et des supercheries blasphé-
matoires... autrement dit parce qu'elle interprète
autrement que vous certains passages de l'Écri-
ture. »

... *26 Janvier.* — Nous passâmes près d'une petite
chapelle où Tocqueville assiste toujours au sermon...
« Comment concilier la froideur, la tournure d'esprit mondaine, et le manque d'enthousiasme général
de votre clergé avec le zèle religieux des laïcs ? Chez
nous l'influence du prêtre dépend de son éloignement du monde, de son indifférence pour les plaisirs, de son mépris pour les objets habituels de la
vie. Il nous dit que ce monde n'est pas un lieu de
plaisir, mais d'épreuves, qu'il n'y faut pas chercher le
bonheur, et que si on pouvait l'atteindre, il ne serait pas digne d'une pensée, s'il devait en quoi que
ce fût diminuer nos chances de la félicité éternelle...
Quand un homme qui nous prêche ce détachement,
pense plus lui-même à ce monde qu'à l'autre, quand
pour une heure qu'il emploie à s'assurer son bonheur
éternel, il en consacre trois ou quatre à jouir des
avantages et des plaisirs de la brève existence d'ici-
bas, il est difficile de le croire sincère..... »

29 janvier. — Promenade avec Tocqueville et Ampère autour des murs de Sorrente. Nous venions
d'apprendre le vote de l'Assemblée, du 18 janvier,
déclarant qu'elle n'avait pas confiance dans le ministère.

TOCQUEVILLE : « La dernière fois qu'une Chambre

française a émis un tel vote, ce fut en juin 1830 : rapprochement de bon augure ; mais en 1831, les 221 avaient le pays derrière eux. Il est difficile de dire jusqu'à quel point le pays sympathise avec l'Assemblée. Elle s'est fait beaucoup de mal en faisant relâcher Mauguin. Les tribunaux sont furieux : tous les privilèges, spécialement ceux que réclament les corps collectifs, sont impopulaires. . . . .

« D'autre part, le Président fait bon effet en public. Son immense clientèle met la France à ses pieds. Les auteurs de la Constitution voulaient en faire un agent docile de l'Assemblée. Dans les limites de la Constitution, la Chambre devait être souveraine. Mais ils ont donné au Président des moyens de pouvoir et d'influence contre lesquels il est difficile à l'Assemblée de lutter. Je suis d'accord avec Thiers, que si dans la lutte celle-ci cède, nous aurons l'Empire sous un autre nom. Il est possible qu'il transige sur la question de dotation, abandonne ses ministres et reçoive ses trois millions, ce qui serait peu honorable pour lui. Il est plus probable que ses ministres refuseront de garder leurs portefeuilles. Être censuré par l'Assemblée, et traité par le Président comme un simple commis, c'est payer cher sa place. »

— Il est malheureux que Louis-Napoléon ait appris si peu en Angleterre.

— « Il y a beaucoup appris, par exemple la valeur de l'initiative privée. Il est beaucoup moins porté que la plupart de ses ministres à faire intervenir le gouvernement dans toutes les grandes affaires ; mais il n'a pas appris même les principes du gouvernement parlementaire. Il est décidé à être, non seulement son premier ministre, mais presque son seul ministre. Il ne veut même pas être contrôlé par son cabinet. De là cette anomalie que les chefs de partis, dans l'Assemblée, votent contre le ministère et cependant refusent de prendre sa place.....

— Il me semble que l'Assemblée aurait dû résister à la prétention du Président en novembre 1849, lorsque, contrairement à l'esprit du gouvernement parlementaire, il se sépara d'un ministère soutenu par une forte majorité. En ne repoussant pas cette agression, elle en a provoqué d'autres.

— « Cela est vrai; mais l'Assemblée était nouvelle ainsi que le Président. Nous étions désireux de ne pas commencer de suite par une querelle, et nous, les ministres démissionnaires, nous fîmes tous nos efforts pour permettre à nos successeurs de faire un essai loyal. Mais peut-être, comme vous le dites, eûmes-nous tort.

— Qu'arrivera-t-il, si les ministres restent ?

— « Il y a deux moyens pour obliger le Président à céder. Les contributions directes qui forment le noyau du budget sont annuelles. L'Assemblée peut refuser de les voter : ou elle peut voter des lois qui dépendent d'elle. Elle peut, par exemple, changer la constitution de l'armée, elle pourrait éloigner l'armée de Paris.....

— Ces moyens ne mettraient-ils pas le pays du côté du Président? — Je parlai de la dissolution....

TOCQUEVILLE : « Une dissolution chez nous serait une Révolution. On ne peut laisser le Président, et surtout un Bonaparte, même pendant quelques se-

maines, sans contre-poids. Dans quelques années,
peut-être, si nous avons alors des institutions populaires, on pourra accorder à notre premier magistrat
le pouvoir de dissoudre dont jouit chez vous le souverain ; mais ce n'est pas possible dans le moment
de transition actuel. »

— Mais, si vous refusez de voter les lois et si le
Président résiste, qu'arrivera-t-il ?

— « Si sa conduite prêtait à l'accusation de vouloir détruire la Constitution, nous pourrions nous
emparer du pouvoir entier de l'État, et l'arrêter. Or,
ces cris séditieux, l'avancement de ceux qui les ont
poussés, la disgrâce de ceux qui ont refusé de s'y
associer, la destitution du chef sur l'habileté et la
fidélité duquel l'Assemblée comptait pour sa propre
protection, sont de sûrs indices d'un projet d'usur-
pation..... »

SENIOR : Le prince a-t-il été sage de se livrer à
des dépenses qui le forcent à s'adresser à la Chambre
pour obtenir de nouvelles ressources ?

— « Très peu sage ; il aurait dû vivre avec son revenu, comme un riche particulier et sans prétendre
à un faste princier. Il aurait été plus respecté et
plus réellement puissant. Je le lui ai dit cent fois.
Je l'ai supplié de laisser là son train extravagant, de
cesser ses fêtes fastueuses ; mais il a l'instinct de la
dépense, et son entourage, qui est composé des plus
mauvais conseillers, le pousse à des prodigalités dont
il profite. Il pense toujours à son oncle, et le luxe de
la cour impériale est assurément la partie de l'Empire la plus facile à copier. »

— Où va tout cet argent ?

— « Beaucoup en dons à d'anciens officiers.
Beaucoup en dîners, bals, et encore plus en *cou-
lage.* »

— Cependant, il tire quelque profit de son luxe?

— « Si son but est de devenir souverain, il y a
réussi en accoutumant le peuple à le voir environné
d'un faste et d'un appareil inconciliables avec l'existence d'un simple particulier. Mais je ne crois pas
que ses prodigalités aient été le résultat de vues
politiques profondes. Je crois que son motif réel a
été le plaisir de dépenser de l'argent, de satisfaire
sa vanité, et celle de ceux qui l'entourent. . . . . .

« Tout ce qui se passe, continua-t-il, me remplit
de tristesse : je souhaite le bien du Président et celui
de l'Assemblée, et je les vois essayer de se détruire
l'un l'autre. Parmi les solutions possibles, celle qui
m'a pendant quelque temps paru soulever le moins
d'objections est la prolongation de la Présidence de
Louis-Napoléon : et je suis affligé de voir qu'il la
rend presque impossible. »

SENIOR : Quelle sera la prophétie que j'entendrai
à Paris en mai prochain? A chaque mois de mai des
trois dernières années, on m'a annoncé une insurrection et, deux fois, cela s'est réalisé.

— « La prophétie de mai prochain, ce sera un
coup d'État. Des amis vous diront que dans une semaine l'Assemblée va se déclarer en danger, placera
une troupe de 40,000 hommes sous les ordres de
l'un de ses membres, et s'en servira pour mettre le
Président à Vincennes. D'autres vous diront qu'il
faut chaque matin vous attendre à apprendre que,
la nuit, le Palais Bourbon a été occupé par des trou-

pes, que les murs sont couverts d'affiches déclarant l'Assemblée dissoute, et que tous les chefs de la majorité sont arrêtés ou cachés : et je ne voudrais pas dire qu'un de ces événements ou un événement semblable ne se produira pas. Dans l'état présent de l'opinion, rien ne serait plus aisé pour le Président que de se faire roi constitutionnel. C'est la forme de gouvernement sous laquelle la France a été le plus prospère, celle qui compte le plus de partisans actifs. Si l'un des princes d'Orléans était président, nous y glisserions presqu'inconsciemment. Mais c'est un rôle auquel répugnent tous les préjugés et les goûts de Louis-Napoléon : il ne peut pas supporter d'être contrôlé par une Assemblée, ni prendre ses ministres dans la majorité et soumettre à celle-ci sa conduite. Je suis convaincu qu'il préfère de beaucoup rester Président de la République, avec des pouvoirs vagues, mal définis, et, comme il le croit, indépendants, que de devenir roi constitutionnel, agissant sur l'avis de ses ministres et avec un droit plus apparent que réel de les choisir. Je ne veux pas dire qu'il soit satisfait de n'être que Président... Ce qu'il voudrait, c'est être roi comme Henri IV ou l'un de vos Tudors... Il accepterait peut-être un Sénat qui lui adresserait toujours des compliments et quelquefois des conseils, qui se chargerait des détails de la législation, enregistrerait et promulguerait ses décrets. Mais comme son oncle, il veut gouverner...

« L'aveuglement des gens sages est étonnant. Presque tous les chefs de partis de l'Assemblée constituante votèrent pour lui. Plusieurs étaient enthousiastes et donnèrent à sa cause la solidité d'un parti. Ils étaient poussés par deux idées, et il est difficile de dire laquelle est la plus absurde. L'une était sa *nullité :* il n'avait ni talent, ni savoir, et par suite, on pourrait facilement le diriger ; l'autre était que s'il se montrait indocile, il serait aisé de s'en débarrasser, en tout cas, à la fin de son temps légal, et peut-être avant...

« Contre lui, mes amis ne furent soutenus que par la Montagne. Cavaignac était la seule chance de la République. Ce n'est pas un homme à grandes vues, mais un honnête homme qui préfère la gloire au pouvoir. Son modèle eût été Washington. »

4 février. — Promenade aux Camaldules.

TOCQUEVILLE : « Quelles que soient les destinées de la France, une chose est certaine : la nécessité d'une loi des pauvres. Il y a déjà quelque chose de semblable dans nos grandes villes. Je pense qu'à Paris on dépense autant pour la charité qu'à Londres. Dans certaines périodes, un quart de la population a reçu l'assistance, mais à la campagne il n'y a rien et dans les villes c'est mal réglé. Il est malheureux que Thiers, qui sur tant de points a l'esprit si pratique, ait un système aussi absurde sur celui-ci : il veut une grande expansion de travaux publics, des ateliers nationaux par toute la France.... : il y a cependant un point sur lequel je n'ai pu jusqu'ici fixer mon opinion. C'est la grande question du droit à l'assistance : faut-il mettre dans la loi que personne ne doit mourir de faim ? Si nous posons le droit, il faut rendre l'assistance pénible, désunir les familles, faire du *work house* une prison et rendre notre cha-

rité répulsive. Si nous refusons le droit, en tant
que droit, nous pouvons le transformer en charité,
et en faire un lien entre riche et pauvre : alors les
mauvais effets d'une loi des pauvres sur l'activité, la
sobriété et l'épargne du travailleur, seront accrus par
la certitude où il sera que, quelle que soit sa conduite, ni lui, ni sa famille, ne mourront de faim. »

En quittant le couvent, je dis que les deux choses
que je trouverais le plus désagréable, dans le catholicisme, seraient son ascétisme et la confession.

— « Ce que vous appelez, répondit Tocqueville,
l'ascétisme des catholiques, fut à l'origine une réaction contre les sensualités du paganisme, et les passions qui nous poussent à la jouissance sont si fortes,
que je ne regrette pas que la religion pousse en
quelque degré à l'abstinence...

« Après tout, d'ailleurs, vous n'êtes pas vous-mêmes
exempts d'ascétisme. Quoi de plus ascétique que votre
Dimanche, où vous pensez devoir renoncer à des
plaisirs, qu'en eux-mêmes vous considérez comme
innocents...? Vous croyez plaire à Dieu en lui faisant
ce petit sacrifice au jour qui lui est consacré. N'est-ce
pas de l'ascétisme, restreint, il est vrai, à un jour par
semaine, mais impliquant cependant le principe qu'il
y a quelque chose de mal dans la jouissance et de
vertueux dans la mortification? »

... Tocqueville est anxieux des nouvelles de la
France. « J'ai voté contre Louis-Napoléon en partie
pour les causes qui ont amené la majorité à
voter pour lui, parce qu'il est ou du moins s'appelle
un Bonaparte, et aussi par méfiance profonde contre
son caractère, mais une fois nommé, j'ai désiré que

nous restassions en bons termes avec lui... Il a cru
pendant vingt ans qu'il serait le maître permanent de la France, et sa témérité est égale à sa confiance en lui-même. Je crois malgré tout qu'il aurait
été possible, au moins pour quelque temps, d'éviter
une rupture, et j'ai fait tout ce que j'ai pu pour y
parvenir. Dans toutes mes lettres j'ai pressé mes
amis de se rapprocher de lui : mais maintenant que
le conflit s'est produit, je souhaite vivement que
l'Assemblée l'emporte. Si le Président gagne la partie, si ses pouvoirs, déjà trop étendus pour un gouvernement représentatif, sont prolongés et fortifiés,
lui et sa cour deviendront les maîtres de la France.
Les derniers débats ont fait surgir pour la première
fois un parti des « amis du Président ». Ils s'effor-
cent de faire un parti permanent des 286. Cette minorité se composait originairement d'ombres comme
la majorité. Elle comprenait ceux qui voulaient seulement blâmer quelques-uns des actes du ministère,
et aussi ceux qui ne voulaient par exprimer un
blâme, mais un regret. J'ai confiance que ce groupe
se dissoudra maintenant que l'incident qui l'a créé
est passé : mais s'il en est autrement, s'il se cristal-
lise en parti, une pareille minorité, opposée à une
majorité divisée, deviendra bientôt la fraction la plus
puissante de l'Assemblée. Les esprits, d'autre part,
sont dans de telles dispositions, qu'ils se rangeront
du côté de l'Exécutif, quelles que soient ses folies ou
ses usurpations. On est fatigué de révolutions, et on
sacrifierait la Constitution pour éviter un conflit. »

SENIOR : Il est heureux que votre Constitution, si
elle est en danger, ne soit pas meilleure. Si nous

devions perdre la nôtre, nous penserions la perte irréparable ; mais vous pourrez, vous, en refaire une aussi bonne en quelques semaines.

TOCQUEVILLE : « La Constitution est détestable, mais elle nous offre un abri. Personne ne peut dire ce qui arriverait pendant l'interrègne. Il est aussi de quelque importance d'envisager le caractère de l'homme qui aspire à être notre maître. Vous croyez en Angleterre, je le sais, qu'il est essentiellement pacifique ; qu'il représente le parti de l'ordre, et qu'il est plus sûr d'avoir affaire à lui qu'à l'Assemblée. Pour le moment, où il cherche seulement à se faire des amis, et à écraser ses ennemis, il est pacifique ; mais il a, touchant le rôle que la France doit jouer dans les affaires de l'Europe, des idées qui pourraient faire de lui un voisin très désagréable, et peut-être très dangereux. ». .

— Vous dites que vous vous êtes efforcé d'écarter le conflit ! Comment pouvait-il l'être, ou du moins de la part de l'Assemblée ? L'agression, au moins jusqu'au 18 janvier où la Chambre s'est mise sur la défensive, semble avoir été tout entière du côté de la présidence. »

— « C'est ce que doivent penser ceux qui ont vu les choses à distance : mais presque depuis le début le ton et l'attitude de la Chambre ont été hostiles. Le rapport de Thiers sur les affaires de Rome a blessé profondément le prince : pas tant par la critique qu'il contenait des négociations avec le Pape, que par l'omission de toute allusion à la lettre à E. Ney ; lettre qu'il croit un chef-d'œuvre d'habileté politique, et qu'il considère, non sans raison, comme étant entièrement de son fait. Ensuite la Chambre s'est montrée mal disposée au sujet de la dotation, ne lui a donné qu'une partie de ce qu'il demandait, et l'a donnée de mauvaise grâce. Lorsqu'on nomma un comité permanent pendant la prorogation, ses amis en furent soigneusement exclus. On sut que les procès-verbaux de cette commission lui étaient défavorables, et on fit souvent allusion à ce qu'un moment viendrait où l'on s'en servirait. La popularité de Changarnier, dans la Chambre, tenait manifestement à son hostilité bien connue contre le président... La déclaration de manque de confiance est le premier coup ouvertement porté par la Chambre, comme la révocation de Changarnier le premier frappé par le Président; mais il y a des mois qu'une hostilité latente règne entre eux. »

5 février... « La Commission, qui a rédigé la Constitution, dit Tocqueville, se composait principalement d'anciens fonctionnaires et de républicains. Les premiers voulaient continuer le système de centralisation existant, et pour cela, armer le pouvoir exécutif de tous les attributs de la royauté. Les seconds voulaient dépouiller le président de tous les privilèges et immunités de la royauté, et en faire simplement le premier agent de l'Assemblée. J'essayai de leur persuader que ces solutions étaient inconciliables, et que s'ils imposaient à l'exécutif le devoir, ou même s'ils lui donnaient le droit d'universelle intervention, le chef de ce pouvoir exécutif deviendrait leur maître: mais je pus à peine me faire écouter. Le premier jour de nos réunions, Lamennais proposa de

donner aux communes une petite somme d'indépendance : il se heurta à l'opposition de tous, réunit
3 voix, et le lendemain démissionna. Beaumont et
moi nous proposâmes deux chambres, et nous fûmes
battus après un débat de deux jours. Il n'y eut presque pas d'autres discussions. Cormenin, qui était
président de la Commission, se chargea lui-même
de préparer la rédaction, avec l'aide de Vivien. Il
nous apportait chaque matin quelques paragraphes
terminés, et c'est à peine si on y fit quelques corrections de vive voix. Cormenin fut notre Solon. Il
n'y a qu'une partie de bonne : le tribunal pour
les délits politiques. Les 86 Conseils généraux tirent
chacun au sort un membre du grand jury, et dans
ce grand jury le sort désigne le jury à qui l'affaire
sera soumise. On obtient ainsi un tribunal respectable, libre de préjugés locaux.

« On a fait à la Constitution une objection qu'elle
ne mérite pas complètement. On dit qu'en déclarant le président responsable, elle lui a permis de
devenir son propre premier ministre. Elle déclare
le président responsable en cas d'atteinte à la Constitution, responsabilité qu'il aurait encourue, même
si elle n'avait pas été spécifiée. De ses cinq prédécesseurs immédiats, trois ont été bannis, et un déca-
pité : mais la vraie interprétation est que, d'après la
Constitution, telle qu'elle est, le président n'est pas
responsable de la politique générale de son gouvernement.

« La Constitution prévoit qu'une loi spéciale déter-
minera les cas, autres que celui déjà spécifié, d'une
atteinte aux prérogatives de l'Assemblée, où le prési-

dent et ses ministres encourront une responsabilité
personnelle. On n'a encore voté aucune loi de ce
genre, et quand elle sera votée, elle ne pourra pas être
rétro-active. Aussi le président ne peut-il actuellement être responsable, sauf dans le cas que je viens
de rappeler. La Chambre doit sans doute se confor-
mer à la Constitution et voter une loi définissant
la responsabilité ministérielle et réglant la sanction
pénale : mais si elle étendait la loi au président et déclarait que celui-ci peut être mis en accusation pour
les fautes ou les erreurs de son administration, je
pense que son action dans ce cas serait inconstitutionnelle et nulle. »...

4 février. Les journaux nous ont apporté le
maigre résultat des interpellations adressées au nouveau ministère, le 25 janvier.

TOCQUEVILLE : « La Chambre a agi comme on pouvait s'y attendre de la part d'un grand corps collectif et hétérogène. Elle a attaqué et reculé, montré sa
rancune et peut-être son impuissance. Je ne crois
pas que ce qu'on appelle nos libertés, telles qu'elles
existent, puissent être diminuées : nous jouissons
depuis vingt-deux ans d'un gouvernement légal et
nous voudrons le garder : mais je crains que l'élément monarchique ne gagne en force dans nos institutions, et que nos corps représentatifs ne soient
plus affaiblis qu'ils ne l'ont été depuis l'Empire.
Quant à l'Assemblée, il est probable que jusqu'à ce
qu'elle soit réveillée en mai par la grande question
de la revision de la Constitution, elle s'endormira
dans l'inertie : elle aurait beaucoup à faire cepen-

dant, si elle voulait... Mais je crains qu'après l'excitation de cette dernière lutte, elle ne soit dégoûtée
de son insuccès, et incapable de s'entendre avec le
président ou avec des ministres qu'elle méprise, et
qu'elle gaspille les deux mois qui vont venir en futili-
tés ou en discussions sans dignité entre royalistes et
montagnards. »

— Est-ce que la revision donnera lieu à un
débat sérieux ? Je pensais que tout le monde la trouvait nécessaire. — « Tout le monde est d'accord
sur ses défauts, et tous les hommes de sens et modérés
désirent la revision : cependant non seulement elle
soulèvera un violent débat, mais je ne sais si elle réu-
nira la majorité nécessaire, des trois quarts. Tous
les partis qui craignent des modifications qui leur seraient défavorables, s'y opposeront. D'abord les montagnards : ils savent que la prochaine Constitution
sera moins républicaine : puis je ne sais ce que sera
l'attitude des légitimistes, des orléanistes ou des im-
périalistes, si l'un ou l'autre d'entre eux craint de
perdre au changement. »

10 février. — Nous parlâmes des grands évrivains
du xviii° siècle. On tomba d'accord sur *les quatre*:
Voltaire, Montesquieu, Rousseau et Buffon...

« Je mets Voltaire au premier rang, dit Tocqueville:
rien n'égale la clarté, la finesse, la gaieté et cependant la simplicité de son style. Il avait le droit de
répondre comme il le fit à une dame qui lui parlait
de la beauté de ses phrases: « Madame, je n'ai
jamais fait une phrase de ma vie. » Après lui, peut-
être, comme style, vient Buffon, quelquefois un

peu cependant monté sur des échasses... Montesquieu est un peu artificiel : et Rousseau dans ses premiers ouvrages se plaît à de longues phrases, construites il est vrai avec un art merveilleux, mais qui leur donnent cependant l'aspect laborieux. Ce sont ses « Confessions » qui assureront sa gloire. »

Ampère parla de la Révolution de 1848. « Elle m'avait complètement empoigné, dit-il ; je crus que le pouvoir était enfin aux mains du peuple... Je fis à mes élèves du Collège de France un discours qui eut le plus brillant succès : lorsque je m'écriai : « Loin de nous les démagogues, mais salut à la démocratie ! » les acclamations durent être entendues de l'autre côté de la Seine. » — « Oui, dit Tocqueville, nous dînions ensemble le 24 février... Je rentrai épuisé par les événements, presque étouffé par des sentiments que je n'avais pas pu exprimer. Je vous trouvai radieux. Ce fut trop. Je versai sur vous toute ma fureur et mon indignation. Je vous maltraitai, vous appelant homme de lettres qui ne connaissait rien en politique, et je vous déclarai que, quel que fût le résultat des événements, ni la liberté ni nos amis n'y gagneraient. —

— « Oui, dit Ampère, vous aviez raison et depuis ce temps je me suis méfié des politiques. »

... *13 février*... Tocqueville parla des rapports de la situation présente avec celle qui existait sous la Constitution de l'An III ou avant le coup d'État du 18 Fructidor.

« Dans chacun de ces cas, la Constitution a été faite par une Assemblée unique qui avait succédé à une monarchie, et gouverné despotiquement, puisqu'elle exerçait elle-même le pouvoir législatif et le pouvoir exécutif absolus ; dans les deux cas on a essayé de séparer les pouvoirs, de priver complètement l'exécutif de puissance législative et même du droit de *velo*, et de restreindre le corps législatif au travail de législation. Dans la Constitution de 1795, la séparation était complète, car les membres du corps législatif étaient exclus de toutes les fonctions publiques. La Constitution actuelle leur permet d'être ministres. Cependant, en ce moment, aucun ministre n'étant pris dans la Chambre, l'effet pratique est le même : et même quand les ministres étaient choisis dans l'Assemblée, ils étaient si peu nombreux que plus de 740 députés n'avaient rien à faire qu'à légiférer. Or ce n'est pas assez pour les occuper ; en tous cas, une Assemblée élue par le peuple et qui se croit le pouvoir souverain, ne peut résister à la tentation de jouer un rôle dans le gouvernement quotidien du pays. Le moins qu'elle réclame c'est que le gouvernement soit aux mains de ministres qui aient sa confiance : mais le pouvoir exécutif souverain a la même prétention. Non seulement il doit avoir le pouvoir, mais il a le devoir de choisir les ministres. Aussi sous la Constitution de 1795 comme sous celle de 1848, le choix des ministres est-il devenu un sujet de querelle entre l'exécutif et le législatif.

« Le Directoire était en apparence moins redoutable que notre président : c'était un corps composite et flottant. De plus, ce qui est plus important, il était nommé non par le peuple, mais par la législature ;

et ce qui est encore plus grave, la nation était contre lui : celle-ci, ou la portion du pays influente politiquement, était royaliste : non pas peut-être bourbonnienne, mais, comme il apparut deux ans après le 18 fructidor, monarchiste. Et cependant l'exécutif écrasa le législatif, presque sans combat ; et cela tout simplement parce qu'il avait l'armée avec lui. La populace de Marseille et celle de Paris étaient les seuls groupes vraiment démocrates.

« Nous avions conquis l'Europe, au cri de : « Guerre aux rois. » Chaque soldat espérait qu'avec les institutions démocratiques, il pourrait devenir officier, et presque chaque officier craignait (car tous étaient roturiers) que le rétablissement de l'ancien régime ne lui fît perdre tout espoir d'avancement et peut-être même son grade. Aussi l'armée se mit-elle avec le pouvoir exécutif démocratique contre le législatif aristocratique et monarchique. Celui-ci ne put résister ; et qui pourrait dire qu'il n'en serait pas de même aujourd'hui ?

« Peut-être le meilleur argument en faveur d'une garde nationale est-il l'énorme puissance de l'armée. Il est rare qu'on puisse compter sur une garde nationale contre la foule, mais elle sert de protection contre l'armée, car on obtient difficilement des soldats de tirer sur des gens en uniforme. »

14 février. — Nous venons d'apprendre la nouvelle d'une demande de liste civile supplémentaire de 1.800,000 francs, faite par le Président. Tocqueville pense qu'elle n'aboutira pas, et qu'il a dû la faire dans le but d'échouer et d'avoir ainsi un nouveau sujet de plainte contre la Chambre. « Autant que je puis juger à distance, les deux parties semblent se préparer à une lutte décisive. Chacune a l'air d'avoir confiance dans ses forces. Il n'y a pas de personnage important de la Chambre qui ne se soit rallié à l'opposition. Une majorité ainsi constituée peut difficilement reculer. D'autre part le Président croit que le pays est avec lui. S'il voulait faire un 18 brumaire, je ne dis pas qu'il ne réussirait pas. Les difficultés commenceraient pour lui, après son premier succès.

« Il a un trait de caractère qui est fatal au point de vue d'une influence permanente sur les hommes : l'amour de la mauvaise société, je veux dire intellectuelle. Il est timide, il a peu de conversation et de facilité ; il ne peut pas parler au public : aussi se sent-il mal à l'aise avec des hommes de talent ; c'est une des raisons pour lesquelles il déteste les Assemblées populaires. Il craint et hait les orateurs. Il s'entoure de marionnettes, qui, dès qu'il essaiera de s'en servir, se briseront dans ses mains. »

15 février. — Promenade avec Tocqueville. Je dis que Talleyrand me semblait avoir été très indiscret...
— « Je ne crois pas qu'il l'ait été, car l'indiscrétion consiste dans la franchise d'un homme qui divulgue inconsciemment ce qui devrait rester secret. Talleyrand savait parfaitement qu'il parlait imprudemment ; mais il cédait à la tentation d'un *bon mot*, tentation à laquelle nul Français ne résiste ; et peut-être avait-il raison, car le charme de sa conversation était un de ses moyens de succès. C'est par là surtout qu'il a séduit Napoléon. »

— Est-ce que celui-ci avait bon goût dans le choix de sa société ? — « Meilleur que dans le reste. Ses sentiments étaient aristocratiques. Il aimait les gens de naissance et de culture. Il n'a jamais oublié qu'il était lui-même gentilhomme, et bien qu'il y eût quelque chose de brusque dans ses manières, il pouvait être charmant quand il le voulait. »

— L'empire a dû être un temps amusant... — « Pas pour les civils. Ils étaient effacés par les célébrités militaires, et la vie même des militaires passait trop vite pour être amusante. J'ai entendu parler de régiments qui en peu d'années sont morts trois fois. Cela semble absurde à dire, mais on s'habitue à être tué. Peu de temps avant de quitter Paris, je causais avec un viel ami, Rulhières, qui a fait une bonne partie des campagnes de la grande armée. Il me raconta qu'à Friedland ses hommes restèrent deux heures immobiles devant une batterie russe ; le seul son humain qu'on entendit était la voix d'un officiers qui, chaque fois qu'un homme tombait, criait : « Emportez... serrez les rangs. » Il a fallu vingt ans de guerre, et les règles de discipline et de traditions qu'ils engendrèrent, pour amener des hommes à déployer cette patience dans le dévouement. Les armées de la révolution furent fanatiquement audacieuses, mais elles n'eurent pas cet héroïsme passif. Elles se seraient ruées sur la batterie et auraient été taillées en pièces. »

...*17 février*. — Promenade à Massa, conversation sur l'expédition de Rome.

SENIOR : De ses trois objets, maintien de l'influence française en Italie, rétablissement du pape, et introduction à Rome d'institutions libérales, le second seul a été atteint.

Tocqueville : « On ne peut dire que le premier ait été complètement manqué. Nous n'avons pas, il est vrai, accru notre popularité ; le peuple Romain ne sait pas, et personne ne sait, les efforts que nous avons faits en sa faveur : il ne sait pas suffisamment que si nous n'étions pas intervenus, l'Autriche l'aurait fait, et que Radetski n'aurait pas conduit le siège ou usé de la victoire de la même façon qu'Oudinot. Mais enfin, nous y sommes. L'Autriche nous trouve dans son chemin. Nous avons montré que nous pouvons et voulons jouer un rôle décisif dans les affaires italiennes. Si nous avions repoussé la démarche du pape, et que les Autrichiens l'eussent ramené, comme ils l'auraient certainement fait, ils auraient eu un prétexte pour s'opposer à toute intervention de notre part. Maintenant que nous sommes maîtres de Rome, nous avons au moins le droit d'être entendus. Je ne suis pas tenu d'ailleurs de défendre l'expédition de Rome. Ce n'est pas moi qui l'ai faite. Quand je suis entré au ministère, nous étions déjà à Civita-Vecchia. Tout ce que je pus faire, fut d'insister auprès d'Oudinot sur la nécessité de conduire le siège de façon à éviter de nuire à ce qui est la propriété du monde chrétien tout entier, les monuments de Rome. Au moins sur ce point, nous avons réussi... Cette façon de conduire le siège nous a coûté beaucoup d'hommes et de temps, et nous a exposés à des dangers qui me font trembler quand j'y pense. Si la saison malsaine était venue à sa date habituelle, et avait trouvé notre armée campée au bord du Tibre, celle-ci aurait été dévastée par les fièvres. Si Rome avait résisté trois semaines de plus, le mal se serait produit, et personne ne peut dire quelles en auraient été les conséquences politiques.

« Quant à la manière dont nous avons procédé, en ne bombardant pas, et en dirigeant notre attaque exclusivement contre les quartiers où il n'y avait rien à endommager, c'était si lent, que la veille de la reddition de la ville, notre génie pensait qu'il y faudrait encore vingt ou vingt-cinq jours. Heureusement la municipalité, que les 20,000 réfugiés avaient tenue tête basse sous la terreur de la prison, des exécutions et des assassinats, reprit courage à la fin et força les émeutiers à nous laisser entrer ; mais ce fut heureux que nous n'eussions pas le droit d'attendre.

« Nous devons cet heureux résultat en grande partie à Ledru-Rollin et à ses amis. La garnison de Rome comptait sur l'aide de la populace parisienne. Lorsque l'échec de la folle insurrection de Paris eut prouvé qu'il n'y avait rien à attendre de ce côté, ils perdirent courage, laissèrent la municipalité traiter, et se sauvèrent pendant les négociations.

« Les cardinaux réfugiés à Gaëte passèrent le temps du siège à opposer notre lenteur à la rigueur avec laquelle les Autrichiens avaient réduit Bologne. Ils ne nous demandaient peut-être pas de bombarder Rome ; mais de nous mettre à leurs ordres et de finir rapidement le siège. Si une des puissances catholiques, l'Espagne, Naples ou l'Autriche, se fût chargée de régler les affaires de Rome, la ville aurait été réduite en une semaine, en en détruisant peut-être le tiers.

« ... Du jour où Oudinot entra à Rome en juillet, jusqu'à notre démission à la fin d'octobre, l'unique objet de ma correspondance avec Corcelle fut d'engager le pape à accorder des institutions libérales à son peuple. Je considérais cela comme le plus important des trois buts de l'expédition ; ce n'était pas seulement nos intérêts, c'était notre honneur qui le réclamait, et sans ce résultat, l'expédition entière aboutissait à un lamentable échec. »

— Je suppose que dans vos rapports avec le Pape, vous fondiez votre droit à la réclamation que vous lui adressiez sur le fait qu'il avait demandé votre assistance? — « Certainement. Lorsqu'un souverain demande à une puissance amie d'envoyer une armée sur son propre territoire, non pour résister à un ennemi extérieur, mais pour comprimer une insurrection, il contracte l'engagement tacite avec cette puissance, de suivre au moins, dans une large mesure, ses conseils sur la façon d'user de la victoire. Vous avez occupé la Sicile simplement comme auxiliaires, et vous avez amené le roi à accorder une constitution. »

— Et sur qui fondiez-vous votre droit contre la république romaine ?

— « En ce qui concerne les triumvirs, sur le fait qu'ils commandaient à une bande de coquins étrangers, poussés sur Rome par le dégoût des autres pays, et qui s'étaient faits les oppresseurs du peuple romain. Et quant à ce peuple lui-même, sur le fait

que la France est la première puissance catholique,
que le pouvoir spirituel du Pape est nécessaire au
bien de la chrétienté, et qu'une certaine proportion
de pouvoir temporel est nécessaire au libre et permanent exercice du pouvoir spirituel. Par ces raisons, ce qui paraît être les affaires particulières de
Rome, et ce qui le serait si le Pape était à Avignon,
a toujours été matière où le reste de l'Europe, pro-
testant aussi bien que catholique, a cru avoir le
droit d'intervenir.

— Et quelles concessions demandiez-vous au
Pape?

— « Cinq : 1° Une nouvelle reconnaissance des
principes généraux de liberté et de sécurité proclamés par le Pape dans son célèbre statut du 17 mars
1848. — 2° Une nouvelle organisation des tribunaux
romains. — 3° Un code civil analogue à celui du
Piémont ou de Naples, qui en réalité viennent du
code Napoléon. — 4° Une municipalité élue et des
Conseils nationaux. Le Pape, par son *motu proprio*
du 14 octobre 1848, avait créé une Assemblée nationale, une *consulta*, qui pouvait examiner mais non
légiférer. Nous demandions qu'elle eût le pouvoir
délibératif en matière d'impôts. — 5° La sécularisation de l'administration publique.

« De ces demandes, les deux dernières étaient les
plus importantes. Nous attachions peut-être, nous,
plus d'importance à conférer à un corps élu le pouvoir d'asseoir l'impôt; mais pour le peuple romain,
la substitution d'une administration laïque à l'administration cléricale était de beaucoup la plus urgente
des réformes. La haine du peuple contre l'autorité

ecclésiastique est indescriptible. Elle est telle que
le Pape ne peut la maintenir que tant que la capitale
sera occupée par des troupes étrangères. Le jour où
nous partirons, si les Autrichiens ne nous remplacent
pas, il y aura une nouvelle révolution qui chassera
tous les fonctionnaires cléricaux.

— Vous n'espériez pas sérieusement obtenir tout
ce que vous demandiez ? — « Je crois que lorsque
nous les avons faites, plusieurs de nos demandes
étaient irréalisables, mais je crus devoir insister sur
toutes comme si j'attendais d'obtenir gain de cause.
Il y a un moment où on aurait pu nous promettre et
peut-être réaliser les réformes : c'est lorsque Pie IX
demanda pour la première fois notre assistance. Il
s'était querellé avec l'Autriche. Naples appartenait
aux démocrates. Il était en mauvais termes avec le
Piémont, et il ne s'adressait qu'à nous. Cavaignac
fut timide et refusa : si, cependant, nous devions
intervenir, c'était à ce moment-là. Lorsque le Pape
fut à Gaëte, entouré par les ministres espagnols,
napolitains et bavarois, lorsqu'il eut perdu Rossi,
et se fut jeté dans les bras des cardinaux, il était
trop tard pour lui imposer des conditions. Corcelle
ne put obtenir que des promesses vagues. Lorsqu'il
réclama quelque chose de positif, le cardinal Anto-
nelli se plaignit qu'il se mît entre le Pape et ses sujets.
À grand peine, on obtint qu'il accordât une amnistie :
mais elle était subordonnée à tant de conditions qu'elle
ressemblait plutôt à une proscription. Tous ceux qui
avaient siégé dans la Constituante, par exemple,
étaient exclus, de même ceux qui avaient été l'objet
d'une amnistie antérieure, ou qui avaient aidé à la

destruction de maisons pour les nécessités de la défense. Nous ne pûmes admettre cela. Nous dîmes nettement au Pape qu'aucune exécution n'aurait lieu dans une ville où flottait le drapeau français, et nous procurâmes à ceux qui étaient exclus de l'amnistie les moyens d'atteindre l'Angleterre ou l'Amérique.

« Toutes nos autres demandes rencontrèrent une résistance passive. Sur un homme aussi faible que Pie IX l'influence de son entourage immédiat est toute puissante. Les cardinaux, vieux, ignorants, timides et égoïstes, détestent tout changement, et il n'ose pas s'écarter de leur sentiment. Lorsque Corcelle le pressait, il répondait que ni menaces, ni prières ne lui feraient violer ses scrupules de conscience ; qu'il était aussi Pape à Gaëte qu'à Rome, et que les Français pouvaient faire ce qu'ils voulaient.

« Nous risquâmes plus d'une fois qu'il nous lais-sât Rome dans les mains. Il voulut une fois aller à Lorette. Corcelle observa que comme Notre-Dame de Lorette était à ce moment sous la protection des baïonnettes autrichiennes, ce voyage serait impopulaire à Rome ; mais on lui objecta la vénération particulière du Pape pour cette Madone. Que répondre à de pareils arguments ? C'était comme se disputer avec une femme.

« Il sentait profondément combien il était par lui-même incapable d'agir. Il semble avoir sérieusement pensé à essayer d'obtenir des administrateurs français, et il regretta amèrement la perte de Rossi. Il dit à Corcelle :

« C'est le seul homme d'État capable de soutenir

une nouvelle politique, que j'aie pu trouver, et on me l'a tué. »

« Ses préjugés religieux d'autre part sont très vifs. Lorsque Corcelle lui parla de réformes législatives, et lui indiqua nos institutions comme un bon modèle, il demanda avec une expression de crainte si nous n'avions pas rendu le divorce légal ?

« Ce fut un grand malheur pour Rome, pour nous et au fond pour le Pape lui-même, qu'il n'ait pas réalisé son dessein primitif de se réfugier en France. Le projet était que le duc d'Harcourt, notre ministre à Rome, prendrait les dispositions nécessaires pour l'amener sur notre sol, et que le ministre de Bavière le conduirait à Gaëte où il s'embarquerait. Harcourt partit pour Civita-Vecchia, la nuit même où le Pape se dirigeait sur Gaëte. Harcourt trouva le « Vauban » à Civita et vint avec lui à Gaëte : là le Pape se trouvait depuis deux jours, reçu avec toute sorte d'honneurs et de vénération, et il s'y sentait si bien qu'il refusa d'aller plus loin. Harcourt aurait dû prévoir cela, et emmener à Civita-Vecchia le pape et non ses malles. L'Influence de Naples nous était naturellement défavorable et elle s'exerça de la façon enfantine et taquine qu'on pouvait attendre.

« Lorsque Corcelle arriva à Gaëte, apportant la nouvelle de notre entrée à Rome, impatient de faire impression sur le Pape, tandis que son cœur serait encore détendu par la bonne nouvelle, on lui fit faire quarantaine, sous prétexte que le « Cerbère » qui l'avait amené, venait de Toulon, et que le choléra était à Paris. Il protesta : les ministres n'osèrent pas prendre une décision. Le roi consulté,

demanda de nouveaux renseignements, et après un
long délai, on permit à Corcelle de débarquer; mais
ses papiers et son secrétaire furent retenus à bord
du « Cerbère » en quarantaine, et ce n'est que le
soir suivant que le roi fut amené à suggérer à Corcelle d'aller les prendre en secret la nuit, comme un
voleur. »

— Quelle fut l'attitude des Autrichiens ? —
« Meilleure qu'on aurait pu l'espérer. L'Autriche
prétendait alors être constitutionnelle et affectait le
libéralisme. Esterhazy, qui la représentait à Gaëte,
approuva complètement, au moins dans ses conversations avec Corcelle, la sécularisation du gouvernement, et les pouvoirs donnés à la *Consulta* en
matière d'impôts.

« Il est à remarquer que l'une des raisons pour
lesquelles le Président nous renvoya, fut que nous
n'avions pas obtenu de plus grandes concessions du
Pape; mais dès que nous fûmes partis, lui ou ses
ministres lâchèrent sur tout. Sa vanité fut satisfaite
d'avoir outragé le Pape par sa lettre à Ney, et la
Chambre en congédiant un cabinet sans la consulter; et il ne prit plus d'intérêt aux affaires de
Rome.

— Mais qu'auriez-vous fait si vous étiez restés
ministres et que le Pape se fût obstiné ? — « Nous
nous serions couverts devant l'Europe, en refusant de
sanctionner par notre présence ce que nous ne pouvions empêcher. Notre intention était de rédiger une
protestation énumérant tout ce que nous avions
réclamé pour le peuple romain, les raisons pour
lesquelles nous l'avions réclamé, et la façon dont on

l'avait refusé ou éludé ; de présenter le document au Pape, de le publier dans le *Moniteur,* et de retirer nos troupes de Rome, en laissant derrière nous cet appel à l'Europe et à la postérité. C'est cette dernière menace qui parut faire le plus d'impression sur le Pape. Dans la pleine conscience de son intangible pouvoir spirituel, il était indifférent à la façon dont il pensait que nous pourrions toucher à son autorité temporelle, pourvu qu'on ne lui demandât pas son concours : mais il craignait d'être mis au ban de l'opinion publique. Une autre menace que nous produisîmes plus d'une fois, bien qu'avec moins de sincérité (car je doute que nous eussions risqué de la réaliser), fut celle d'un congrès pour régler les affaires de Rome, et auquel, comme en 1831, on aurait dû admettre les puissances protestantes ayant des sujets catholiques. Le Pape en ressentit quelque alarme ; mais je soupçonne qu'il s'aperçut que la chose eût été presque aussi désagréable pour nous que pour lui. »

... *19 février.* — Promenade dans les bois d'orangers et d'oliviers ; conversation sur l'armée russe.

Tocqueville : « C'est la seule armée du continent, pour laquelle nos soldats aient du respect. Ils ne croient pas que les Allemands, et encore moins les Italiens ou les Espagnols auraient aucune chance contre eux à nombre égal ou presque égal ; mais ils craignent les Russes. Excepté à Austerlitz, et là ils étaient commandés par Alexandre, les Russes n'ont jamais été complètement défaits. A Eylau, à Friedland, à Borodino, ils furent battus, c'est-à-dire qu'ils durent évacuer le champ de bataille, mais avec leurs forces intactes aussi bien que leur courage et leur discipline. Lamoricière, un excellent juge, revint de Pétersbourg en 1845, plein d'admiration. Les offi-ciers sont ignorants, et n'ont pas toujours de bons sentiments ; mais les hommes ont toutes les qualités souhaitables : ils vivent de rien, supportent toutes les fatigues et privations, sont pleins à la fois d'amour et d'adoration pour leur Empereur, se glorifient d'être Russes et soldats, et étant soldats à vie, sont parfaitement entraînés et exercés. A la grande céré-monie religieuse de Varsovie, à laquelle il assista, il vit l'Empereur agenouillé devant l'autel, avec l'apparence d'une dévotion ardente. Autour de lui, l'état-major chuchotant et raillant, car les hautes classes en Russie sont devenues incrédules, lorsque nous avons cessé de l'être ; mais derrière, les troupes, les yeux fixés sur l'autel et sur l'Empereur, les con-templaient avec un égal respect apparent. »

20 février. — On a parlé dans la soirée des mé-moires de Louis XVIII.

... « Ils ont été écrits, dit Tocqueville, par quel-qu'un de parfaitement renseigné. Ces mémoires, ceux d'un *Homme d'Etat,* et le Mémorial de Sainte-Hélène, ne doivent pas être confondus avec ceux qui sortent des officines habituelles, comme ceux de Mme Du Barry, de Fouché, etc. — Qui a écrit le *Mémorial ?* — Un abbé de Chateau-Vieux, qui a gardé le secret sa vie durant, excepté à l'égard d'un ou deux amis, intimes, mais l'a révélé dans son testament. Il n'a rien écrit d'autre de remarquable, et n'était même pas de Paris, ce qui explique qu'on ne l'ait pas soupçonné. »

Des *Mémoires* de Louis XVIII, nous passâmes à l'homme. « Ce fut, dit Tocqueville, le seul souverain français qui ait eu le bons sens, ou la patience de gouverner constitutionnellement. Il fit quelques erreurs au début, offensa l'armée par ses *gardes du corps*, et encore plus par l'exécution de Ney; mais pendant le reste de son règne, il prit ses ministres dans la majorité, suivit la politique de ses ministres, et régna aussi parlementairement que s'il avait été roi d'Angleterre.

« On dit que les Bourbons étaient une race usée, et on donne comme exemples Louis XVI, Ferdinand I de Naples, Charles IV d'Espagne; mais qui peut être plus Bourbon que la famille de Louis-Philippe, issue des Bourbons de France et de ceux de Naples? Et cependant elle ferait une famille remarquable dans la vie privée. Je ne puis croire que les Bourbons de France ne soient pas destinés à jouer encore un grand rôle, et leur fortune présente les y prépare. »

Nous avons quitté Sorrente.

Paris, rue de la Paix, 3 mai 1851. — J'ai été voir Tocqueville et l'ai trouvé avec Beaumont. Je lui ai raconté une conversation avec des fabricants de Marseille, mécontents des affaires et qui m'avaient dit : « Cela ne peut pas durer ».

Tocqueville : « L'horizon politique est plus obscur que jamais. A Sorrente, je croyais voir clair devant moi : depuis que je suis à Paris je renonce à prophétiser ou même à conjecturer. Une seule chose est certaine, qu'une solution légale des questions qui devront être tranchées l'année prochaine, est impossible. Le Président ne consentira pas à se déclarer inéligible ; même s'il le faisait, ses amis agiraient en sens contraire.

« Il sera certainement candidat, et le résultat le plus à désirer ou peut-être le moins regrettable serait qu'il fut réélu par une majorité telle qu'elle dût passer pour être la voix de la nation, et par là régulariser son propre acte bien que contraire à la loi. Il faut se rappeler qu'à ce moment la nouvelle Assemblée aura été élue et que la Chambre actuelle, bien qu'encore en principe en possession de ses pouvoirs, aura perdu son influence morale, et ne pourra pas s'opposer à la volonté publique.

« Mais même ce résultat, bien que moins redoutable que le changement simultané des détenteurs du pouvoir exécutif et du législatif, produira certainement beaucoup de mal et peut-être un mal incommensurable. Quel sera sur les esprits l'effet d'une violation de la Constitution commise délibérément par la nation, à l'instigation de son premier magistrat? Qui respectera une Constitution foulée aux pieds par le peuple dans une de ses dispositions essentielles? Cette Constitution, si mauvaise qu'elle soit, est notre seul rempart, en dehors d'elle rien ne nous sépare de l'anarchie ou du despotisme. Le Président est assez redoutable actuellement. Que sera-t-il lorsque son élection aura brisé le seul frein qui le retienne? Il est difficile dès maintenant de protéger la propriété contre le pillage organisé, et

l'autorité contre la révolte systématique. Que sera-ce
lorsque l'exécutif lui-même aura employé pendant
plusieurs mois avec succès des milliers d'agents à
violer la loi? A chaque solution je vois se dresser
un spectre effrayant. Pour le moment il y a une
accalmie: les partis se préparent pour la discussion
de la revision de la Constitution, qui ne peut pas
venir avant le 28. »

8 mai. — Au thé, en compagnie de Mme Grote et
de Tocqueville, j'ai rappelé l'opinion de V. sur
l'incompatibilité de la France et d'un gouvernement
tempéré.

Tocqueville: « Je ne vois pas pourquoi ce qui a
été ne pourrait pas être de nouveau. Nous avons
supporté un gouvernement tempéré trente-trois ans,
pourquoi ne pourrions-nous plus le supporter?
J'admets cependant que pour qu'un gouvernement
dans lequel le pouvoir souverain est divisé, soit
permanent; pour qu'il dure comme chez vous, pendant des siècles, il faut que les gouvernants aient un
degré de patience et d'endurance qui n'a jamais été
accordé aux nôtres: aussi je ne m'attends pas à ce
qu'un gouvernement tempéré puisse être permanent
chez nous. Parmi les milliers de possibilités, celle
qui me paraît le plus vraisemblable est que, pendant
la plus grande partie du siècle prochain, la France
sera gouvernée par une monarchie constitutionnelle,
qu'interrompra de temps en temps une révolution
despotique ou démocratique.

— La forme actuelle ne durera pas?

— « Non. Une monarchie ou une aristocratie des-

potique peuvent conserver le pouvoir pendant des
siècles contre la volonté de leurs sujets ; mais une
démocratie impopulaire est une contradiction dans
les termes, et sera vite une contradiction de fait. Dès
que le peuple aura trouvé le moyen d'exprimer sa
volonté, il choisira ou acceptera en s'y soumettant
le maître qu'il aura préféré au *Self-Government*.

« Ceux qui nous ont imposé la Constitution savaient qu'elle serait impopulaire ; ils ont essayé de
prolonger son existence, d'abord en déterminant
d'avance les conditions dans lesquelles elle devrait
être modifiée, puis en rendant ces conditions à peu
près inapplicables. Les trois quarts de l'Assemblée
ne s'uniront pas pour voter la revision lorsque le
tiers ou peut-être la moitié des députés craignent
plus qu'ils n'espèrent de cette revision.

— Couperez-vous le nœud que vous ne pouvez
détacher, et ferez-vous la revision à la simple majorité ?

— « Je crois que le gouvernement le tentera — et
c'est la crainte d'avoir à le tenter qui a empêché mes
amis et moi d'entrer au ministère. Le danger d'une
telle entreprise est de beaucoup plus grand avec la
nouvelle loi électorale.

« Sous le suffrage universel complet, on n'aurait
pas pu dire que la nouvelle Constituante sortait d'une
élection illégale. Elle aurait réellement représenté la
nation entière. Maintenant elle ne représentera
qu'une minorité. Ceux qui voudront résister à ses
décisions pourront les proclamer nulles, comme
émanant d'un corps doublement illégal, dans sa con-
vocation comme dans sa nomination. L'attitude et le

ton du présent ministère me font penser qu'il a
envisagé le péril et résolu de le braver. Il est plus
audacieux que je ne le suis.

... « Espérer une majorité de revision des trois
quarts est un enfantillage, bien que je croie qu'on
obtiendra une grosse majorité, mais je ne crois pas
que cette majorité approuve une revision contraire
à la loi ; et je ne pense pas non plus que le gouvernement essaiera la revision sans l'Assemblée. Ce
serait une politique de casse-cou, ou à se faire
couper le cou. Si le Président le risque, il ira à
Vincennes.

— Alors que fera le gouvernement ? — « Il suivra
le courant à la dérive, et ce courant nous conduit à
un gouffre, à une Chambre *rouge*. Je vous ai toujours
dit que celle-ci n'est à craindre que lorsque le gouvernement la crée. Or, c'est le cas avec le gouvernement actuel. Tout est fait pour irriter les amis du
progrès et de la liberté. Faucher est un homme
honnête, de grand courage et de grand savoir. Mais
il ne connaît pas les hommes. Il est actif, obstiné et
manque de jugement. De tels hommes sont la ruine
d'un ministère, et même d'un parti... Tous les ressorts sont tendus à l'excès. La garde nationale est
dissoute. Les maires sont révoqués, les journaux
suspendus. La main du gouvernement est partout et
pèse lourdement partout. »

17 mai. — Tocqueville m'a demandé ce que pensait
le duc de Broglie : il fut heureux d'apprendre qu'il
était décidé à se ranger à la République : — « Les
partis monarchiques ne comptent pas : les légiti-

mistes sont craints et haïs par les neuf dixièmes de
la population; les Orléanistes sont un groupe de
généraux sans armée ; les Bonapartistes, une armée
sans chef. » Mais Tocqueville ne partage pas l'opinion du duc, que la minorité cédera sur la question
de revision. « Elle pourrait céder, si la majorité
était compacte et sérieuse, et si elle était soutenue
chaleureusement par le pays. Mais le pays est divisé;
il sait que la Constitution est mauvaise, mais doute
qu'elle soit remplacée par une meilleure. Il verrait
avec plaisir la revision porter sur un certain nombre
d'articles, mais il songe avec terreur à une nouvelle
Constituante qui proclamerait des principes qu'on a
repoussés avec peine en 1848, comme le droit au
travail et le droit à l'assistance.

« La majorité partage ces craintes : elle votera
pour la revision, parce qu'elle ne pourrait pas justifier, vis-à-vis de ses électeurs, son refus de corriger
ce qu'elle admet être défectueux ; mais une grande
partie de cette majorité ne regrettera pas que la
majorité légale ne soit pas atteinte.

— Mais pourquoi pas alors la revision limitée?
— « Elle ne trouverait pas une majorité suffisante.
Quand on en vient aux détails, chaque parti envisage
son propre intérêt et il n'y a presque pas un point
sur lesquels trois députés sur cinq soient d'accord.
J'incline à penser qu'une des parties les moins mauvaises de notre Constitution consiste dans les obstacles
qu'elle oppose aux demandes de revision. Ceux qui
l'ont faite ont prévu que la période de revision serait
grosse de périls et ils ont sagement essayé de la dif-
férer, au moins jusqu'à ce que l'expérience de la

république ait été faite. Elle ne l'a pas été, car on
ne peut dire qu'une constitution, que tous ceux qui
l'appliquent essayent de détruire, ait été loyalement
essayée. Le désir général de la revision ne vient pas
d'une appréciation comparative des défauts et des
qualités de la Constitution, c'est l'agitation d'un
malade qui se retourne sur son lit. Tous les partis
semblent convaincus que la revision engendrera une
monarchie : d'où la violence avec laquelle elle est
réclamée par les anti-républicains et repoussée par
la Montagne. Je ne partage pas cette conviction.
Avec le scrutin de liste, une minorité compacte qui
concentre tous ses votes sur ses candidats, a de
grandes chances de battre une majorité divisée qui
soutient autant de candidats qu'elle contient de factions. Je ne serais pas surpris de voir des Rouges
réussir dans des départements sur lesquels les partis
anti-républicains comptent maintenant. J'aperçois
si nettement les dangers de la revision que je ne
pourrais me résigner à la voter si j'entrevoyais une
solution moins dangereuse : mais nous sommes de
toutes parts entourés de périls. Quelle que soit
l'alarme générale, je crois qu'elle est au-dessous de
celle que justifie notre situation.

« La Constitution, avec tous ses défauts, pourrait
durer, si seulement nous croyions en sa solidité. Mais
nous lisons l'histoire, nous voyons que les institutions
républicaines n'ont jamais duré en France, et nous
en concluons que les institutions actuelles doivent
être éphémères. Cette façon de lire l'histoire est
notre perte. En oubliant le passé nous pourrions
juger impartialement le présent : mais nous cher-

chons toujours des précédents, tantôt dans notre histoire, tantôt dans la vôtre ; à titre tantôt d'exemple,
tantôt de leçon : et comme les circonstances sont différentes, nous nous trompons toujours. Nous avons
condamné Louis XVI, pour avoir conspiré contre la
nation, parce que vous aviez condamné Charles I.
Nous avons remplacé Charles X par Louis-Philippe,
comme vous Jacques II par Marie. Louis XVI crut
que Charles I avait perdu la couronne et la vie en
résistant à Edge-hill : il ne résista pas. Charles X
vit que son frère s'était perdu en se soumettant : il
recourut aux ordonnances et à la force. Louis-Philippe se souvint de Charles X : il défendit à ses troupes
d'agir. Ainsi le pendule oscille, généralement à contre-
temps. »

22 mai. — Nous avons parlé des perspectives de
Louis-Napoléon.

TOCQUEVILLE : « Elles sont moins favorables, depuis
six mois ; elle s'assombrissent chaque jour. Il peut
par trois moyens essayer de garder le pouvoir. Par
la revision : mais elle n'est pas praticable à moins
d'un changement complet dans l'opinion. — Par un
coup d'Etat : il peut réunir une Constituante malgré
la Constitution et l'assemblée, mais il y échouerait.
La garde nationale et l'armée seraient avec l'assemblée. Il est très douteux que la Chambre et le Président ensemble pussent faire un coup d'Etat : mais
ni l'un ni l'autre ne le peuvent l'un contre l'autre.

« Enfin, il peut se faire réélire, bien qu'illégale-
ment, par une majorité considérable. Si c'est là son

plan, il est en contradiction avec toute sa conduite.
Il devrait être en bons termes avec la Chambre et il
l'attaque constamment. Il ne devrait pas afficher de
vues personnelles : et tout ce qu'il fait semble inspiré
de motifs de cette catégorie, de vanité dans le présent, d'ambition dans l'avenir. Son administration
devrait être aussi conciliante que le permet la sécurité
du pays. Sa rudesse et son insolence, ses révocations
de fonctionnaires, ses suspensions de journaux, ses
interventions dans les élections, la grossièreté de ses
subordonnés, bref, tout l'ensemble de ses actes irri-
tants et sans scrupules, lui font chaque jour de nouveaux ennemis. Dans mon département, la Manche,
l'un des plus conservateurs de la France, les Rouges,
quoique heureusement encore en minorité, sont deux
fois plus forts qu'il y a six mois. Ou il ne sait pas ce
que font ses ministres, ou il ne se rend pas compte
de ce qui en sortira. »

— Croyez-vous que lorsque la revision sera possible, une Chambre haute pourra trouver place dans
la Constitution ?

— « Je l'espère, je l'ai votée et je la voterai encore.
Une chambre unique me semble un mauvais instrument de législation.

« Cependant pour le moment, comme force de résistance, comme moyen de contenir le pouvoir immense que nous avons donné à notre exécutif, il est
plus efficace que deux Chambres. Je crois que l'Assemblée a résisté aux empiétements du Président
mieux que ne l'auraient fait deux Chambres, dont
chacune n'aurait possédé qu'une partie du pouvoir
législatif souverain. »

18

— Je suppose que vous reviendrez dans un temps à la monarchie héréditaire ?

— « Je n'oserais pas dire non : mais je ne vois pas pas comment on y arrivera. La fusion ne gagne pas de terrain. Au fond, ce que les Orléanistes appellent fusion consiste simplement à passer aux légitimistes : car qu'obtiennent-ils ? Ils offrent la couronne à Henri V. Et que leur offre-t-il en échange ? De reconnaître que le comte de Paris est son cousin et héritier, ce qui ne sera pas plus certain et plus notoire qu'auparavant. Les Orléanistes, anti-fusionnistes haïssent les fusionnistes plus même qu'ils ne font des légitimistes. »

— Que pense Thiers ?

— « Sa conduite est inexplicable : il attaque le Président, les républicains et les légitimistes avec une violence telle que, si son influence était égale à son animosité, il nous entraînerait à quelque catastrophe. On peut s'expliquer son opposition aux fusionnistes, puisque Guizot est parmi ceux-ci, et qu'il est souvent aisé de prévoir ce que fera Thiers ou Guizot en connaissant ce que fera l'autre. Mais sachant, comme il le sait, qu'une restauration immédiate de la branche orléaniste est impossible, il devrait aussi savoir qu'en attaquant toutes les autres formes de gouvernement, il ne pourrait, s'il réussissait, produire que l'anarchie. »

23 mai. — TOCQUEVILLE : « X. a trop de confiance dans le maintien de la loi du 31 mai. On ne peut nier que cette loi soit inconciliable avec une constitution qui prétend reposer sur le suffrage universel.

Elle a donné de très mauvais résultats, particulièrement dans les campagnes.

« ... La pression pour la faire rapporter par l'Assemblée sera grande, mais la Montagne fait tout ce
qu'elle peut par sa violence pour forcer l'Assemblée
à la maintenir par point d'honneur...

« Si le Président devait tenter un coup d'État dans
un but personnel, il pourrait bien échouer, mais je
ne suis pas sûr que ce serait le cas s'il essayait un
coup d'État populaire. Il n'est pas facile de résister
à l'action combinée de la foule et du pouvoir exécutif.

. . . .

« Les orléanistes n'ont aucun droit au trône ; ils
ont peu d'amis, et, par suite, peu de chances immé-
diates de succès... mais il n'est pas vrai qu'ils n'aient
pas de perspectives d'avenir. S'ils ont moins d'amis
qu'Henri V, ils ont moins d'ennemis ; ils représentent pour le peuple français une forme de gouvernement qui nous convient mieux que la République,
sans les souvenirs de l'insolence féodale de l'ancien
régime, ni des guerres et des catastrophes de l'Empire.

« La moins mauvaise des monarchies serait celle
du comte de Paris : je l'ai déjà dit, elle est pour le
moment impossible. Le protestantisme de la duchesse
d'Orléans est à lui seul un obstacle insurmontable : il
met contre elle tout le clergé, et l'influence de celui-
ci est plus puissante qu'elle ne l'a été depuis la mort
de Louis XIV.

« Rien n'a autant fortifié les légitimistes que le
protestantisme qui entourait les d'Orléans ; mais d'ici
à quelques années, lorsque l'âge du comte de Paris

diminuera les craintes qu'on pourrait avoir de l'influence de sa mère, quand Guizot aura abandonné la
politique pour l'histoire, quand nous serons tout à fait
las des Présidents et des commissions exécutives,
nous pourrons songer à la branche cadette, comme
au meilleur levier pour nous sortir du bourbier de la
liberté, égalité et fraternité. En travaillant à ramener Henri V, les orléanistes abandonnent cette chance,
qui n'est pas grande, mais qui existe. »

PARIS, 1851-52.

23 décembre 1851. — Pris le thé chez Tocqueville :
« Ceci est une nouvelle phase dans notre histoire.
Toutes nos révolutions ont été faites par un parti
politique : voici la première fois que l'armée s'est
emparée de la France, l'a garottée, baillonnée et
jetée aux pieds de son maître.

— Est-ce qu'il n'en a pas été de même au 18
Fructidor ?...

— « Par certains côtés, les deux événements se
ressemblent, mais les Directeurs représentaient un
parti. Les Conseils et la plus grande partie de l'aristocratie ainsi que la bourgeoisie étaient bonapartistes (?) (*sic*) ; les basses classes étaient républicaines ;
l'armée ne fut qu'un instrument ; elle travailla, non
pour elle-même, mais pour le parti républicain. Le
18 brumaire ressemble plus au dernier coup d'Etat :

car il a fini comme celui-ci a commencé, par une
tyrannie militaire : mais il a été une révolution autant
civile que militaire. Il y avait une majorité dans les
Conseils pour Bonaparte. Louis-Napoléon au contraire
n'avait pas un ami dans la Chambre. Les classes
éclairées ont défendu le 18 brumaire ; elles ont repoussé le 2 décembre. Le siège consulaire de Bonaparte reposait sur l'élite de la France. Celui-ci ne
peut trouver un défenseur avouable. Montalembert,
Baroche, Fould, un ultramontain, un avocat de province, et un banquier juif, voilà ses associés les plus
respectables. Pour trouver le pendant, il faut remonter à 1,800 ans. »

J'objectai que quelques personnes dont le jugement
m'inspirait le plus grand respect paraissaient considérer qu'il y avait eu conspiration des deux parts, et
que la seule différence était que le Président avait
porté le premier coup.

— « Je le nie absolument. Lui, en effet, a conspiré
dès novembre 1848. Ses instructions directes à Oudinot, sa lettre à Ney, quelques mois après son élection,
prouvent qu'il était décidé à ne pas se soumettre au
gouvernement parlementaire. Puis vinrent les ren-
vois successifs de ministères, jusqu'à ce qu'il eût
égalé la fonction à un rôle de commis ; puis l'attitude
demi-royale, les revues de Satory, l'encouragement
aux cris séditieux, le choix pour toutes les hautes
situations dans l'armée de Paris de ceux que leur
bassesse de caractère préparait au rôle d'âmes dam-
nées ; ensuite, à Dijon, l'affront public à l'Assemblée.
En octobre, nous sûmes qu'il avait fait son plan ; à
ce moment seulement nous commençâmes à songer à

18.

nos moyens de défense : mais ce n'était pas là conspirer : des voyageurs conspirent-ils en cherchant
leurs pistolets lorsqu'ils voient approcher une bande
de voleurs ? La proposition Baze était absurde parce
qu'elle était inapplicable. C'était une précaution
contre un danger imminent ; mais même votée, on
n'eût pas pu l'exécuter. L'armée déjà gagnée aurait
bravé les ordres de l'Assemblée. J'ai souvent causé
de la situation avec Lamoricière et mes autres amis
militaires. Nous voyions venir ce qui est arrivé aussi
clairement que nous le voyons rétrospectivement ;
mais nous n'avions aucun moyen de l'empêcher. »

— Votre projet de loi sur la responsabilité, n'était-
il pas une attaque ?

— « Cette loi ne venait pas de nous. C'est le conseil
d'État qui nous l'avait envoyée : il l'avait préparée
pendant deux ans et aurait dû nous la transmettre
beaucoup plus tôt. Nous pensâmes qu'elle était dangereuse, c'est-à-dire que, bien que juste en elle-même,
elle irriterait le président, et que dans notre situation
de faiblesse il fallait l'écarter. Aussi le bureau auquel
le projet fut renvoyé, refusa de déclarer l'urgence :
preuve qu'il n'aurait pas passé avec les dispositions
qui, bien que raisonnables, n'étaient pas approuvées
par le Président. Notre conspiration fut celle des
agneaux contre le loup...

« Bien que j'aie dit qu'il conspirait depuis son
élection, je ne crois pas que son intention fût de
frapper si tôt. Il voulait attendre jusqu'en mars,
alors que les craintes du mois de mai seraient plus
vives. Deux circonstances le firent se hâter : la candidature du prince de Joinville qu'il considérait

comme son plus dangereux concurrent, et l'agitation suscitée par les légitimistes pour le rappel de la loi du 31 mai. Cette loi était une arme nouvelle contre la Chambre, et il craignait que, s'il différait, elle ne fût rapportée sans lui. »

— Combien de temps durera cette tyrannie ?

— « Aussi longtemps qu'elle ne sera pas impopulaire auprès des masses. A présent, seules les classes éclairées sont hostiles. Nous ne pouvons accepter d'être privés du droit de parler et d'écrire — ni que les destinées de la France dépendent de l'égoïsme, de la vanité, des terreurs ou des caprices d'un homme, d'un étranger de race et d'éducation, et d'une bande d'aventuriers militaires et de bourgeois avilis, bons tout au plus à former l'état-major et le Conseil privé d'un Catilina. Nous ne pouvons souffrir que le peuple qui a porté la torche de la liberté à travers l'Europe, soit réduit aux ténèbres : mais le grand nombre n'en a souci. La crainte du socialisme les jette tête baissée dans les bras du despotisme. Comme en Prusse, en Hongrie, en Autriche, en Italie, chez nous les démocrates ont servi les intérêts des absolutistes. Le spectre de mai 1852 apparaissait plus redoutable à mesure qu'il approchait : mais maintenant que les *Rouges* ont donné la preuve de leur faiblesse, que 10,000 de ceux qui passaient pour les plus actifs du parti, vont mourir de faim ou de fièvre à Cayenne, le pays regrettera le prix de la victoire contre des ennemis imaginaires. Trente-sept ans de liberté nous ont fait une nécessité de la liberté de la presse et des discussions parlementaires. Si Louis-Napoléon nous les refuse, il se fera détester comme tyran ; s'il les accorde, elles le tueront. Nous critiquons toujours nos maîtres, durement et souvent même injustement. Il est impossible qu'un homme aussi irréfléchi, entouré et voulant être entouré d'hommes dont la bassesse est la seule recommandation auprès de lui, qu'un tel homme ne commette pas des fautes et des folies sans fin. La presse, la tribune, les divulgueront, peut-être les exagèreront. Une fois discrédité, l'armée se tournera contre lui. Elle sympathise avec le peuple dont elle a été récemment séparée et auquel elle doit bientôt retourner : elle ne soutiendra pas un despote impopulaire. Il me semble que le deux décembre est plus dangereux pour l'Europe que pour nous : l'Angleterre en devrait prendre plus d'alarmes que la France : nous serons débarrassés de Louis-Napoléon dans quelques années, peut-être dans quelques mois : mais qui peut dire le mal que d'ici là il aura fait à ses voisins ?

— « Sans doute, dit Mme de Tocqueville, il voudra rester en paix avec l'Angleterre » — « Je n'en suis pas sûr du tout. Il ne peut pas rester tranquillement à administrer : il faut qu'il fasse quelque chose pour distraire l'attention publique, et remplacer les émotions politiques qui nous ont amusés ces quarante dernières années. Les grandes réformes sociales sont incertaines, difficiles et lentes : la gloire militaire se gagne en une semaine. Une guerre avec l'Angleterre, au début, est toujours populaire. Combien de volontaires il trouverait pour une pointe sur Londres ! Le mieux qui puisse vous arriver est d'être exclus des Conseils de la grande famille des despotes. Comment amuser ces 100,000 baïonnettes dont il est l'esclave

autant que nous ? Croix, grades, gratifications, ont
coulé à flots sur l'armée de Paris : elle a reçu — fait
inouï dans notre histoire — les honneurs et les ré-
compenses d'une campagne, pour sa boucherie des
boulevards. Est-ce que les autres armées ne vont
pas réclamer leur part de besogne et de salaire ? Tant
que la guerre civile dure en province, il y a là un
emploi pour elles : mais elle va cesser. Que fera-t-on
d'elles ? Les enverra-t-on en Suisse, en Belgique, au
Piémont ? Et l'Angleterre laissera-t-elle faire ? »

31 décembre. — Dîner chez Tocqueville avec
Mme Grote, Rivet et Corcelle.

TOCQUEVILLE : « Je n'ai jamais passé de temps si
gai qu'au quai d'Orsay. L'élite de la France, par
l'éducation, la naissance, le talent et surtout l'esprit
de conversation, était enfermé dans les murs de
cette caserne. La grande lutte dans laquelle nous
avions joué courageusement notre rôle, était finie :
nous avions fait notre devoir, couru quelques périls, nous en prévoyions d'autres, et nous nous trou-
vions tous dans cet état d'excitation que le danger et le combat affrontés à plusieurs, engendrent
quand ils ne sont pas par trop redoutables. De la
cour où on nous avait parqués pour quelques heures
et où le duc de Broglie et moi nous déchirions un
poulet avec nos doigts et nos dents, on nous trans-
féra dans une sorte de long couloir ou grenier, qui
courait le long de la partie supérieure du bâtiment,
et qui servait de dortoir supplémentaire pour les
soldats, lorsque les salles du bas étaient pleines.
Quelques-uns descendirent, louèrent des paillasses

aux hommes, et les montèrent. Je n'en eus pas le
courage, et restai sur le plancher dans mon manteau.
Au lieu de dormir, nous passâmes la nuit à nous lancer de paillasse à paillasse, des anecdotes et des
bons mots. C'était une pluie d'esprit. Nous nous amu-
sions de choses qui répétées sonneraient creux. Je
me rappelle Kerrel (?) (*sic*), un homme de bonne humeur, qui nous faisait rire en s'écriant avec solennité
en regardant le plancher couvert de matelas et
d'hommes politiques, le tout éclairé par deux chan-
delles de suif : « Voilà donc où en est réduit ce fameux parti de l'ordre ! » Ceux qu'on mit *au secret*
et qui ne purent se soutenir l'un l'autre moralement
se trouvèrent dans des dispositions d'âme bien différentes : les uns furent abattus, les autres enragés.
Bedeau resta seul vingt-quatre heures : à la fin un
homme entra et lui offrit du sucre : il lui sauta à la
gorge, et le pauvre porte-clef se sauva croyant son
prisonnier fou..... »

Je rappelai à Tocqueville l'opinion de Beaumont que
la France redeviendrait une république. — « Je ne
voudrais pas affirmer au sujet d'une forme quelconque
de gouvernement, que nous n'y reviendrons pas ;
mais j'avoue que je n'aperçois pas, dans un délai
appréciable, de perspective pour la république. Nous
sommes, il est vrai, moins hostiles à la république
qu'en 1848 : nous avons constaté qu'elle n'implique
pas la guerre, la banqueroute ou la tyrannie : mais
nous sentons cependant que ce n'est pas le régime
qui nous convient. C'était manifeste dès le début.
Louis-Napoléon a eu le mérite ou la chance de découvrir, ce que peu de gens soupçonnaient, le bonapar-

tisme latent de la nation. Le 10 décembre prouva
que le souvenir de l'empereur, bien que vague et
mal défini et d'autant plus imposant, hantait encore
comme une légende héroïque l'imagination du paysan. Quand Louis Napoléon aura par ses folies et
ses violences détruit le charme qui l'a servi, les
yeux se tourneront non vers la république, mais vers
Henri V. »

— Son élection a-t-elle coûté beaucoup d'argent ?
— « Très peu : l'ancien duc de Brunswick lui prêta
300,000 francs sur la promesse de l'aider lorsqu'il
pourrait, et je suppose que nous aurons à tenir la
promesse, et à remettre le duc dans son duché; c'est
tout ce qui fut dépensé. Il avait très peu d'argent à
lui, et personne, sauf le duc, n'avait assez de confiance en lui pour lui prêter. Il siégeait à la Chambre
seul et silencieux, pris en pitié par les uns et dé-
daigné de tous. Le silence était nécessaire à son
succès. »

2 janvier 1852. — Tocqueville : « Comment expliquer la réception que l'Angleterre fait à Kossuth ?
Je comprendrais l'enthousiasme en Amérique pour
un démocrate : mais qu'est-ce qui lui vaut les sympathies de l'Angleterre ? — Notre aristocratie ne lui
a témoigné aucune sympathie, et quant aux corporations, et aux meetings, ils n'ont vu en lui qu'un
opprimé et le champion d'un pays opprimé. — Je le
tiens pour l'homme le plus dangereux de l'Europe.
— Plus que Mazzini? Plus que Lamartine ? — Corcelle entra. Nous sommes en train de décerner la
palme de la « malfaisance ». — Je la décerne à La-

martine, dit Corcelle. Sans lui les autres auraient été impuissants. — Mais si Lamartine n'avait pas existé, dis-je, est-ce que 1848 n'aurait pas tout de même éclaté ? — Si certainement, reprit Tocqueville — l'oligarchie de Louis-Philippe aurait sombré et probablement sombré dans la violence, mais cela eût été quelque chose de retarder l'événement... On ne peut nier que l'éloquence et le courage de Lamartine nous ont sauvés de grands malheurs sous le gouvernement provisoire. L'influence de Kossuth n'a été que malfaisante. Sans lui, l'Autriche serait aujourd'hui un empire constitutionnel, avec la Hongrie comme alliée, et servirait de rempart contre la Russie, au lieu d'être son esclave.

— Et Palmerston ? dit Corcelle. Si Lamartine a produit Kossuth, Lord Palmerston a produit Lamartine, Mazzini et Charles Albert et tous les incendiaires dont la folie et les crimes ont abouti à Louis-Napoléon.

— Et cependant, dis-je, malgré vos sentiments, vous nous avez aidés à empêcher l'extradition de Kossuth.

— « C'est vrai. Ce fut grâce à l'influence de lord Normanby sur le Président. Ce fut un beau succès de tribune ; votre gouvernement et le nôtre y trouvèrent l'occasion de faire valoir leur courage et leur générosité : mais jamais plus dangereuse expérience ne fut tentée. Vous comptiez sur la prudence et la patience de l'Autriche et de la Russie. Heureusement Nicolas et Nesselrode sont en effet patients ; heureusement aussi les Turcs envoyèrent à Pétersbourg Fuad Effendi, un excellent diplomate, meilleur que

Lamoricière et lord Bloomfield. Il refusa de voir ceux-ci, repoussa leur avis ou leur aide, et s'adressa uniquement à la générosité et à la justice de l'Empereur. Il admit que la Russie était assez forte pour s'emparer des réfugiés, mais supplia l'Empereur de ne pas donner un pareil exemple, et il n'écrivit rien, ne laissa rien qui pût offenser l'orgueil de Nicolas ; et de cette façon il réussit.

« Deux jours après, arrive une longue remontrance de lord Palmerston, que lord Bloomfield devait lire à Nesselrode et lui laisser. Un homme du monde, voyant que la chose était faite, aurait gardé un document irritant. Mais Bloomfield l'emporte chez Nesselrode. « Mon Dieu, dit celui-ci, nous avons abandonné toutes nos réclamations. Pourquoi nous tourmenter en voulant nous prouver que nous n'aurions pas dû les faire ? » Bloomfield allègue des ordres précis. « Lisez donc, mais ce sera très ennuyeux », et l'interrompant avant qu'il fût à la moitié : « Lamoricière m'a dit tout cela, en moitié moins de mots. Supposons la lecture faite... » Mais Bloomfield fut inexorable.....

4 janvier. — Dîné seul avec Tocqueville. — « Les avantages de la situation de Louis-Napoléon, sont tels qu'il peut défier n'importe quel ennemi : mais son plus redoutable ennemi, c'est lui-même. C'est essentiellement un copiste. Il ne peut rien inventer ; ses opinions, théories, maximes, même ses complots, il a tout pris du plus dangereux des modèles, d'un homme qui, doué d'un génie et d'une habileté qu'on n'a vus ni réunis ni même isolés en

19

mille ans, s'est cependant ruiné lui-même par la
folie de ses entreprises. Il vaudrait bien mieux pour
lui oublier l'histoire de son oncle. Il pourrait alors
se fier à son propre bon sens ou à celui de ses
conseillers. Ni l'un ni l'autre ne lui seraient de bons
guides ; mais ils seraient moins dangereux que l'imitation aveugle de ce qui a été fait il y a 50 ans par
un homme auquel il ressemble fort peu, et dans un
état social très différent en Europe et en France, de
l'état actuel. ».....

8 janvier. — TOCQUEVILLE : « Dans les ténèbres
où nous sommes, alors que personne n'ose imprimer
ni souvent parler, bien que nous sachions que d'atro-
ces actes de tyrannie sont commis chaque jour, il
est difficile de préciser les faits. En voici un : Un
jeune homme, nommé Hippolyte Magin, d'excellente
famille, auteur d'une tragédie intitulée : « Spar-
tacus », qui a eu beaucoup de succès, fut arrêté
le 2 Décembre. On dit à ses amis de ne pas s'alarmer, qu'on ne lui ferait aucun mal, mais que c'était
plutôt dans son intérêt qu'on l'avait arrêté ; que
ses opinions libérales étant connues, on l'avait
enfermé pour l'empêcher de se compromettre en
les exprimant trop vertement. On l'envoya au
fort de Bicêtre, dont les casemates, de misérables
caves humides, ont été transformées en prison et où
3,000 détenus politiques furent entassés. Ses amis
s'inquiètent, non seulement des souffrances qu'il
devait endurer après cinq semaines d'emprisonnement en plein hiver, mais aussi des suites qui pourraient en résulter pour sa santé. Ils finissent par

découvrir qu'il n'était plus à Bicêtre : et quel a été, croyez-vous, le dénouement ? Il est en ce moment en route pour Cayenne sur un bateau de déportés — sans jugement, sans même avoir été poursuivi — et il va mourir de la fièvre, s'il échappe aux horreurs de la traversée. Qui peut dire ce qu'il y a eu de cas pareils dans ces déportations en bloc ? Combien de ceux qu'on suppose morts aux barricades, ou sur les boulevards, sont peut-être parmi les transportés, réservés pour une mort plus lente ! »

... Une proclamation du Préfet de police ordonne d'effacer des maisons les mots Liberté, Egalité, Fraternité, sous peine de poursuites « administratives. »

« Il y a maintenant, dit Tocqueville, trois formes de procédure : judiciaire, militaire, administrative. Avec la première, on est traduit devant un tribunal, et si le crime est grave, on est condamné à un ou deux ans de prison. Avec la seconde, on va devant une cour martiale, et on est fusillé. Avec la troisième, sans jugement, on est transporté à Cayenne ou en Algérie. »

Paris, 1853, 9 mai. — Pris le thé chez Tocqueville. Il n'est pas bien portant non plus que Mme de Tocqueville. Ils comptent passer l'été à Saint-Cyr, près de Tours...

17 mai. — Tocqueville et moi nous avons regardé de mon balcon la rue de Rivoli et la place de la Concorde regorgeant d'équipages, et la foule bien vêtue qui remplissait les jardins.

Tocqueville : « Je n'ai jamais vu Paris si animé et

si prospère en apparence. Les économies faites ces
quatre dernières années y sont pour beaucoup.
L'épargne des Parisiens a cessé en 1850; mais en
province, où elle est très grande toujours, et dans
ces temps troublés se change en avarice, elle a duré
pendant toute la république. Des personnes dans les
affaires m'ont dit que les capitaux qui affluent de
province en quête de placement dépassent tous les
calculs. C'est comme l'explosion de la végétation
pendant ces dernières semaines : nous avons passé
subitement de l'hiver à l'été.

« J'avoue, d'ailleurs, que cela me remplit de
craintes. La Ville de Paris et le Gouvernement dé-
pensent 150 millions à reconstruire Paris. C'est à
peu près ce qu'ont coûté les fortifications. On a toujours dit, et avec raison je crois, que l'armée révolutionnaire de 1848 avait été recrutée surtout parmi
les 40,000 ouvriers du dehors venus pour ce travail,
et qui étaient restés sans emploi. Quand le Louvre,
la rue de Rivoli, les Halles, la rue qui doit aller de
l'Hôtel-de-Ville vers le nord de Paris, seront terminés.., que fera-t-on de cette masse d'ouvriers inoc-
cupés... Il en sera peut-être de même avec les chemins de fer... Le Gouvernement réclame l'honneur
de tout ce qui réussit : il sera responsable des
échecs. S'il y a une mauvaise récolte, on la met-
tra sur le compte de l'Empereur. Or je ne désire
pas la perpétuité de cette tyrannie : mais je ne désire pas qu'elle sombre avant que nous ayons quelque
chose pour la remplacer. Les agents de destruction
qui minent le régime sont assez puissants pour le
faire tomber quand le moment sera venu... »

NOTES DE Mme GROTE

Intercalées par Mrs Simpson dans les conversations

avec N. Senior.

Saint-Cyr, 13 février 1854. — TOCQUEVILLE: « Ayant vécu, comme je viens de le faire, dans l'histoire du dernier siècle, ma conviction est qu'il était impossible que la Révolution n'éclatât pas : Jamais causes et effets ne furent plus irrévocablement unis que dans ces terribles événements. »

Tocqueville rappela ce que Napoléon dit dans une de ses conversations à Sainte-Hélène, qu'il avait assisté d'une fenêtre des Tuileries à la scène du 10 août 1792 et que c'était sa conviction que même à ce moment on aurait pu empêcher la Révolution ou du moins sa période de fureur, par des négociations engagées avec les conseils du roi. Tocqueville ne partageait pas l'opinion de Napoléon. « Les cahiers de 1789, disait-il, contiennent les instructions données à leurs délégués respectifs par les trois états ; chaque classe demandait des sécurités constitutionnelles plus grandes, et les nobles peut-être plus que les autres ordres. Rien n'est plus formel que ces réclamations que la noblesse demandait à ses délégués de faire passer aux États-Gé*raux* : égalisation des charges, responsabilité des ministres, indépendance des tribunaux, liberté de la personne, garanties des propriétés contre la Couronne, un budget annuel des dépenses et des recettes publiques, bref les privilèges nécessaires à l'affranchissement d'une nation lasse du despotisme.

« Le clergé présentait ses requêtes avec une résolution égale, et de même la bourgeoisie; mais ce sont les nobles qui étaient les plus entiers dans leurs demandes »..... Nous avons causé de Lafayette.

Tocqueville. — « Il était aussi grand, que des intentions élevées et pures et de nobles instincts peuvent faire un homme grand ; mais il avait un esprit médiocre et hors d'état de tirer parti des choses dans les circonstances critiques ; il n'avait aucune prévision, aucun flair politique. Il se trompa en mettant, sans garanties, Louis-Philippe sur le trône en 1830 ; il était porté par son caractère désintéressé à avoir trop bonne opinion des hommes publics. »

Tocqueville causa souvent avec M. Royer-Collard des événements de 1789.

« Il est difficile, dit-il, de tirer grand chose des hommes de notre temps relativement à leur jeunesse : mon propre père, maintenant âgé de 82 ans, est bien moins plein de détails sur l'ancien régime qu'on ne le croirait. La raison en est que des jeunes gens de 18 à 20 ans ont rarement la faculté ou l'idée de noter des traits de la situation sociale; ils acceptent ce qui se passe autour d'eux et rarement attachent leur pensée à ce qui leur est familier et d'un usage quotidien. Royer-Collard était un homme d'un esprit supérieur; il avait beaucoup à raconter; je le *pompais* toutes les fois que je le pouvais. Il connaissait bien Danton et discutait souvent politique avec lui. Danton était vénal au dernier degré; il a reçu de l'argent de la cour à plusieurs reprises... Lorsque la situation devint périlleuse en 1791, Royer-Collard fut lui-même sollicité par la cour de s'entremettre pour acheter Danton. Il cherchait une occasion, et après plusieurs conversations préliminaires, Royer-Collard mit les points sur les i. « Non, dit Danton, je ne peux pas écouter de pareilles propositions. Les temps sont changés. Il est trop tard... Nous le détrônerons et puis nous le tuerons, ajouta-t-il sur un ton emphatique. » Royer-Collard naturellement désespéra de réussir.

« La passion de Danton pour une jeune fille qu'il épousa causa sa ruine; pendant qu'il se livrait aux douceurs de la lune de miel, à la campagne, sur quelque bord de rivière, Robespierre prit la haute main dans l'Assemblée, et s'arrangea pour le faire mettre en jugement, puis guillotiner. Sa femme, dit-on, ne sut pas que c'était Danton qui avait ordonné les massacres de 1792: elle le croyait une bonne âme. Il fit délivrer tous ses ennemis personnels avant le commencement du massacre, afin de pouvoir se vanter d'avoir épargné ses ennemis, comme une preuve qu'il n'avait pas été poussé par un bas désir de vengeance, mais seulement par un mobile patriotique. C'était un fanatique de basse espèce qui n'avait aucune conception nette de ce qu'il poursuivait, mais qui jouissait de l'horrible émoi soulevé autour de lui. »

18 février. — TOCQUEVILLE : « Tout d'abord, après 20 ans passés dans la vie publique et dans la société d'hommes occupant les plus hautes situations dans le monde politique aussi bien que dans les lettres, j'eus quelques doutes sur la question de savoir si la monotonie et le calme de ma nouvelle existence ne rendraient pas mon esprit indolent et ne le déprimeraient pas ; mais j'ai été agréablement rassuré quand je suis arrivé à regarder la société comme une chose dont je puis parfaitement me passer : je ne désire rien autant que de m'occuper, comme je l'ai fait, de la composition d'un ouvrage, qui je l'espère traitera d'autres choses que de sujets rebattus. J'ai trouvé beaucoup de documents nouveaux et mes recherches se sont emparées de moi à un point qui fait du travail intellectuel une source de plaisirs : je m'y livre avec ardeur, tant que ma santé est en bon ordre, ce qui heureusement m'arrive plus souvent depuis les trois ou quatre derniers mois : la compagnie de ma femme me soutient et m'encourage dans mon travail en même temps qu'elle m'égaye, car vous savez l'entière sympathie qui existe entre nous ; nous n'avons besoin de rien d'autre et notre existence se déroule avec la plus inflexible monotonie possible. Je me lève à 5 heures 1/2 et je travaille sérieusement jusqu'à 9 heures 1/2, puis je m'habille pour déjeuner à 10 heures, je me promène habituellement pendant une demi-heure et je commence une autre étude, depuis quelque temps celle de l'allemand,

jusqu'à deux heures, heure à laquelle je sors et
marche si le temps le permet ; le soir je lis pour
m'amuser et souvent je fais la lecture à Mme de
Tocqueville, et je me couche régulièrement à 10
heures...

« Parfois, je réfléchis à ce qu'un homme peut
faire même au prix des efforts les plus énergiques et
les mieux dirigés comme homme politique ayant
une situation dominante, et à ce que peut faire l'auteur de livres qui font impression. Il est vrai qu'un
homme de talent et de courage peut acquérir une situation influente, diriger d'autres individus engagés
dans la même carrière et jouir de succès triomphants
dans les circonstances où il peut déployer sa force. Mais
en même temps je suis frappé de l'exagération avec
laquelle il apprécie le bien qu'il a pu faire : je compare l'action intense de la vie publique d'un homme
politique de ce siècle avec la pensée mélancolique du
peu d'influence que les plus généreux efforts ont
réellement exercée sur la marche des affaires humaines. Un homme croit qu'il a fait de grandes
choses, lorsque ses auditeurs et ses contemporains
ont été vivement impressionnés par un discours
puissant, une interpellation animée ou un acte de
courage ; mais si l'on recherche la somme de ce
qu'il a réalisé au point de vue du progrès des intérêts généraux de l'humanité, par son passage sur la
scène publique, je regrette de dire qu'on y trouve
rarement plus qu'une étincelle passagère, quoique
bienfaisante, d'excitation produite sur l'esprit public. Je ne parle pas ici d'hommes investis d'une
grande puissance, princes, premiers ministres, papes

19.

ou généraux. Ceux-là évidemment laissent des traces durables de leur pouvoir, en bien ou en mal, et les individus parmi eux ont une puissance considérable pour faire le mal sinon le bien. Au contraire, quels resultats un écrivain peut obtenir lorsqu'il possède le don et le savoir nécessaires! Dans son cabinet, une fois ses pensées rassemblées et ses idées bien rangées, il peut espérer imprimer des traces indélébiles dans le sentier du progrès humain. Quel orateur, quel patriote à la tribune pourraient jamais produire dans tous les sentiments d'une nation la vaste fermentation qu'y ont répandue Voltaire et Jean-Jacques? »

Conversations avec Senior [1].

Saint-Cyr, 28 février 1854. — J'ai transmis à Tocqueville les opinions de mes amis de Paris.

TOCQUEVILLE : « Je crois que j'aurais reconnu vos interlocuteurs sans que vous les nommiez. Je l'aurais fait certainement pour Thiers, Duvergier, de Broglie et Rivet, peut-être pour Faucher, certainement pour Cousin. Je les entends parler, je reconnais Dumont et Lavergne, mais je ne les aurais pas découverts : ni l'un ni l'autre n'a la saveur personnelle qui distingue les autres. Vous devez vous souvenir

---

1. La copie de ces entretiens fut envoyée à Tocqueville qui me les retourna avec les notes que j'ai reproduites (N. Senior).

cependant que quelques-uns de vos amis savaient,
et que beaucoup d'autres ont dû soupçonner, que
vous preniez des notes ; Thiers parle évidemment
avec le désir qu'on répète ses paroles. En tous cas,
on voit de cette façon les opinions que les gens
aiment qu'on leur attribue, et par là ils trahissent
souvent ce qu'ils pensaient cacher ; mais il faut bien
admettre que vous n'avez pas toujours l'homme tel
qu'il est. Je suis fâché que vous ne soyez pas plus
entré dans les salons des légitimistes : vous n'avez
jamais dépassé les fusionnistes. Les légitimistes ne
sont pas les *Russes* que Thiers décrit. Encore moins
désirent-ils voir Henri V rétabli par une interven·
tion étrangère et ils ont trop souffert d'avoir
commis ce crime ou cette faute pour vouloir re-
commencer. Ils sont antinationaux en ce qu'ils ne
se réjouissent pas des victoires françaises gagnées
sous l'homme actuel, mais je ne crois pas qu'ils se
réjouiraient d'une défaite. Ils ont été tellement lésés
dans leur fortune et leur influence ; ils ont été si
longtemps une caste fermée exclue du pouvoir et
même de la sympathie publique, qu'ils ont acquis
les défauts des esclaves : ils sont devenus timides,
frivoles ou amers ; ils ont cessé de désirer autre chose
que ceci : qu'on les laisse tranquilles ; mais ils
forment une classe étendue, riche et comparative·
ment instruite. Il sera toujours très difficile de gouverner sans eux[1] »

« Je suis tout à fait d'accord, continua-t-il, avec
Thiers sur la nécessité de la guerre : vos intérêts sont

1. Le portrait va plus loin que ma pensée (Tocqueville).

peut-être plus immédiats et plus grands, mais les nôtres sont très grands aussi. Quand je dis les nôtres, je
veux parler de ceux de la France, comme d'un pays
qui est décidé à jouir du gouvernement constitutionnel. Je ne suis pas sûr que si la Russie devait devenir maîtresse du continent, elle ne permettrait pas
que la France continue à vivre sous un despotisme
quasi-indépendant sous son protectorat : mais elle
ne nous laissera jamais nous développer à l'état de
nation puissante et libre.

« Je partage aussi les craintes de Thiers au point
de vue du succès ; je ne crois pas que Napoléon lui-
même, avec toute son énergie, son activité, son intelligence, aurait pu diriger une grande guerre avec
un ministre de la guerre hostile à cette guerre ; un
homme qui n'a pas le cœur à son affaire la fait né-
gligemment ou imparfaitement. Son premier acte
aurait été de renvoyer Saint-Arnaud. Et puis voyez
les deux autres hommes sur l'énergie et l'habileté
desquels nous devons compter : l'un est Ducos, ministre de la marine, homme de facultés et de caractère très ordinaires ; l'autre est Bineau, ministre des
finances, encore inférieur à Ducos... Le vrai premier
ministre est Napoléon III lui-même ; mais il n'est
pas homme d'affaires, il n'entend pas les détails : il
donnera des ordres pour que les choses soient faites ;
mais il ne pourra pas constater si on les a faites ;
il ne connaît même pas ses moyens d'action, et il n'a
pas confiance en ceux qui les connaissent. Une guerre
qui aurait nécessité toutes les facultés de Napoléon
et des ministres et généraux de Napoléon, va se faire
sans aucun esprit supérieur pour la diriger, sans

bons instruments pour l'exécuter. Je crains quelque
grand désastre.

« Un tel désastre peut renverser cet homme du
sommet où il se tient sur un pied, sans racines. Il
peut amener un mouvement populaire dont le parti
anarchique tirerait profit : ou, ce qui est plus à
craindre, il peut effrayer Louis-Napoléon et le faire
changer subitement de politique. Il est capable de
tourner court, de céder sur tout, sur la clef du Saint-
Sépulcre, le protectorat des orthodoxes, même les
Dardanelles et le Bosphore, et de demander à Nicolas, en échange, le Rhin. Je ne peux pas me délivrer du cauchemar que d'ici à deux ans peut-être la
France et l'Angleterre peuvent être en guerre ; les
calculs de Nicolas ont été déçus, mais son plan n'est
pas mal habile ; il avait le droit de conjecturer que
vous regarderiez le danger de cette alliance comme
bien plus grand que celui qui serait résulté de la
concession que vous lui auriez faite du protectorat.
En prenant le parti contraire vous avez adopté la
solution courageuse et magnanime : j'espère qu'elle
réussira...

« Je vois avec regret le langage de vos journaux
au sujet de la fusion ; je n'ai pas voulu m'occuper
de celle-ci, je ne veux rien avoir à faire avec les
prétendants : mais comme simple mesure de précaution, c'est une sage mesure ; elle règle ce que sera
la conduite du parti royaliste dans le cas, qui peut
se réaliser, où la France resterait subitement sans
maître.

« Vos éloges excessifs de Louis-Napoléon et votre
langage injurieux contre les Bourbons constituent

jusqu'à un certain point cette intervention de couleur politique que vous niez ouvertement. J'admets
le préjugé anti-anglais des Bourbons et j'admets
aussi que votre alliance avec un Bonaparte ne l'amoin-
drira pas. Mais les opinions d'un souverain constitutionnel ne décident pas, comme celles d'un despote,
la conduite de son pays; le pays désire la paix et
par dessus tout la paix avec vous — plus que la paix,
la bonne entente mutuelle. Les Bourbons ne peuvent
revenir qu'avec une constitution : c'est devenu la
tradition de la famille; c'est leur titre à la couronne;
il n'y a pas une vieille marquise du faubourg Saint-
Germain qui croie au droit divin. Les classes élevées
en France sont bourbonniennes parce qu'elles sont
constitutionnelles, parce qu'elles pensent que la
monarchie constitutionnelle est le gouvernement qui
convient le mieux à la France, et que les Bourbons
peuvent plus que d'autres nous le donner. Dans les
classes moyennes, il y a sans doute une grande in-
clination vers l'égalité sociale d'une république;
mais elles craignent son instabilité. On n'a jamais
vu une république durer plus d'un an ou deux, ni
mourir autrement que dans des convulsions. Quant
aux basses classes, les paysans s'occupent peu de
politique et la partie raisonnable des ouvriers ne se
soucie que d'avoir un travail régulier, même s'il est
à bon marché; les autres sont socialistes et après le
gouvernement de l'Assemblée rouge, désirent un
despote rouge. »

Je racontai qu'à Londres j'ai rencontré, il y a
quelques semaines, un socialiste français, un professeur de mathématiques. « Je préfère, me dit-il, un

Bonaparte à un Bourbon : on peut toujours tirer quelque chose d'un Bonaparte. »

— Qu'avez-vous tiré de celui-ci ?

— Beaucoup. Nous avons obtenu la confiscation des d'Orléans ; c'est un grand pas, cela porte atteinte à la propriété...

TOCQUEVILLE : « Voilà bien les vrais sentiments des rouges... Si cet homme, avait un certain empire sur lui-même, s'il voulait nous accorder même une dose modérée de liberté, il pourrait régner et même fonder une dynastie. Il avait tout pour lui, le prestige de son nom, l'acquiescement de l'Europe, la crainte des socialistes et le mépris que l'on ressentait des républiques. Nous étions fatigués de Louis-Philippe : nous ne nous rappelions la branche aînée que pour la haïr, et la Chambre pour la mépriser. Nous n'aurions jamais été de loyaux sujets, mais nous aurions pu être des sujets mécontents avec la modération qui est dans notre nature. »

... « Je suis effrayé, continua-t-il, de votre bill de réformes : votre nouvelle franchise de six livres doublera, je le suppose, le nombre des électeurs ; c'est un nouveau pas vers le suffrage universel qui est la plus fatale des institutions et aussi celle contre laquelle il y a le moins de remèdes[1]. Tant que vous conserverez votre aristocratie, vous garderez votre liberté ; si elle disparaît, vous tomberez dans la pire

---

1. Cela va plus loin que ma pensée. Je crois que le vote universel peut se concilier avec d'autres institutions qui diminueraient le danger (Tocqueville).

des tyrannies, celle d'un despote élu et contrôlé, s'il est contrôlé, par la multitude[1]. »

9 avril. — TOCQUEVILLE : « Les pires fautes des gouvernements sont celles qui n'alarment pas le public ; on est en train de nous dépouiller des libertés locales et du *self government* que nous avions arrachés au pouvoir central par une lutte de quarante ans. La Restauration et le gouvernement de Juillet étaient aussi centralisateurs que Napoléon lui-même. Ils transmirent les pouvoirs locaux qu'ils furent obligés de nous rendre, à cet étroit pays légal, aux imposés privilégiés qui essayaient alors de gouverner la France. La République popularisa les conseils généraux et ainsi détrôna les notaires qui avaient gouverné ces assemblées, lorsqu'elles représentaient seulement la bourgeoisie. La république rendit les maires électifs ; elle mit l'éducation aux mains des autorités locales ; sous son influence les communes, les cantons et les départements allaient devenir de vrais corps, s'administrant eux-mêmes. Ils ne sont plus que des circonscriptions géographiques. Le préfet nomme les maires et place dans chaque canton un commissaire de police qui n'est pas toujours un homme respectable. Les gardes champêtres sont sous son contrôle. Le recteur, qui était une sorte de ministre local de l'éducation, dans

1. Cela va aussi plus loin que ma pensée. Je crois très désirable le maintien des institutions aristocratiques en Angleterre, mais je suis loin de dire que leur abolition mènerait nécessairement au despotisme, surtout si elles s'affaiblissaient peu à peu et n'étaient pas renversées par une Révolution (Tocqueville).

chaque département, est supprimé, et ses pouvoirs passent au préfet. Celui-ci nomme, fait avancer et destitue tous les maîtres des écoles primaires. Il peut changer la commune en une simple agrégation inorganique d'individus, en renvoyant tous les fonctionnaires communaux et en remettant leurs fonctions à ses propres créatures. Des centaines de communes ont subi ce traitement, et leurs maîtres maintenant sont des paysans ignorants. Le préfet peut dissoudre le conseil général et bien qu'il ne puisse pas nommer directement les successeurs, il le fait dans la réalité; nul candidat aux élections ne peut réussir s'il n'est soutenu par le gouvernement... Les tribunaux aussi bien criminels que civils sont aux ordres de l'exécutif. Le gouvernement nomme les juges, le préfet désigne le jury et la haute police se passe des juges et des jurys... Les journaux sont supprimés ou surveillés; les imprimeurs sont les esclaves du préfet, car ils perdent leur privilège s'ils sont mal avec lui; les secrets de la poste sont habituellement et ouvertement violés; il y a des espions qui écoutent et répètent les conversations. Chaque individu se trouve sans défense et isolé en face de cet exécutif sans scrupule avec ses milliers de bras armés et ses milliers d'yeux ouverts. La seule opposition qu'on essaye est de s'abstenir de voter... Je ne crois pas que même avec la paix et la prospérité qui habituellement accompagne la paix, ce gouvernement pourrait durer longtemps en France. Son existence peut-elle être prolongée par une guerre heureuse? Cela se peut... Le grand océan démocratique sur lequel l'empire flotte est agité par des courants que le gouvernement ne découvre que par leurs résultats ; il ne sait rien des passions qui influent sur ces grandes masses en apparence dormantes. En étouffant leurs manifestations, il les empêche de se produire. Le suffrage universel est un détestable moyen de gouverner, mais c'est un puissant instrument de révolution. »

— Mais, dis-je, le peuple n'aura pas occasion d'user de cet intrument. Tous les grands corps électifs ont quelques années à vivre.

— « C'est vrai, et aussi la rage populaire fera explosion sous une forme plus directe et peut-être plus redoutable. Ce gouvernement ne peut exister même pour un temps limité, qu'à la condition d'une guerre brillante et heureuse ou d'une paix prospère. Il lui faut être rapidement et nettement victorieux. S'il échoue, il sombrera : ou peut-être, au milieu de ses terreurs, il se tournera vers l'autre alternative, la paix. Le public en France est trop ignorant pour se soucier de l'agrandissement de la Russie. La force de la Russie lui paraissant faire la faiblesse de l'Angleterre, lui est sympathique. Je ne suis pas sûr que la paix la moins honorable avec Nicolas, ne donnerait pas à Louis-Napoléon une popularité immédiate : je suis sûr que ce serait le cas si la paix était accompagnée de tentations jetées à la vanité et à la cupidité nationale, par exemple l'offre de la Savoie ou des îles Baléares : et si vous vouliez nous empêcher de les prendre, il serait facile de tourner contre vous nos vieux sentiments de jalousie et de haine. »

10 avril 1854. — Promenade à Azay-le-Rideau.

TOCQUEVILLE : « La perte de notre aristocatie est un malheur que nous n'avons jamais réparé. Les légitimistes sont ses successeurs territoriaux, ses successeurs en bonnes manières, en loyauté et en préjugés de caste, mais non en culture, en intelligence, en énergie, ni, par suite, en influence. Entre eux et la bourgeoisie, il y a un abîme, qui ne tend pas à se fermer. Il faudrait un intérêt et un but commun pour les rapprocher.

« Si le meurtre du duc d'Enghien ne les avait pas fait reculer de terreur et de dégoût devant Napoléon, ils se seraient peut-être fondus avec la nouvelle noblesse de services, de talents et de richesse. Ils étaient prêts à se rallier à lui, pendant le Consulat. Pendant la restauration, ils ont toujours été en guerre avec la bourgeoisie, et par suite avec la Constitution, sur laquelle leurs ennemis s'appuyaient. Après la chute de Charles X qui fut le résultat de cette lutte, leur hostilité s'étendit à la couronne. Louis-Philippe essaya de gouverner uniquement à l'aide des classes moyennes ; la tentative était peut-être inévitable, mais l'échec était certain. Les hautes et les basses classes, également irritées, s'unirent pour le renverser. Sous la république, les légitimistes reprirent, jusqu'à un certain point, leur place dans l'État. Ils amenèrent à leur suite la population des campagnes qui vint au secours de la Chambre en juin 1848. La république eut la sagesse de ne pas exiger de serment. Elle ne demanda pas à ceux qui voulaient bien la servir, de commencer par désavouer ouvertement leurs opinions et leurs principes traditionnels. Les légitimistes entrèrent dans les conseils généraux. Ils firent partie avec la bourgeoisie, des administrations locales, le seul lieu de rapprochement entre les citoyens des différentes classes.

« Les tendances socialistes qu'on impute au deuxième empire, le serment qu'il a l'imprudence d'exiger, ses prétentions à fonder une dynastie, son principe essentiel dont ils ont horreur, la monarchie élective, les a rejetés dans l'opposition. Je crois leur désaffection très dangereuse, et le danger est certainement accru par la fusion. Le principal but de celle-ci est d'influer sur l'armée. La grande terreur de l'armée est l'idée d'une division intestine. Pour éviter la guerre civile, elle accepterait tout. Plutôt que d'être coupée en deux partis, elle aurait adhéré à l'Empire. Maintenant elle peut rejeter les Bonaparte sans engendrer une guerre de succession.

... « Nos légitimistes sont inférieurs à l'aristocratie anglaise, et ils sont inférieurs, je le répète, à leurs ancêtres du XVIIIe siècle. Il y avait dans les hautes classes parisiennes à la fin de ce siècle une vivacité de curiosité et d'esprit de recherche, une liberté d'opinion, une indépendance, une fermeté de jugement, qu'on n'avait jamais vues et qu'on n'a pas revues. Plaisirs, admirations, vanités même, tout était intellectuel. Voyez le succès de Hume. Ses manières étaient gauches ; il était lourd comme causeur, bien qu'instructif. Il parlait mal français. Il passerait maintenant pour un intelligent lourdaud ; mais on avait tellement alors le culte du savoir et du talent — surtout tournés contre les préjugés — que Hume fut, pendant des années, le *lion* des salons de Paris. Les beautés à la mode se faisaient la guerre pour l'épais philosophe... Si les brillants causeurs et écrivains d'alors revenaient à la vie, je ne crois pas que le gaz, les vapeurs, le chloroforme, ou le télégraphe électrique les étonneraient autant que la torpeur de la société actuelle, et la médiocrité des livres d'aujourd'hui... »

Dans la soirée on a discuté la nouvelle organisation du service des Indes et des autres fonctions administratives de l'État qui consiste à les donner au concours.

Tocqueville : « C'est le système que nous suivons depuis bien des années, dit Tocqueville, en poursuivant un double but : affaiblir l'aristocratie de la fortune, de la naissance et des relations ; en cela nous avons réussi. L'école Polytechnique et les autres écoles où l'on est reçu au concours, sont remplies de jeunes gens des classes moyennes, qui, n'ayant pas les distractions de la société, et qui, se livrant exclusivement aux études littéraires et scientifiques qui touchent à leur examen, battent leurs concurrents de plus haute naissance. L'autre but était de former les meilleurs fonctionnaires possibles. Là nous avons échoué ; nous avons établi une moyenne d'aptitude et de savoir, restreint le nombre d'employés tout à fait mauvais, mais réduit à presque rien le nombre des employés distingués. L'application exclusive à un petit nombre de sujets, toujours les mêmes, non choisis par l'élève, mais qui lui sont imposés par la règle inflexible de l'école, sans tenir compte de ses goûts ou de ses facultés, est aussi mauvaise pour l'esprit que le serait pour le corps l'exercice constant d'une seule catégorie de muscles...

« Si vous nous imitez, vous augmenterez le nombre de vos hommes de second ordre, et restreindrez ceux du premier, et ce qui est peut-être encore plus grave, que vous le considériez comme un bien ou comme un mal, vous ferez un nouveau pas dans une voie où vous en avez déjà fait beaucoup, dans celle qui tend à enlever l'administration et le gouvernement de votre pays des mains des hautes classes pour les faire passer à celles des classes moyenne et inférieure... »

Paris. Hôtel Bedford, 2 mars 1855. — Conversation sur le projet de voyage de Louis-Napoléon en Crimée.

Tocqueville : « Nous envisageons ce voyage avec beaucoup de crainte. Nous sentons que, pour le moment, son existence nous est nécessaire, et qu'il s'exposerait à beaucoup de risques. Il lui faudra en braver sur le champ de bataille, ou dans un assaut, et son courage et son fatalisme le conduiront là où il vaudrait mieux qu'il n'allât pas ; mais nous craignons plus encore la maladie que les balles, et les fatigues d'un climat qui n'est pas sain, même pour les plus robustes. S'il y va, il faudra qu'il reste jusqu'à la chute de Sébastopol. Cela peut durer des mois, et qui sait ce qui peut se passer en plusieurs mois, en France, à Paris, dans des temps comme celui-ci ? Et puis il ne peut pas laisser derrière lui son cousin Jérôme —, puisqu'il ne veut pas repartir — et on ne peut pas l'emmener de force...

« ... Celui-là a du talent, mais pas de principes, ni de bon sens. Il est Corse jusqu'à la moelle. Je l'ai suivi à la Constituante parmi les montagnards. Rien de plus mauvais que ses votes, de plus agressif que ses discours... »

Nous en vînmes à causer de la politique anglaise...

« Tant de mes amitiés et de mes sympathies sont anglaises, dit Tocqueville, que je suis ce qui se passe dans votre pays avec grande anxiété. Pour nous que l'expérience du malheur rend sensibles aux signes précurseurs des orages, vos derniers six mois ont une apparence bien révolutionnaire. Il y a chez vous, comme chez nous en 1847, un malaise général au milieu de la prospérité. Votre peuple semble, comme l'était le nôtre, las de ses hommes publics, et prêt à perdre sa confiance dans ses institutions. On se plaint de votre système aristocratique... qui aboutit à donner les fonctions aux incapables qui ne pourraient pas faire autre chose et à les laisser vieillir dans leurs places... Le vaisseau est trop délabré pour naviguer autrement que dans des eaux calmes et avec bon vent. Vous venez d'en faire l'expérience, avec votre organisation militaire, et vous voyez qu'elle tombe en morceaux. Vous êtes incapable de soutenir une ligne d'opérations qui soit seulement à sept milles de sa base. Au prochain orage, ce sera le tour de votre administration coloniale ; résistera-t-elle mieux ?... Si vous vous mettez à l'œuvre avec activité, sans tenir compte des intérêts ou des préjugés privés, pour réparer et refaire le vieil instrument, vous pourrez éviter nos catastrophes ; mais je ne vois pas que vous soyez suffisamment hardis, ni même assez alarmés. Voyez ce qui se passe ici. Il y a un an, nous estimions trop haut votre puissance militaire. Aujourd'hui, nous l'estimons trop bas, à mon avis. Il y a un

an, nous tremblions devant l'apparence d'une chance
de guerre avec l'Angleterre ; on en parle maintenant
avec beaucoup de calme. Nous croyons qu'il ne serait
pas difficile de jeter 100,000 hommes sur vos côtes
et qu'avec la moitié on traverserait l'Angleterre et
l'Irlande. Vous vous trompez, si vous croyez que ces
idées fausses disparaîtront d'elles-mêmes ; il vous
faudra pour les déraciner un grand succès militaire.
Je ne suis pas de ceux qui pensent qu'il serait
de votre intérêt que la Russie cédât, tandis que
Sébastopol résiste. Une paix hâtive vous économise-
rait de l'argent et des hommes, mais elle ne vous
rendrait pas votre réputation. Je vous conseille de
considérer cette paix là comme une paix armée, et de
vous préparer à la lutte avec un nouvel ennemi, par
des préparatifs non seulement effectifs, mais visibles[1]. »

_____

1. J'ai entendu universellement louer sans restrictions le courage héroïque de vos soldats, mais en même temps j'ai trouvé
répandue cette croyance qu'on s'était trompé sur l'importance de
l'Angleterre dans le monde, comme puissance militaire proprement
dite, qui consiste autant à administrer la guerre qu'à combattre ;
et surtout qu'il lui était impossible, ce qu'on ne croyait pas jusque-
là, de lever de grandes armées, même dans les cas les plus pres-
sants, je n'avais rien entendu de pareil depuis mon enfance. On
vous croit absolument dans notre dépendance, et du sein de la
grande intimité qui règne entre les deux peuples, je vois naître des
idées, qui, le jour où nos deux gouvernements cesseraient d'être
d'accord, nous précipiteront dans la guerre contre vous, beaucoup
plus facilement que cela n'eût pu avoir lieu depuis la chute du
Premier Empire. Cela m'afflige, et pour l'avenir de l'alliance anglaise (dont vous savez que j'ai toujours été un grand partisan) et
non moins aussi, je l'avoue, pour la cause de vos institutions libres.
Ce qui se passe n'est pas de nature à la relever dans notre esprit.
Je vous pardonnerais de déconsidérer vos principes par les louanges

Paris, 3 mars. — Entretien sur les *profits* et les *pertes* de la guerre pour l'Europe. Nous fûmes d'accord que la Russie et l'Angleterre y avaient toutes deux perdu, la Russie en puissance, l'Angleterre en réputation. Quant à la Prusse, bien qu'ayant gagné commercialement, elle est humiliée et irritée par la supériorité qu'à réclamée et obtenue l'Autriche. « Il faut aller en Allemagne, dit Tocqueville, pour connaître son opinion. Il y a un sentiment général d'insécurité à l'intérieur et de faiblesse à l'extérieur, parmi les petits états. L'Autriche passe pour le rempart de l'ordre contre les révolutionnaires, et de l'Allemagne contre la Russie. Sans tirer l'épée, elle est entrée en possession des principautés, a rejeté la Prusse au second rang, s'est émancipée de la Russie, est devenue l'alliée de la France, de l'Angleterre et même de son vieil ami le Piémont. Elle est tranquille en Italie. Elle a encore la Hongrie et la Pologne, comme grosses difficultés, mais étant plus forte, elle est en meilleure situation vis-à-vis d'elles...

« ... Quant à nous, ce que nous avons gagné, nous le payons cher, puisque cela a servi à consolider le

dont vous accablez le gouvernement absolu qui règne en France, mais je voudrais du moins que vous ne le fissiez pas d'une manière encore plus efficace par vos propres fautes, et par la comparaison qu'elles suggèrent. Il me semble du reste bien difficile de dire ce qui résultera pour vous-mêmes du contact intime et prolongé avec notre gouvernement, et surtout de l'action commune et du mélange des deux armées. Je doute, je vous l'avouerai, que l'aristocratie anglaise s'en trouve bien, et quoique A. B. ait entonné l'autre jour un véritable hymne en l'honneur de celles-ci, je ne crois pas que ce qui se passe soit de nature à rendre ses chances plus grandes dans l'avenir. (Tocqueville.)

despotisme actuel. Pendant un an, nous avons senti que la vie et même le maintien de Louis-Napoléon au pouvoir nous étaient nécessaires. Ils nous resteront nécessaires tant que la guerre durera. Nous nous habituons à l'obéissance, même à la résignation. Il n'est pas devenu plus populaire. Lui et sa cour sont autant tenus à l'écart par les classes élevées qu'il y a trois ans ; mais tout en répétant que « cela ne peut pas durer » nous le répétons avec moins de conviction... »

20 mai 1856. — Tocqueville : « Rien ne vous a fait plus de mal en France et même en Europe que votre opposition au canal de Suez. Je ne suis pas ingénieur, et je ne sais pas si le canal est faisable ou non ; votre opposition nous fait croire qu'il l'est. » — J'objectai que ceux qui faisaient des objections, les faisaient sur le terrain plutôt politique que commercial. Ils prétendent qu'il s'agit de donner aux actionnaires français une bande de terre qui sépare l'Egypte et la Syrie et d'accroître ainsi les intérêts français en Egypte. — « Quelle est la valeur d'une bande de désert où personne ne peut vivre ? Et pourquoi les actionnaires seraient-ils tous Français ? Je soupçonne que si vous n'aviez pas fait d'opposition, il n'y aurait pas eu d'actionnaires en France, et que si vous cessiez cette opposition, au moment de l'appel de fonds, beaucoup de ceux qui ont donné leurs noms par manifestation patriotique, se retireraient d'une entreprise qui est, en tous cas, très hasardeuse. »

Paris, 20 avril 1857. — Conversation sur l'Impératrice et la possibilité qu'elle soit régente. — TOCQUEVILLE : « Cela suppose premièrement que l'Empereur reste au pouvoir jusqu'à sa mort, et secondement que son fils lui succède. Je m'attends à ces deux éventualités. Il est impossible de nier que Louis-Napoléon a montré beaucoup de dextérité et de tact. Son système de gouvernement est détestable, à le considérer au point de vue du bien de la France ; mais habile, s'il vise uniquement le maintien de son propre pouvoir. — A ce point de vue, il n'a pas commis de grandes fautes. C'est surprenant, presque incroyable ; mais son élévation ne l'a pas grisé. » — J'objectai que la raison en était qu'il y était préparé depuis longtemps. — « Il n'a pas pu raisonnablement s'y attendre avant 1848. Boulogne et Strasbourg ont été les coups de désespoir d'un homme qui ne risque en somme qu'une existence de pauvreté, d'obscurité et d'exil. S'il avait réussi alors, son succès eût été éphémère... Même après 1848, et malgré le discrédit des Bourbons, nous n'aurions pas subi un Bonaparte, sans le vertige où nous avait jetés la terreur des socialistes. C'est elle qui l'a créé, elle qui le maintient. L'habitude, la crainte du sang versé, de la misère, et des conséquences inconnues d'une révolution, le maintiendront pendant le reste de sa vie. Les mêmes sentiments assureront la succession à son fils. Celui-ci gardera-t-il la couronne ? C'est une autre question..... »

FIN DES ENTRETIENS.

TABLE DES MATIÈRES

———

20.

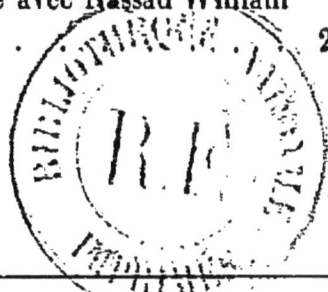

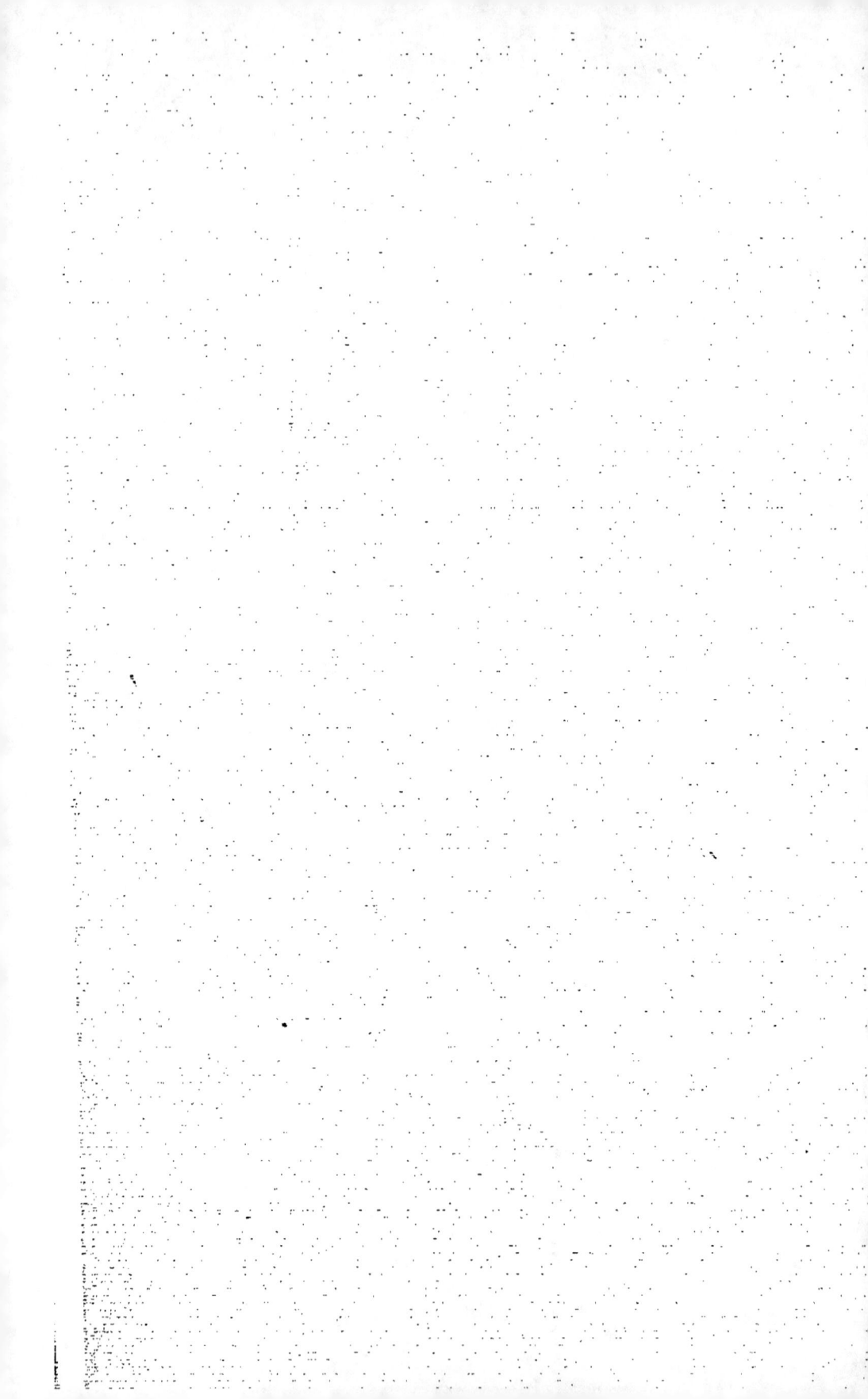

www.ingramcontent.com/pod-product-compliance
Lightning Source LLC
Chambersburg PA
CBHW071632270326
41928CB00010B/1880